高等职业教育公共基础课系列规划教材

微课版

大学生职业生涯与发展规划

主　编　王　杨　杨　龙　吕　爽
副主编　孙　健　王　欣　张寿久
主　审　于万辉

大连理工大学出版社
Dalian University of Technology Press

图书在版编目(CIP)数据

大学生职业生涯与发展规划 / 王杨，杨龙，吕爽主编．-- 大连 ：大连理工大学出版社 ，2024 ．9(2025.8重印)．--（高等职业教育公共基础课系列规划教材）．-- ISBN 978-7-5685-5173-1

Ⅰ．G647.38

中国国家版本馆 CIP 数据核字第 20246CB195 号

大连理工大学出版社出版

地址:大连市软件园路 80 号　　邮政编码:116023

营销中心:0411-84707410　84708842　　邮购及零售:0411-84706041

E-mail:dutp@dutp.cn　　URL:https://www.dutp.cn

大连市东晟印刷有限公司印刷　　大连理工大学出版社发行

幅面尺寸:185mm×260mm　　印张:16　　字数:382 千字

2024 年 9 月第 1 版　　2025 年 8 月第 2 次印刷

责任编辑:裘美倩　　责任校对:陈星源

封面设计:张　莹

ISBN 978-7-5685-5173-1　　定　价:49.80 元

PREFACE 前言

党的二十大报告提出："强化就业优先政策，健全就业促进机制，促进高质量充分就业。"要实现更加充分、更高质量就业，如何指导学生自我认知、科学规划、合理就业，满足社会对人才的需求，满足毕业生的可持续发展，是高等职业教育的中心任务。

本教材以习近平新时代中国特色社会主义思想为指导，深入贯彻党的二十大精神，全面落实习近平总书记关于职业教育工作、教育强国建设的重要指示。在教材编写过程中，坚持理论与实践相结合、普遍性与特殊性相统一的原则，以职业能力为本位、以大学生职业生涯与发展规划过程为导向，通过激发大学生职业发展的自主意识，树立正确的就业观，促使大学生理性地规划自身未来的发展，并努力在学习过程中自觉地提高就业能力和生涯管理能力。本教材在以下几方面打造自己的优势和特色：

1. 旗帜鲜明讲政治 润物无声强育人

本教材编写强调职业发展教育同思政教育、专业教育的深度融合。本教材以落实立德树人根本任务为主线，着力推动价值塑造、知识传授和能力培养的相融相促。坚持职业价值观与社会主义核心价值观相统一的原则，围绕专业教育遴选具有时代性和代表性的典型案例，润物无声地融入思政元素，旨在以理想信念教育为精神坐标，引导学生坚定"四个自信"，明确自身的时代担当，充分将个人理想与国家社会发展有机结合，以实际行动为全面建成社会主义现代化强国、实现第二个百年奋斗目标贡献力量。

2. 内容创新重适应 多方联动保时效

本教材内容既强调了职业在人生发展中的重要地位，又关注了学生的全面发展和终身发展，采用项目任务式开发模式，构建"导、教、学、拓"一体化的大学生职业生涯与发展规划教材新体系。本书分为四个模块：模块一，生涯之路，有道可循；模块二，择己所长，释放能量；模块三，择世所需，顺势而为；模块四，适应职场，走向成功。内容以职业认知与自我探索为起点，引导学生加强自我认知、明确职业目标、规划职业生涯、提升自身职业素质，为将来的就业创业夯实基础。

3. 资源多元利教学 教学相长促发展

本教材配备了丰富多元的教学资源，通过二维码链接于图书的边白处，随扫随学、方便快捷，打破了时间和空间的限制，能有效地激发学生学习的主动性、积极性，满足不同教学场景的需要。与本教材配套的在线开放课程"大学生职业发展与就业指导"已在国内主流课程平台开放共享，发挥辅教辅学辅练的功能。

本教材由王杨、杨龙、吕爽担任主编，由孙健、王欣、张寿久担任副主编，荀静、马雪松、李光鑫、王岩、李琳杰、王丽杰参与编写。具体编写分工如下：项目一由孙健编写，项目二、项目三由王杨编写，项目四、项目五由杨龙编写，项目六由张寿久、李琳杰编写，项目七、项目十由吕爽编写，项目八由马雪松编写，项目九由王欣、王丽杰编写，项目十一由荀静编写，项目十二由李光鑫、王岩编写；微课视频由王杨录制，全书由王杨负责制订编写方案并总纂定稿。

本教材在编写过程中参考借鉴了国内外学者的最新研究成果，吸收了不少有益见解和精彩案例，编写和出版过程中还得到了大连理工大学出版社的帮助与指导，在此一并表示衷心的感谢。请相关著作权人看到本教材后与出版社联系，出版社将按照相关法律的规定支付稿酬。

本教材虽经团队反复研讨审读，但由于水平有限，疏漏与不妥之处在所难免，恳请广大师生在使用过程中提出宝贵意见，以便教材进一步修正和完善。

编　者

2024 年 9 月

所有意见和建议请发往：dutpgz@163.com

欢迎访问职教数字化服务平台：https://www.dutp.cn/sve/

联系电话：0411-84706672　84706581

CONTENTS

目录

模块四　适应职场，走向成功

模块一

01

生涯之路，有道可循

项目一
活出生命的精彩

知识目标

1. 了解人生与生涯的意义；
2. 掌握生涯发展的基本理论知识。

能力目标

1. 能够树立正确的人生理想与职业理想。
2. 能够树立正确的人生目标。

素质目标

1. 自觉树立职业规划意识；
2. 树立正确的人生理想与职业理想。

案例导入

生涯规划课

生涯规划是一门依托于马克思主义哲学、管理学、心理学、社会学、计算机技术，帮助人们认识自己、认识社会，进而规划自己一生的方法学课程。因为它有助于成功目标的达成，所以生涯规划也是一门成功方法学课程。

哈佛大学有一项关于目标对人生影响的跟踪调查，对象是一群智力、学历、环境等条件都差不多的年轻人。调查结果发现：27%的人没有目标；60%的人目标模糊；10%的人有比较清晰的短期目标；3%的人有十分清晰的长期目标。

25 年的跟踪调查发现：有十分清晰的长期目标的那 3%的人，25 年来几乎都不曾改变自己的人生目标，他们始终朝着同一个方向不懈地努力。25 年后，他们几乎都成了社会各界顶尖成功人士，他们当中不乏白手创业者、行业领袖、社会精英。

有比较清晰的短期目标的那 10%的人，大都生活在社会的中上层。他们的共同特点是不断地达成短期目标，生活质量稳步上升。25 年后，他们成为各行各业不可缺少的专业人才，如医生、律师、工程师、高级主管等。

目标模糊的60%的人，几乎都生活在社会的中下层，他们能安稳地生活与工作，但都没有什么特别的成绩。

剩下的没有目标的27%的人，他们几乎都生活在社会的最底层；他们的生活都过得很不如意，常常失业，靠社会救济，并且常常抱怨他人、抱怨社会。

由此可见，目标对人生有着巨大的导向作用。在目标的驱动下，对自己的生涯进行规划，不断努力、不断奋斗，做自己命运的主人，便能活出属于自己的精彩人生。

（资料来源：朱玉华.高职院校大学生职业生涯与发展规划[M].北京：现代教育出版社，2019）

任务一　人生与生涯

一、生命与生涯

（一）生命与人生

生长和发育是生命的基本过程，而新陈代谢则是生命的最基本的过程，是其他一切生命现象的基础。生命的一般形态具有某种“合目的性”的行为，作为生命高级形态的人类则具有自觉的目的性行为。

生命，特别是人的生命，应当由三个因素构成，即生物性、心理性和社会性。历史唯物主义认为，人的生命具有多重属性，其中最主要的是自然属性和社会属性，社会属性是人最主要、最根本的属性，它是决定人之所以是人的最根本的东西。生命的自然活动主要包括新陈代谢、生长、发育、遗传、变异、感应、运动等。生命的社会活动主要包括感知社会、角色扮演、人际交往、求学择业、社会竞争等。

人的生命可以分为这样几种形态。首先是生物性生命，即人首先是作为自然生理性的肉体生命而存在的，这一点是和自然界的广大生物一样必须具有的基本属性。其次是人的精神性生命。人之所以为人就在于人有高于动物的意识活动，有超越生物性生命的精神世界。人不但要思考如何活下来，还要思考如何更好地生活。只要人在世界上存在一天，大脑就不会停止思考，人类就要创造、就要超越，就要更好地认识世界、改造世界。最后是人的价值性生命。每个人在一生中都要思考诸如“为何活着”的问题，这就是人对于生命意义发自内心的追问，是人对价值生命的一种诉求。人的价值性生命为人的生存夯实了根基，加足了动力。

自从地球上有了最早的生命，世界就变得如此美好，生命因自然而存在，自然因生命而美丽。自然界的生命是丰富多彩的，又是各具特点、千姿百态的。就像世上没有两片相同的树叶，人类中也没有两个完全相同的个人，每个人都是独一无二的，有自己独特的风格和特点。每一个生命不仅是独特的，而且是有限的。生命对于我们只有一次，任何代价都换不回来，我们必须热爱生命，珍重生命。

（二）生涯

生涯，顾名思义，是指人的生命的全部历程。美国著名的心理学家舒伯认为，“生涯”是指生活中各种事件的演进方向和历程，它统合了人一生中的各种职业和生活角色，由此表现出个人独特的自我发展形态。换言之，生涯是一个人一生中所从事的工作、所担任的职务、角色的总和，例如学生、雇员、家庭成员、公民与退休者。

人的生涯发展既是一个自然生命的成长过程，也是一个自我设计与创造的过程。在这个过程中，由于职业在所有"事件"和"角色"中具有非同寻常的作用，很大程度上影响和决定着人在担任其他角色时的经历和发展，对人的发展有至关重要的影响，因此生涯是以职业为主轴和动力源的。

职业生涯是一个人一生的职业历程，特别是职业、工作待遇、职位的变动及工作理想实现的整个过程，是人一生中最重要的历程。人们从 20 岁左右参加工作，到 60 岁左右退出职业，职业生涯约占人生的三分之二，这也是人生中精力最旺盛、创造力最强的时期。

大学生涯是大学生追求自我实现的重要阶段，大学生涯的成就将为自己未来职业生涯的成功奠定基础。因此，大学生应利用大学的宝贵时间，科学有效地进行职业生涯规划。

生涯具有以下特点：

1. 独特性

每个人的生涯都不一样，都有其独特性，都有其专属的生涯规划，绝对不会与他人相同。

2. 终身性

生涯是一个人从生到死一辈子的事情，包含就学、就业、退休后生活。如果今天做一个生涯规划，明天又有另外的生涯规划，就不能称为生涯规划，只能算是计划而已。

3. 发展性

生涯是人生发展的整个历程，贯穿从生到死的过程，且在人生发展的不同阶段呈现出不同的形态和特点，因而具有发展性，且随着个人成长、经验积累、社会发展而变化。

4. 全面性

生涯包含人生整体发展各层面，所规划的一生中包罗万象，亦即对一个人生涯规划所考虑的点、线、面极为广泛，几乎无所不包。

生涯并不局限于个人的职业角色，尽管与职业相关，但比职业的内涵更加丰富，它涵盖了更长的时间，既包括就业前的活动，也包括离开工作后的生活。每个人的生涯发展都是独一无二的，是依据个人的人生理想，为了自我实现而逐渐展开的一种生命历程。

（三）舒伯的生涯发展理论

舒伯提出了人一生的完整的生涯发展阶段模式，从人的终生发展角度出发，把整个人生分为成长、探索、建立、维持和衰退五个阶段，见表 1-1。

表 1-1　　生涯发展阶段

阶段	主要任务
成长阶段（0～14 岁）	认同并建立起自我概念，对职业的好奇占主导地位，并逐步有意识地培养职业能力
探索阶段（15～24 岁）	主要通过学校学习进行自我考察、角色鉴定和职业探索，完成择业和初步就业
建立阶段（25～44 岁）	进入一个合适的工作领域，并谋求发展，是绝大多数人职业生涯周期中的核心部分
维持阶段（45～64 岁）	开发新的技能，维护已经获得的成就和社会地位，维持家庭和工作两者间的和谐关系，寻找接替人选
衰退阶段（65 岁及以上）	逐步退出职业和结束职业，开发社会角色，减少权利和责任，适应退休后的生活

在舒伯的理论中，每一阶段都有一些特定的发展任务需要完成，每一阶段都需达到一定的发展水准或成就，并且前一阶段的发展任务达成与否，关系到后一阶段的发展。

根据舒伯的看法，一个人一生中扮演的许许多多角色就像彩虹同时具有许多色带。为了综合阐述生涯发展阶段与角色彼此间的相互影响，舒伯提出"生涯彩虹图（Life-career rainbow）理论"，引入生命广度（Life-span）、生命空间（Life-space）的概念，展示了不同发展阶段各种角色的相互作用，不同生涯发展阶段角色的继承与更替，如图 1-1 所示。

在生涯彩虹图中，纵向层面代表的是纵观上下的生活空间，是由一组职位和角色所组成，分为子女、学生、休闲者、公民、工作者、持家者六个不同的角色，他们相互影响，交织出个人独特的生涯类型。

舒伯认为个人在发展历程中，随年龄的增长而扮演不同的角色，图的最外圈为主要发展阶段，内圈阴影部分的范围，长短不一，表示在该年龄阶段各种角色的分量；在同一年龄阶段可能同时扮演多种角色，因此彼此会有所重叠，但其所占比例分量则有所不同。

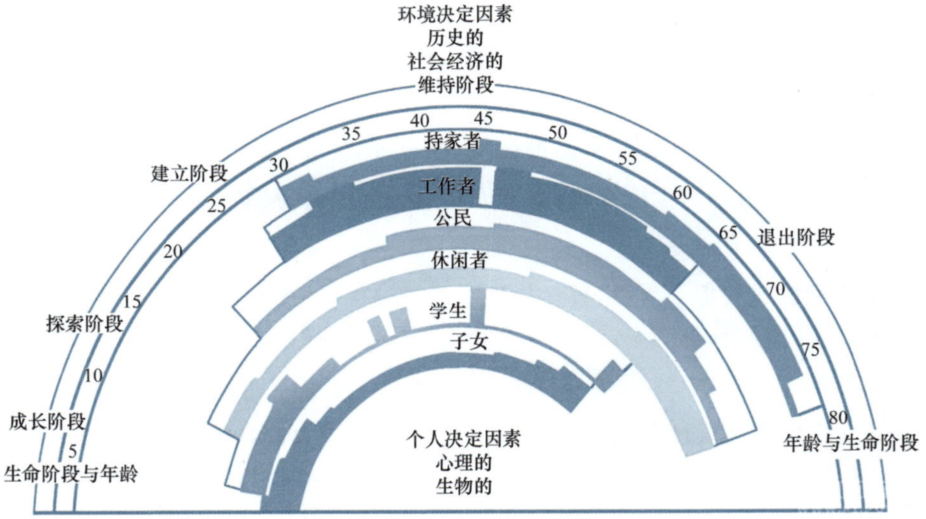

图 1-1　某人的生涯彩虹图

生涯彩虹图最里层子女的角色在 5 岁以前是涂满颜色的，之后逐渐减少，10 岁时大幅减少，到 50 岁时开始增加。表明早期作为子女享受父母的照顾，在成长的过程中慢慢与父母平等，而在父母年迈之际，则要开始照顾、赡养父母，直至父母去世，子女的角色也随之消失。

生涯彩虹图第 2 层是学生角色，从四五岁开始，10 岁以后进一步增强，20 岁之后大幅减少，25 岁以后便戛然而止，30 岁至 50 岁期间恢复了几次，65 岁以后还有出现。这表明，学习是伴随终生的。离开学校，步入工作一段时间之后，如果感觉自己的知识和能力已不能满足工作需要，那么重新返回学校深造未尝不是一个好的选择，或许可以开创生涯发展的新局面。

生涯彩虹图第 3 层是休闲者角色，这一角色从 5 岁之后一直是平稳发展的，直到 55 岁之后显著增加。这表明，休闲是贯穿人一生的，是平衡工作的重要砝码，是维持身心健康的重要手段，工作讲究劳逸结合，生涯发展也不能忽视休闲。

生涯彩虹图第 4 层是公民角色，这一角色从 20 岁开始出现，35 岁后得到加强，65～70 岁达到顶峰，随后慢慢减退。公民是一种法律上的含义，是承担社会责任、关心国家事务的一种政治表现。

生涯彩虹图第 5 层是工作者角色，这一角色大概从 25 岁开始，30 岁之后得到加强，表明该阶段中工作的占比达到了顶峰。到 45 岁后，工作角色进入短暂的空白期，对比发现，此时学生角色和持家者角色得到增强，表明这张彩虹图的主人在该阶段进行了工作和生活的调整，进行了一段时间的脱产学习，以便未来更好地发展，并更加关注家庭及自身的转型。两三年之后，学生角色和持家者角色恢复平均水平，工作者角色重新占据生活的中心，直到 60 岁之后开始减少，65 岁时终止工作者角色。

生涯彩虹图第 6 层是持家者角色，这一角色在 30 岁开始时投入了相当多的精力，之后维持在一个适当的水平，65 岁退休之后又加强了这一角色，75 岁之后这一角色大幅减少，表明家庭责任大幅减轻，或许是因为伴侣的消失，或许是完全将家庭事务交予后代承担。

二、理想与目标

（一）人生需求与价值

1. 人生需求

美国著名人本主义心理学家马斯洛曾指出：“人是永远不能满足的动物。”他首次提出了著名的需求层次理论，指出人的需求由低级层次向高级层次推进，即从生理需求（饮食与性）—安全需求（生命安全与生活保障）—友爱和归属的需求（受到接纳、关怀与爱）—受尊重的需求（受到认可和赞扬）—自我实现的需求（实现个人潜能和创造力），如图 1-2 所示。

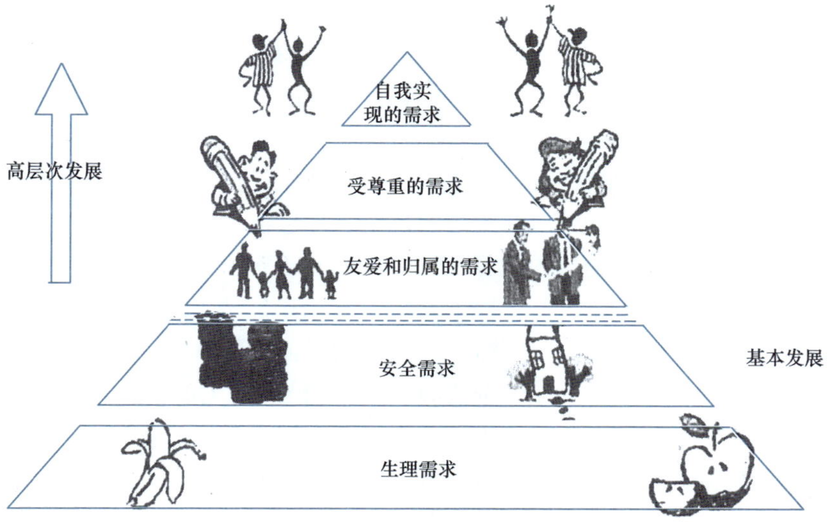

图 1-2　人的需求层次

马斯洛经过几十年的研究，发现人的需求是有规律的，是分层次的，在低级需求满足之后，就会自动上升到新的更高级需求。低级需求在金字塔底层，如生理需求、安全需求。低级需求是有限的，其满足是指向自我的。而友爱、尊重、自我实现等。高级需求则是无限的，而且必须通过满足他人、公众和社会的需求才能实现。个人得到满足所需要的层次越高，人的心理就越健康。当人达到自我实现的高峰时，便可获得一种特殊的"高峰体验"。

一个人要想充分发挥自己的能力，实现自己的梦想，并得到企业和社会的承认，就一定要努力工作，为企业、为社会做出贡献。个人的成功与自我实现，是在满足他人的需求后，社会环境对他的回报，这是一个客观规律。

2. 人生价值

实现人生价值是人的高层次需求。人生价值由三部分组成：社会价值、自我价值和人格价值。人的社会价值是个人对社会需求的满足。人生价值大小是由人对社会的贡献多少所决定的，即一个人对社会的贡献越大，他的人生价值就越高。人的社会价值是人生价值的最基本内容。一个人的人生有价值，即指人作为价值客体能满足他人、集体和社会的需要，对他人、集体和社会有一定的积极作用。

我们在强调人生价值在于社会贡献时，绝不能忽视人的自我价值和人格价值。自我价值是指个人对自身需求的满足。个人通过努力，满足自身的生理、物质和精神方面的需求，即自我贡献和自我尊重。人格价值是指社会对个人需求的满足，特指作为人的权利、地位和尊严，人格价值人人平等。

实现人生价值就是实现社会价值、自我价值和人格价值的统一，缺少任何一环都不是完整的人生价值。在现实生活中，一个人对社会的贡献越大，提高自我价值、获得人格价值的机会就越多。一个人的物质生活需求是有限的，而精神生活需求是无限的。只有将自我实现与社会需要结合起来，才能创造人生的最大价值。

（二）人生理想与职业理想

1. 人生理想

理想是人类精神生活的产物。理想作为一种社会意识，是人们对客观现实发展趋势的超前反映，即人们在认识客观规律的基础上给自己构建的未来美好蓝图。因此，理想不是人们主观的臆造，不是空想或幻想，而是经过努力可能实现的符合科学的目标。

苏格拉底曾说："世界上最快乐的事，莫过于为理想而奋斗。"如果说社会是大海，人生是小舟，那么理想信念就是引航的灯塔和推进的风帆。理想信念能够指明人生的奋斗目标，提供人生的前进动力，提高人生的精神境界，所以，树立正确远大的理想信念对大学生而言具有重要意义。

理想信念对人生历程起着导向的作用，为人生指引前进的方向；理想信念为人生提供前进的动力，激励人们向着既定目标奋斗前进；理想信念提高人生的精神境界，它一方面使人的精神生活的各个方面统一起来，另一方面又引导着人们不断地追求更高的人生目标。

只有树立起高尚的理想信念，才能够解答"做什么人"这一重要的人生课题。作为新时代青年，不论今后从事什么职业，我们都要把个人的奋斗志向同国家和民族的前途命运紧紧联系在一起，把个人的学习进步同祖国的繁荣昌盛紧紧联系在一起。

2. 职业理想

职业理想是指人们在一定的世界观、人生观和价值观的指导下，对其未来所从事的职业及事业上获取成就的追求和向往。不同职业有不同的职业期望。医生要以救死扶伤为天职，军人宣誓为国效忠、保家卫国，警察立志匡扶正义、维持法纪，教师追求为人师表、传道授业解惑，科学家致力于解开自然的奥秘，艺术家要为创造美的生活而奋斗等。职业理想是理想的重要组成部分，引领着人们的职业价值观和择业行为。

职业理想具有一定的个体差异性。一个人选择什么样的职业，与他的思想品德、知识结构、能力水平、兴趣爱好等有很大的关系。政治思想觉悟、道德修养水准以及世界观、人生观、价值观等决定着一个人的职业理想方向。知识结构、能力水平决定着一个人的职业理想追求的层次。个人的兴趣爱好、气质性格等非智力因素以及性别特征、身体状况等生理特征也影响着一个人的职业选择。

职业理想具有一定的发展性。一个人的职业理想的内容会因现实情况的不同而发生变化。随着年龄的增长、社会阅历的增加、知识水平的提高，职业理想会由模糊变得清晰，由幻想变得理智，由波动变得稳定。

树立正确的职业理想，对于大学生科学规划职业生涯，具有重要的意义。

（1）职业理想是职业选择的向导

职业理想是人们对未来职业的向往，一个人一旦确立了科学的职业理想，就会向着实现这一理想的方向去努力。而为了实现自己的职业理想，首先必须选择一个与之相适应的职业，这个职业可以是所从之业，也可以是所创之业，否则，理想职业就无法或者很难实现。因此，在进行职业选择时，职业理想起着非常重要的导向作用。

（2）职业理想是取得职业成功的重要动力

职业理想是人们对未来职业的追求，它不仅包括工作的内容、工作的种类，还包括工作的成就。无论是就业，还是创业，为了实现自己的职业理想，必须积极进行相关知识的积累和相关能力的培养，为选择自己理想中的职业做准备，为未来的工作打好基础；使我们走上职业岗位后，能够利用自己所学的知识和所具备的能力，努力地、创造性地做好工作，并最终取得职业成功。

（3）职业理想是事业成功的精神支柱

职业理想是成就事业、推动社会进步的精神力量，它激励着人们在职业准备、职业选择和在就业或创业的过程中，无论遇到什么样的困难和阻碍，都会朝着已经确立的职业目标前进，直到取得事业上的成功。

（三）目标管理

目标是引领人们前往成功彼岸的灯塔。大学生在自我管理的过程中，必须充分重视目标管理的重要性，切实有效地利用目标推动个人的发展与进步。在目标管理方面，大学生尤其应注意以下几点：

1. 确定自我的学习和奋斗目标

尺有所短，寸有所长。每个人都有自己的优势和劣势。因此，在制定目标之前，要充分认识自我，分析自身的长处和短处，客观地评估个人各方面的能力，给予自己准确的定位。大学生一定要时刻记住：切莫随波逐流。古罗马哲学家小塞涅卡说："有些人活着没有任何目标，他们在世间行走，就像河中的一棵小草，他们不是行走，而是随波逐流。"随波逐流的人不能明确自己前进的方向及动因，他们只会随大流、绕圈子，空耗时间，终其一生，有些也曾上演了一幕幕"悲剧"。

大学生应该在自我定位准确的前提下，确定自我的学习和奋斗目标。大学生自我管理中的目标既不能太高，也不能过低，一定要充分结合自身的实际情况及内在的发展潜力，同时充分考虑到所处的环境等客观因素，进而使各方面的积极因素结合起来，共同促进目标的实现。更重要的是，大学生在追求学习和奋斗目标的同时，应该意识到综合能力的全面发展在个人成长道路上的重要性，以此来进一步确定自我的学习和奋斗目标。

大学生需要注意的是，在制定目标时，应该具体量化，制定出的目标不能含糊不清。目标越明确，对个人的引导作用越大。同时，制定目标要有次序性。重要的、紧急的目标应优先考虑，而对于一些长远的目标，则应该制定长期的规划。除此之外，大学生还应该把短期目标与中长期目标结合起来，使之形成一个相互关联的体系，最终促进个人的进一步发展。

2. 实践自我的学习和奋斗目标

对于大学生来说，仅仅制定目标是不够的，更要将目标落实到实践中。在为实现目标奋斗的过程中，一定要专注于目标，并且应该善于思考，持之以恒。专注就是把意识集中在某个特定的目标上的行为，并要持之以恒，找出实现目标的方法，而且成功地将之付诸实际行动。或许有些大学生并没有意识到专注的力量，但专注的力量的确是无穷的。同时，在实践目标的过程中要善于思考，想成就大事，就必须学会思考，善于思考是个人办事的思维资本，是通向成功之路的有力保证。在思考中不断创新，逐步实现个人的学习及奋斗目标。

微课

步入大学

那么我们应如何实现自我的学习和奋斗目标呢？

一是制订合理可行的短期及长期计划，在制订计划时，要从个人的实际出发，结合自己所处的环境及各种可能的外部情况，具体情况具体分析。

二是定期检查计划的实施情况，并对未完成的计划进行进一步安排并反思，使自己不断提高。

三是保持积极乐观的心态，通往成功的路不可能一帆风顺，遇到各种各样的阻碍导致目标难以实现是正常的。在这种情况下，最重要的是保持良好的心态，自信地、勇敢地迎接挑战，战胜困难，战胜自己，最终获得成功。

拓展阅读

查德威克失败给我们的启示

1952 年 7 月 4 日清晨，美国加利福尼亚海岸笼罩在浓雾中。在海岸以西 33.6 千米的卡塔林纳岛上，一位 34 岁的妇女跃入太平洋的海水中，开始向加州海岸游去。要是成功的话，她就是第一个游过这个海峡的妇女。

这名妇女名叫弗罗伦丝·查德威克。在此之前，她是第一个游过英吉利海峡的妇女。在向加州海岸游去的过程中，海水冻得她全身发麻；雾很大，她连护送她的船都几乎看不到。时间一个小时一个小时地过去，千千万万的人在电视上看着。有几次，鲨鱼靠近了她，幸而被人开枪吓跑了。但即便面临着死亡的威胁，她仍然在游着。

15 个小时之后，她又累又冷，知道自己不能再游了，于是就叫人拉她上船。这时她的母亲和教授在另一条船上。他们都告诉她已经离海岸很近了，叫她不要放弃。但她朝加州海岸的方向望去，除了浓雾什么也看不到。在继续坚持了几十分钟后，人们把她拉上了船。在船上休息了几个小时后，她渐渐觉得暖和多了，却开始感受到失败带来的打击。她不假思索地对记者说："说实在的，我不是为自己找借口。如果当时我能看见陆地，也许我能坚持下来。"

人们拉她上船的地点，离加州海岸只有不足一千米！查德威克一生中就只有这一次没能坚持到底。两个月之后，在一个晴朗的日子她成功地游过了同一个海峡。

为什么查德威克第一次横渡卡塔林纳海峡失败了？

这带给你什么启示？

有时，一个人、一个团队或者一个企业看不到自己的目标，结果真的很可怕。当人们有了明确的目标，并且把行动与目标不断加以对照，清楚地看到自己的努力与目标相近时，就会得到动力，最终就能自觉地克服一切困难，努力达到目标。

如果父母要求你的学习成绩进入班上前三名，是否比仅仅告诉你"要好好学习"更能激发你的学习劲头呢？

"目标设置理论"更好地回答了这个问题。它是美国行为科学家爱德温·洛克提出来的，他认为：指向目标的工作意向是工作激励的主要源泉，具体的目标能够提高绩效；一旦确定了困难的目标，会比容易的目标带来更高的绩效；同时，有绩效反馈比无绩效反馈带来的绩效更高。

大量的事实证明了目标设置理论的科学性。企业十分关注如何将这一理论应用于实际工作，这就自然引起了目标管理的流行。这是管理大师彼得·德鲁克在 1954 年出版的《管理的实践》一书中提出来的，美国总统布什将 2002 年度的"总统自由勋章"授予彼得·德鲁克时，提到他的"三大贡献"之一就是目标管理。

如今，目标管理成为一种越来越受欢迎的管理方式，它已经在全世界众多的公司中得到了广泛应用。

所谓目标管理，是指根据公司的战略规划，组织运用系统化的管理方式，把各项管理事务转化为有主次的、可控的、高效的管理活动，通过激励员工共同参与活动，实现组织和个人目标的过程。它强调把组织的整体目标转化为组织和个人的具体目标。

对员工个人来说，目标管理提出了明确的个体绩效目标，使得每个人对他所在组织的绩效都可以做出明确而具体的贡献。如果所有人都实现了各自的目标，其组织的整体目标也就能够实现。

（资料来源：徐俊祥，兰华．幸福密码：大学生学业与职涯发展导航[M]．北京：现代教育出版社，2001）

任务二　人生发展与生涯规划

大学是人生的重要阶段，也是很容易自我迷失的阶段。对于大多数新生而言，在经历了刚进大学的喜悦和兴奋之后，大学初期的迷茫与无措在所难免。《礼记·中庸》有言："凡事预则立，不预则废"，预，指预测、准备、规划，意为做任何事情事先有准备则能成功，反之就会失败。因此，做好生涯规划对大学生来说十分重要。那么什么是生涯规划？大学生要如何做好生涯规划呢？

一、什么是生涯规划

生涯规划是指个人在职业发展方面进行长期的目标制定、职业选择和发展路径规划的过程。个人在对自己的兴趣、价值观、优势和发展需求等方面进行全面了解的基础上,制定适合个人的发展目标和行动计划。

生涯规划包括职业目标的确定、个人能力的提升、职业选择的决策、职业发展的规划等多个方面,旨在帮助个人实现自我价值、实现职业成功和个人成长。同时对大学生而言,生涯规划不但包括职业生涯方面的规划,还包括学业生涯方面的规划。

二、大学生为什么要做生涯规划

(一)明确自身目标,积蓄发展力量

大学生正处于人生重要的转折点,可能面临着许多的职业选择和未来的不确定性。做好生涯规划可以帮助大学生明确自己的发展目标,了解自己的兴趣和优势,并为未来的发展做好准备。

(二)激发学习动力,提高自身竞争力

拥有明确的生涯规划可以帮助大学生激发内在动力,提高自己的综合素质和竞争力。他们可以在明确目标的前提下,通过有针对性地选择专业课程、实习实践和培训机会,提升自己所需的专业技能和实践能力,增加未来在就业市场的竞争力。

(三)发掘个人潜力,拓展学习领域

生涯规划可以帮助大学生认识和发掘自己的潜力和热情。他们可以通过尝试不同的实习、社会实践和学术研究等方式,发现自己真正感兴趣的领域,并为之努力奋斗。

(四)提振自信心,提升决策能力

在进行生涯规划的过程中,大学生将思考并制定自己的学习目标、职业目标和行动计划。这样的过程可以提升他们发现问题、分析问题、解决问题的能力,从而增强自己的自信心和决策能力。

(五)提高生命质量,实现人生价值

通过生涯规划可以提高生命质量,实现人生价值。生涯规划的目的是要帮助人们突破障碍、激发潜能、实现自我,它提供了一些有效的方法或工具,让人们在不同发展阶段都能对自己的过去、现在和未来有一个重新审视、评估的机会,并不断调整自己、修正计划,为自己的每一个人生阶段创造最大的成就感和满足感。正如大海中航行的船只需要目标一样,只有经过规划的职业人生,才有明确的方向和强大的动力。职业生涯规划,对大学生的职业发展乃至人生发展都具有重要作用。

生涯规划的本质是在充分认识自我需求和透析个体特征的基础上,结合社会现实,帮助个体找到自己的最佳贡献区,制定合理的生涯发展目标。生涯规划可以帮助大学生最大限度地发挥自己的优势,在获得人生成功的同时,提升个体的幸福指数,实现人生价值的最大化,进而提升生命的质量。

三、美好人生需要规划

生涯规划是一个持续的过程，需要保持积极的心态和持之以恒的努力。通过合理的规划，赋能个体成长，以更好地实现自己的目标，迈向成功的人生。

(一)人生实现四部曲的第一步：确认自我，即了解你自己！

自我的剖析与确认是一个复杂的问题，其根本工作在于对以下几点进行基本分析：

第一，我是谁？

第二，我正处于什么环境？

第三，我将是什么样子？

1. 诊断问题发生的领域，是家庭问题、自我问题还是工作问题

(1)个人志趣分析

自我认识首先必须了解真正的自己，要认真和实事求是地分析自己的兴趣爱好和厌恶之物是什么，要分析自己内心真正的想法和愿望，明明白白地找出自己真正想要的、对自己来说有意义和价值的东西。

(2)社会需求分析

任何人都不是孤立地存在于世上，而是生存于现实的特定的社会环境之中。个人的成功、幸福、发展，必须以社会的某些客观条件为前提，成功幸福的人生往往是领先超前或同步于、融合于当代社会发展大潮。个人人生的价值和意义，只有放在广阔真实的社会背景之下，才能显示出其真谛。

(3)家庭需求分析

对于正常人来讲，成功人生还必须考虑家庭对自己人生的需求。尤其对于中国人来说，家庭对人生成功具有十分重要的意义。当然，事实上我们存在着对于家庭需求的多种处理方法。你可以选择独身，也可以选择特定的对于双方来说都有意义的婚姻。但绝不能因为家庭的需求，牺牲自我发展的基本方向。

2. 诊断问题的难度

个人、社会及家庭的需求构成了确认自我的三个维度。如果把家庭纳入社会范围简化成个人和社会两个维度来考虑，那么在对以上三个维度进行分析之后，就可以运用 SWOT 分析对自己的人生发展进行一次战略规划。

很明显，人们一般应该选择个人兴趣爱好及个人才智能力优势与社会、家庭所提供的发展机会相结合的领域，这是人生定位的上选，成功的概率很高。而个人处于劣势和排斥的领域，是人生发展应该避开的暗礁区，不宜作为成功人生的定位。

确认自我必然引向人生定位。人生定位即表明在一生当中，我们希望并且能够使自己成为一个什么样的人。人生定位是人生发展规划的第一步，人生发展策略规划则是人生发展规划的第二步。分解人生发展阶段、制定各阶段目标措施则是完成人生发展规划的最后一步。

(二)人生实现四部曲的第二步：清楚目标，明确梦想

在对个人和环境进行深入全面的分析后，便应结合自己的实际情况，设立清晰明确的目标。这是驱动人们不断前进、不断奋斗的重要动力。

目标通常分为短期目标、中期目标、长期目标和人生目标。目标的设定要以自己的最佳才能、最优性格、最大兴趣、最有利的环境等信息为依据。

光有宏观的人生规划还不行，还必须像战略规划一样，将人生的大目标、大方向和大策略，分解为人生不同发展阶段的阶段目标及其具体措施，整个人生规划才能初步完成。人生规划大体上可以分成以下几个阶段：

1. 12～20岁：人生学习期

本阶段是大学生立志学习的重要时期，与小学时期相比，这一阶段的学习更为主动、积极，并且与个人志向相结合，是有目的的学习阶段。

2. 20～30岁：人生进修期

本阶段是人生的重要阶段，涉及应届毕业生第一份工作或最初的工作意向、决策，处于职业生涯的开端，毕业生们可以用全新的四(五)段式思维来规划未来超过50年的职业生涯了。且在做出职业重大承诺之前，进行全面综合的考量，明确自己的方向和选择。

初入社会的毕业生需要将学校学到的理论和实践结合，但目前中国中小企业大都严重缺乏运作管理流程，依靠老板或创业团队的经验在运作企业，多数经验具有极大的局限性，甚至缺乏科学性，在试错中蹒跚前进。例如，刚走向社会的大学生进入这样的企业难以辨别理论和老板经验的正确性，会显得手足无措，并且接受不到相应的职业化能力的熏陶和培训。而大型企业经过了多年的沉淀和多元文化的冲击，一般情况下，企业运作管理的流程较完善且科学，在这样的企业中工作学习，能够得到更系统科学的培养，有助于未来职业生涯的发展，因此相较于中小企业，大企业无疑是更好的选择。

3. 30～40岁：人生巩固期

这一阶段是职场转型期，此时的职场中，向上升迁的道路越来越狭窄，竞争越来越激烈，风险也越来越大。如果你不希望被挤压在狭小的空间内无法呼吸，或者不想等到无路可走的时候再被迫去面对，那就现在开始，以前面积累的工作经历为基础，重新组合生产资产、活力资产，打造转型资产，创建职业组合新阶段，修改成重新规划未来的发展计划。

首先要对自己所在或者感兴趣的行业进行重新的深度调研和思考，并重新进行职业定位。如果自己的定位和行业的发展两相匹配之后，发现自己能力差距较大，那就必须有所改变，有所行动，比如放弃大部分的娱乐和休闲，更多地投入时间和精力去学习新知识、新技能，转变思维方式，寻求创新等。

通过这样重新“充电”来提升活力，重新创造生产资产，提前进行职业转型的开发和组合，从而将转型的“阵痛”拆解到一段可以承受的时间范围之内。

在这个过程中，你还要关注你的活力资产——健康、家庭和友谊——是否同样在持续增长，它们是你更快乐更满足地过好长寿人生的重要基石。

4. 40～70岁：智慧奉献期

本阶段是从不惑、知天命到耳顺时期。其中，40～50岁，不惑时期。经过多年的学习与实践，已形成完整的个人见解，不被外界事物所迷惑，办事不再犹豫，行为果断；50～60岁，知天命时期,丰富的人生经验可以让人认识自然规律,懂得自己的人生使命;60～70 岁,耳顺时期,总结经验,能够冷静地倾听别人的意见,分真伪,辨是非。

5.70～80 岁:人生总结期

这个阶段的主要意义在于回顾和总结自己的一生,同时也是调整心态、享受生活的时期。每一段经历都是我们前行道路上的收获,是生活的阅历和沉淀,是我们从过去走向未来的桥梁。

(三)人生实现四部曲的第三步:制定行动方案

职业生涯方向的选择需要考虑的两个问题:

我想往哪方面发展?

我能往哪方面发展?

在以上五个人生时期划分清晰的前提下,我们还必须制订详细的年度奋斗计划。总体来说,在不同的时期,需要实现的阶段性目标不同,实现目标的措施也不同。在制订计划时应该尽量将不同性质和类别的目标清晰化,分成技能学习目标、文化修养目标、职业目标、经济目标、生活目标、情感目标、政治目标等,目标越清晰越好,对目标的界定越明确越好。如一年之内读哪些书,一年之内在某一行业做到什么职位等。

长期和短期人生规划的目的是保证人生的最终目标能够不沦为空想,而是一点点在一天天的推进中逐步落实。

好的人生离不开好的规划,成功人生离不开成功的规划及在正确规划指导下的持续奋斗。人生如大海航行,人生规划就是人生的基本航线,有了航线,我们就不会偏离目标,更不会迷失方向,才能更加顺利和快速地驶向成功的彼岸。

(四)人生实现四部曲的第四步:脚踏实地,开始行动!

行动是所有生涯设计中最艰难的一个步骤,因为行动就意味着要开始努力将梦想转化为现实,切实地开始践行规划。如果动机不转换成行动,动机终归是动机,目标也只能停留在梦想阶段。

萧伯纳说过,征服世界的将是这样一些人:开始的时候,他们试图找到梦想中的乐园。当他们无法找到的时候,他们亲手创造了它。

不论是大学毕业的年轻人,还是 40 岁左右并且正陷在一份自己不喜欢的工作之中的中年人,只要还没有到安享晚年的地步,任何时候开始在职业规划的指导下为了理想而开始奋斗都不晚。

微课

大学生活与职业发展

拓展阅读

孔子的人生阶段划分

《论语·为政》中讲述了中国古代大思想家和教育家孔子的观点:“吾十有五而志于学,三十而立,四十而不惑,五十而知天命,六十而耳顺,七十而从心所欲,不逾矩。”

第一阶段:从学前期,即从出生到 15 岁。这段时期人的心智开始形成,已开始学习生活中的基本知识。这一时期的学习主要是靠家长的安排或受外界环境的影响,通常并非主动学习。

第二阶段：立志学习并开始社会实践时期。即15～30岁。与从学前期相比，这一阶段的学习更为主动、积极，并且与个人志向相结合，是有目的的学习和实践阶段。

第三阶段：自立时期，即30～40岁。这一时期人的心智已完全成熟，懂得了很多道理，并且在经济上和人格上独立了。

第四阶段：不惑时期，即40～50岁。经过多年的学习与实践，已形成完整的个人见解，不被外界事物所迷惑，办事不再犹豫，行为果断。

第五阶段：知天命时期，即50～60岁。丰富的人生经验可以让人认识自然规律，知道哪些是不能为人力所支配的事情。

第六阶段：耳顺时期，即60～70岁。总结经验，能够冷静地倾听别人的意见，分真伪，辨是非。

第七阶段：从心所欲，不逾矩时期，即70岁以上。从心所欲并非为所欲为，更不是为非作歹，而是在言行自由的同时，不违背客观规律和道德规范。

（资料来源：徐俊祥，兰华. 幸福密码：大学生学业与职涯发展导航[M]. 北京：现代教育出版社，2001）

实践活动

活动一：命运之牌

让学生学会接纳自己，懂得珍惜现在所拥有的资源，感知幸福，同时让学生懂得“命运掌握在自己手中”。

由于受到出生环境等各种因素的限制，每个人的命运是不同的。有的同学可能对自己的家庭环境不满意，有的同学可能对自己的长相不满意，也有的同学可能对目前的自己不满意……

假定每个人都能够获得第二次生命，每个人的命运可以重新选择。教师手中有很多纸牌，每张牌就是命运的一种重新安排，它所包含的资料就是抽取者新的生活资料，抽到牌后，抽取者就是牌上的这个人。设想一下处在这种情况下的命运，现在看看自己目前的处境、位置，将它与假设的第二次人生选择的处境相比，有什么不同？

教师把纸牌放在一个盒子里，让同学们随机抽取一张，不得更换。

全班同学交流全新的“自己”，并询问是否满意牌上的“自己”。生命只有一次，你该怎样面对已经拥有的生活？

附：纸牌的内容

(1)不幸患了癌症，家里没有钱治疗。

(2)因家中意外发生火灾，脸部被大火烧伤，留下了一个很难看的伤疤。

(3)出生在一个贫困山区里，父母无力供养自己读书。

(4)父母不幸患有重病，治疗花费了很多钱，家庭经济紧张。

(5)与周围的同学人际关系很紧张，很不受大家的欢迎。

(6)患有小儿麻痹症，生活很不方便。

(7)小时候因中耳炎治疗不好而变聋。

(8)一只眼睛因意外事故而失明。

(9)一条腿因在一次车祸中受伤严重被截肢。

(10)相貌普通,在班级里不引人注意,学习等各方面都一般。

(11)学习成绩优秀,但人缘很差,不受老师和同学欢迎。

(12)妈妈对自己太唠叨,对自己管得太多,让自己不舒服。

(13)以前家里很富有,现在却因意外事故而陷入经济拮据状态。

(14)目前的学习成绩很差,经常被一些同学看不起。

(15)患有口吃,常被同学模仿而引起大家的嘲笑。

(16)因自己太胖,大家经常以此开涮,并且给自己起不太好听的绰号。

(17)除了学习,基本没有其他业余爱好。

(18)患有先天性心脏病,很容易疲劳。

(19)父母对自己要求很严,很专制。

(20)家庭经济条件好,但父母对自己缺乏关爱,不喜欢自己。

(21)经常受到别人的欺负,心里很忧郁。

注意事项:

若有学生对自己抽取的纸牌不满意要求更换,教师可准备更差的纸牌,让图片显示比原牌更糟糕的生活,询问是否愿意更换。在游戏过程中,有的学生可能不太严肃认真,教师要及时给予提醒。

对于纸牌的内容,这里只给出了一些参考。教师在使用时可根据学生的实际情况自己设计一些内容。之所以设计的内容大都是不尽如人意的,主要是想让学生意识到,虽然我们每个人都无法选择我们的出身、我们的家庭,或许我们对目前的环境不一定很满意,但无论如何,我们都应该珍惜自己的境遇。

由于这个游戏的内容中有可能真的涉及学生的伤心处,如家庭离异的学生、身体外貌略有欠缺的学生,所以教师在游戏之前应该先跟一些学生座谈沟通,取得学生的同意。游戏之前,教师要对游戏可能会给学生带来的负面效应表示歉意。

活动二:绘制生涯彩虹图

1.活动目标:

通过该活动,引导学生认识生涯发展的规律,了解不同生涯发展阶段及其主要特征,激发生涯角色与规划意识。

2.活动说明:

绘制自己的生涯彩虹图:思考自己过去、现在以及未来可能承担的角色,用不同颜色的彩笔在彩虹图上标注年龄阶段和角色名称,然后在相应区域,结合年龄阶段写下对这些角色的理解。

3.注意事项:

(1)角色扮演的成功视个人的生理、心理因素及当时的社会环境等外在情境因素而定,该角色越成熟,代表的色带越饱满。

(2)生命中各阶段所扮演的角色,延续的时期可用色带的长度来表示。

(3)可用不同的颜色来代表对该角色的喜好。

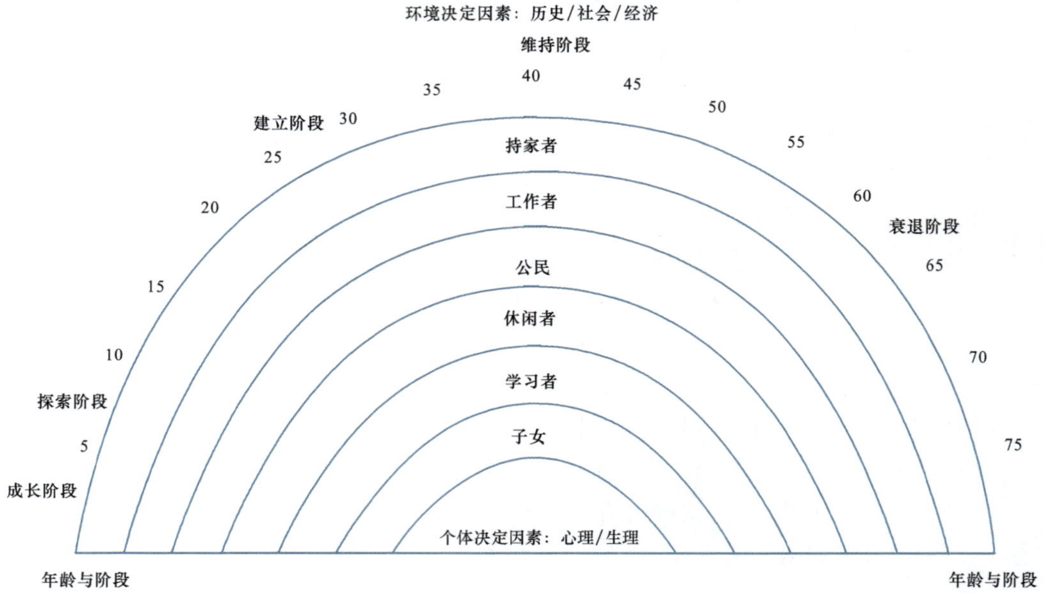

图 1-3　生涯彩虹图

活动三：鱼骨生命线

鱼骨生命图原本用于生涯规划及管理。鱼眼，表示原点，即出生时刻及出生地；鱼头，呈现三角形，代表人出生后 0～3 岁的发展迅速的阶段；鱼尾，表示职业生涯结束后，生命逐渐老去的部分；鱼尾尖，表示生命的终点，如图 1-4 所示。

填涂说明：

(1)请在生命的圆点上写上出生日期和 0 岁。再根据自己的健康状况、家族的健康状况和所生活地域的平均寿命来预测自己和世界说再见的时间，并标注在箭头的终点上。

(2)请找出今天的位置，用一个自己喜欢的标记标示在生命线上，并写上今天的日期和年龄。

(3)请进一步仔细回忆过去，以生命线上的时间点为初始点，标出过去影响最大或最难忘的 5 件事，积极影响事件鱼刺朝上，消极影响事件鱼刺朝下；并以线段的长短表示事件对自己影响的大小。

(4)请在生命线上标出今后最想做的 3 件事或最想实现的 3 个目标，能够由自己全权决定的鱼刺朝上，需要别人参与或者全部由别人定夺的鱼刺朝下。

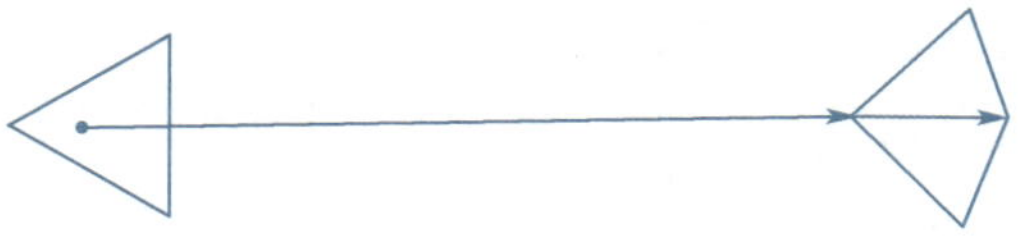

图 1-4　鱼骨生命图

(5)请参考鱼骨生命图，深入思考，并回答下面的问题：

①过去的事情对你有怎样的影响？你对这些事情的看法怎样？

②对于现在的自己，你是否感到满意？哪些人或事促成了现在的你？

项目二
充实丰富的大学生活

知识目标

1. 理解上大学的意义和目的；
2. 了解大学学习的具体内容。

能力目标

1. 能够快速地适应大学生活；
2. 能够重新认识自己，合理地规划自己的大学生活。

素质目标

1. 培养学生主动学习、主动实践、团结合作的信心和勇气；
2. 明白自己为何而来，该做何事。

案例导入

孔子的生涯

孔子生于公元前551年，名丘，字仲尼。

孔子3岁丧父，家境贫寒，15岁开始立志于学，17岁丧母，19岁娶妻，20岁生子。由于学识广博，逐渐得到了鲁国士大夫阶层的承认，《史记》记载当时孔子也为官府和贵族工作，任“委吏”“乘田”之类管理仓库或者管理牲畜的小官。

孔子30岁时，开始传道授业，开设私学。《史记》记载孔子还去了周朝的都城访学，并且拜访了老子，返回鲁国之后，弟子也越来越多。

孔子35岁时，鲁国发生了叛乱，鲁国国君逃亡齐国，孔子也去往了齐国。当时齐国国君问政于孔子，孔子回答了一句非常有名的话：“君君，臣臣，父父，子子”。而且，孔子在齐国听到韶乐，以至于“三月不知肉味”。

孔子36岁时，由于齐国君臣的排挤，返回了鲁国，开始了治学生涯。之后的15年，孔子“退而修诗、书、礼、乐”，并且弟子更多了。孔子有弟子3 000余人，贤者72人，例如子路、子贡、冉有、颜回等，在《论语》《史记》中有很多的记载。

孔子51岁时才真正开始他的官场生涯，刚开始任中都宰（县市长），使地方风气大为好转，夜不闭户，路不拾遗；外交上，鲁国与齐国夹谷会盟，孔子未用一兵一卒使齐景公归还了之前侵占鲁国的汶上三城；后来相继任司空（负责国家土木、礼仪等）、大司寇（负责国家刑狱、纠察等）。55岁开始作为代理国相，全面负责国家事务。

齐、鲁两国交界，齐国担心鲁国的兴盛会危及齐国，便离间鲁国君臣与孔子的关系。于是，孔子56岁时，放弃了在鲁国的职务，与他的学生们开始了周游列国的生涯，先后经过了卫国、曹国、宋国、齐国、郑国、晋国、陈国、蔡国、楚国等地，其中在卫国居住了7年，在陈国居住了3年。最艰难的时候是被困于陈、蔡两国的交界处之时，孔子与弟子断粮多日，孔子问他的弟子："我们的理想与主张难道错了吗？我们为何会到了如此的地步？"颜回答道："我们的学问没有修成，是我们的羞耻，至于道德学问，已经大大地修成而不被人所用，那是国家执政者的羞耻。不被容受有什么关系？不容，才见得自己是一位君子呢！"

孔子和他的弟子们坚守着理想，走完了13年周游列国的路程，再次回到鲁国时，孔子已经68岁了。孔子晚年生活伴随着失去亲人的痛苦，70岁时儿子孔鲤死去，之后，最喜爱的弟子颜回与子路相继死去，给晚年的孔子带来了很大的伤害。

完成《春秋》后不久，孔子也走完了他73年的生涯之路。

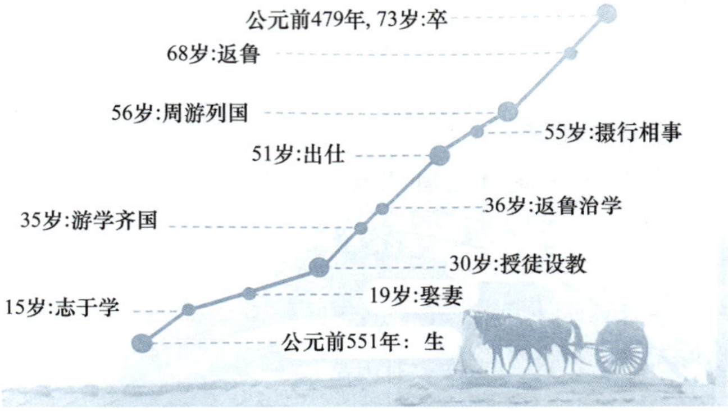

图2-1 孔子的生涯之路

（资料来源：王琴．大学生职业生涯规划与指导[M]．4版．大连：大连理工大学出版社，2019）

任务一　你为何而来

与六月告别，经过高考的洗礼，我们顺利进入大学的殿堂，大学生活是让人向往的，也是令人期待的。大学生活是人生的一段宝贵经历，是人生的一笔宝贵财富。亲爱的大学新人们，在我们满怀希冀与忐忑地迈进大学校门的时候，你问过自己为什么来上大学吗？

在大学校园里，你可以看到截然不同的风景线：有的人忙碌而充实，为自己的理想和生活不懈努力，奔波在图书馆、自习室以及一个又一个精彩的学术讲座现场；有的人却浑浑噩噩、茫然无措，通宵玩游戏、看电视剧，直到大学结束时，才痛心疾首地希望大学生活能够有机会重来一次。

大学生活是人生职业发展的准备时期，大学生在此阶段要完成从学生到社会建设者的过渡，完成对将来自身职业的探索，做出职业的规划并初步付诸实施。大学阶段也是知识的储备阶段，在校期间，学校提供了各种各样的资源，学生们可以有效地利用这些资源，进行初步系统的知识积累，同时，通过学校的各种活动不断拓展自己的视野，加强自身修养，初步形成职业技能，为以后的职业发展打基础。

大学生活大体上可以分成专业学习、社会实践和课外活动三个部分。无论你处于大学的哪个阶段，它们都将伴随着你，并且共同帮助你构建知识、培养能力和提升素质。如果把专业学习比作“机身”，那么社会实践和课外活动就是“双翼”。大学生要想很好地融入大学生活，使自己的大学生活过得充实有意义，就必须有明确的目标。那我们为什么来上大学？简言之，我们上大学是为了求知、求能、求友。

一、求知——构建合理的知识结构

专业学习是大学生活最重要的组成部分。大学教育以培养专业性较强的人才为目的，要求大学生在学好基础课的同时对专业知识或某一专业方向进行较为深入的学习和研究。专业知识是大学生知识结构的核心部分，随着现代科学技术的迅速发展，现代职业的分工越来越细，职业的种类也越来越多，对从业者的能力和知识结构、专业素质的要求也越来越高，越来越具体。拥有与所从事职业相关的精深的专业知识是职业发展过程中实现职业生涯目标的核心依据。

专业学习是贯穿大学生活的主线，大学生应该深入了解、学习自己已经选择的专业，培养对自己所选专业的兴趣。实际上，不少学生在对一个专业的了解学习后，会对所学专业“日久生情”，慢慢产生兴趣。学业是大学生立身之本，具备和拥有好的学业，才会有好的就业、好的职业。机遇总是垂青有准备的人。大学教育是就业准备的教育，准备充分的人将在求职择业时有更多的选择权并取得更高层次的职业岗位。大学生应重点从以下三个方面抓好学业，做好就业的准备：第一，构建合理的知识结构；第二，锻炼较强的实践能力；第三，全面提高综合素质。这三方面互为补充，缺一不可。

二、求能——全面提升自身的综合能力

积极参加课外活动，提升自身的综合能力。当前高等教育已经进入大众化教育阶段，大学生在社会人力资源结构中所占比例逐渐增大。随着大学毕业生数量的增加及相关就业政策的进一步开放，用人单位在挑选大学生时的选择更多、范围更广、要求更高。他们需要学生具备更强的综合能力以快速地适应职位的要求。大学能为个人才能的发挥、个性的展示以及个人将来的发展提供一个良好的平台。通过积极参与各项课外活动，学生可以全方位地了解自己、了解社会、了解职位要求，从而寻找正确的方式培养自己，全面提升自身综合能力。

课外活动不仅是课堂教学的补充，更是大学生亲身的体验，是大学生发挥主动性、创造性的活动。它是学习环节和实践环节的统一，集品德、知识和能力培养于一体，能够进一步使大学生激活知识、锻炼能力、完善能力结构。一些高校经常举办的学术节、“挑战杯”竞赛、国家大学生创新大赛、校园文化艺术节、校运会、心理剧、女生节、辩论赛、多媒体课件大赛等课外活动，充分调动了大学生的主观能动性，在用知识、学知识的同时，对知识进行自我的重

新构架，使自身能力得到进一步的拓展。这种自身能力的拓展不仅表现在对知识的领会上，更表现在对知识的运用和实践以及其他能力的锻炼上。大学生在主持、组织和参与课外活动的过程中，自然而然地培养了组织管理、社会交际、协同合作等综合能力。

三、求友——营建良好的人际关系

善待每一个同学。有人说，大学里最值得珍视的便是同窗的友情，不仅让我们收获了充实与快乐的大学生活，更能让我们体会到人间的一份真情与感动。欢乐时刻与朋友分享，悲伤时分与挚友畅谈，都让我们记忆深刻，无法忘却。朋友带给我们的，不仅限于一起上课、一同吃饭等，更是长时间以来形成的彼此间的默契与信任，帮扶与责任。大学的友情，让我们更深刻地感受到善待自己、善待他人的重要性，也让我们从中体会到真诚待人的意义与真谛。

正如一首歌所唱："千金难买是朋友，朋友多了路好走。"大学里经营自己的人际关系是一门必修课。要想拥有好的人缘，必须有好的品行。尊重他人，体谅他人，在力所能及的范围里主动伸出援手，绽放笑脸。具有良好品行的人周围会产生强大的磁场，使之富有魅力，并值得被真诚对待。我们不能期望所有的同学都能和自己成为挚友，因为差异不仅会产生吸引力，更容易引发冲突，所以请用宽容、真诚和求同存异的交友之道善待你的大学同窗。

四、致新生——如何做个乘风破浪的时代青年

在面对大学生活时，有人激情澎湃，有人惴惴不安，有人满怀憧憬，有人失落遗憾。新的生活环境、新的教学风格、新的学习方式、新的人际关系、新的人生挑战，有人能轻松应对，收获自己的美好的大学时光；有人感到极度的不适应、颓废、慵懒、拖延、茫然无措，感到极度的不适应，走向空虚。不管你是哪种，或许你都需要了解下什么是大学生活，怎么过好大学生活！福建中医药大学心理健康教育指导中心主任丁闽江老师为新生们带来了 10 条建议，希望你们能慢慢品读，做个乘风破浪的时代青年。

第一条建议：改变你对大学的观念

在高中漫长而艰苦的复习过程中，你们无数次听到老师与家长对你说："这段时间努力一把，上大学就好了""大学生活很轻松，你想做什么就做什么""上大学了，你就可以彻底解放了""上大学了就不用那么拼命了"；刚上大学时还会有学长、学姐跟你说"60 分万岁""期末考试都有重点，准备几天就过了""某某专业没前途，赶快转专业或者准备考研""大学知识没有用，毕业都用不上"等。事实上，这些话并不符合事实。通过高考进入大学，是所有学子的梦想。在拿到大学通知书的时候，很多学生都会展望自己的大学生活，并且都将自己的大学生活想象得很美好，抱着憧憬，抱着理想，甚至做好了各种攻略。然而到了大学才发现，想象和现实之间原来有着天壤之别。学习更辛苦了，要学习的东西更多了，竞争压力更大了，人际关系更复杂了，事情都要自己做了，一切的一切似乎都不是之前想象中的那样。其实，这就是常态，大学并没有比高中更轻松，你需要重新认识什么是大学，思考自己应该怎样过好大学生活。

第二条建议：重新认识你自己

(1)学会认识你自己。上大学后你要好好认识自己。"我是谁?"这是一个角色定位和角色认同问题。对"大学生"这一角色的认识，如果模糊不清，很有可能导致大学时光的虚度，

你学习掌握知识的能力甚至会比高中时更差。那么应当如何正确认识自己呢？首先，你要知道自己的优缺点，要知道哪里需要在大学里锻炼和加强，也要知道如何让自己的综合能力得到提升。“我来做什么”“该怎么做”，这是个主题定位和态度问题。大学的主题是什么？不是单纯的求学，而是综合素质的提升，是主动奋斗的过程。你将来的定位是什么？将来是赶快毕业直接工作，还是考研继续深造？将来是进入蓝领、白领还是金领职业层次？不管怎样选择，改变命运的钥匙掌握在自己手里，成功的机遇总是偏爱有准备的人。

(2)学会接纳自己。每个人都有不同的成长环境，也就造就了不同的性格和处世方式，我们没有必要总是否认自己，没有必要总是喜欢把别人当作镜子来对照。拿别人的长处比自己的短处，会让你觉得自己一无是处，对自我形象不认同，或者对自己能力产生怀疑。我们也不要总是要求自己迎合别人，做最好的自己不好吗？学会接纳自己的不完美，看到自己不完美的一面，按照自己的方式来，接纳自己的容貌、性格、能力、处世方式，那才是独一无二的你。当你认同和接纳了自己时，你就会充满自信，快乐也就随之而来。

(3)记得把过去归零。不管你以前多么优秀还是较为平庸，那都是过去，上大学后把过去归零，一切重新开始。要知道，这里的每个人都不知道过去的你怎样，或许他们都比你优秀，或许他们都比你差。老师也希望你把过去的不愉快归零。进入大学，就是迈入一个新的环境，接触新的人，你的所有过去对于他们来说是一张白纸，这是你重新塑造自己形象的最佳时刻，改掉以前的缺点，收敛你的锋芒，每进入一个新的环境，都应该以全新的、更好的形象出现。

第三条建议:明白大学学习的不同和重要性

关于大学的学习，请同学们务必认识到大学的学习与高中学习的差别，大学的学习有更多的自主性，授课老师不会一遍一遍地讲知识点，老师也不可能随时在你的身边，你需要更多的自觉，学会自主学习，根据自己的专业或者兴趣，利用好学校图书馆资源，你想要的知识在图书馆基本上都能获取；学会利用课余时间学习自己想要学习的知识，可以利用自己没课的间隙去旁听其他老师的课程，也可以到其他学校学习你想要的课程；在课程实践方面，可以主动与老师联系，获得跟老师学习的机会，或者成为老师的科研助手，与老师一起做科研；可以主动给自己找些实践机会，提前适应社会；利用好你的手机和电脑，多听些网络课程也是非常重要的学习方式。当然，大学课程不一定都让你满意，但是，建议大家上课时不要玩手机，不要睡觉，要专心听讲，逐步培养兴趣；另外，我还非常建议大家多阅读，不管什么书籍，多阅读能开阔眼界，照亮心灵！可能你总是会听到有人跟你说，大学的期末考试及格万岁。如果你相信这种说法，我想你一定会吃大亏了。我认同大学是培养综合素质的，成绩不是唯一的衡量标准的观点。但是，你要知道，你的成绩会直接影响你的评优评先、评奖学金、入党、保研、公派出国、转专业等诸多方面。如果你的成绩不好，你的简历将会逊色于其他同学，给用人单位的印象也许会大打折扣，对你的就业肯定也会有影响；如果你参加研究生考试，复试的时候你的本科成绩会是导师对你的评价的一个重要参考；更严重的是，如果你不重视学习成绩，可能会挂科，可能会无法正常毕业，可能会拿不到学位证。那么，你的大学就白读了，你将悔恨终身。

第四条建议:规划好你的大学生活

从你开始上大学的第一天就应该对自己未来的学习生活进行规划，要知道自己想要什么，想怎么做。规划主要包括两种:生活规划和职业生涯规划。对于生活规划，你要给自己定目标，目标可以分长期目标和短期目标，目标定好后，你一定要对自己每年、每月、每周，甚至每天要做什么非常清楚，这样你的大学生活就会过得很充实。否则，你将会陷入茫然无措之中，对于职业生涯规划，你要对自己有充分了解，对自己所学习的专业是否感兴趣，是否愿意从事本专业的工作，是否要考取研究生；如果不喜欢本专业，你要尽早了解是否可以转专业，自己能否达到转专业的条件，该怎么努力，也可以想想如何通过考取研究生来更换专业和职业，也可以通过辅导员、学长了解下，你们这个专业的毕业生主要的就业去向，对大学毕业后你有哪些选择做到心中有数。当然，也有不少的同学并不一定从事与自身专业相关的工作，但其实大学学习培养的是一种能力，只要能力在，很多职业你都可以胜任，因此，尽早做好职业生涯规划，你就会有目标和动力。另外，不要总是觉得目标空洞抽象。一个人有目标和没目标，对待生活的态度是截然不同的。如果说高考是以考上大学为目标，那么读大学就应该以今后的职业生涯规划为目标。职业生涯规划要尽早做，明确未来的职业定向，掌握职业相关信息。在此基础上，根据职业规划有的放矢地做好准备，并把目标进行分解，越细越好，从小目标开始，一步一步、踏踏实实地向前走。

第五条建议：一定要处理好宿舍关系

首先，我想要说的是，大学里的宿舍关系是你们人际关系中最重要的关系之一，宿舍关系直接关系到你们的生活幸福感、学习成绩、未来发展、身心健康。大学舍友是你以后最美好的回忆，也是最能帮助你的人，他们是你最温暖的家人。同学们来自五湖四海，有着不同的成长环境、生活习惯、个性特点、兴趣爱好，如何互相融入又保持距离是一门学问。加上我们很多大学生在上大学之前从未经历过集体生活，尊重他人的意识不强，常常深夜聊天、玩游戏、看剧，不注意个人卫生，乱扔脏衣服，脏袜子，还有个别人比较自我，爱以自己为中心，习惯用自己的方式生活，听不进意见建议等，这些不恰当的行为常常干扰了舍友的生活与休息，时常成为引发舍友间矛盾的导火索。虽然大学的宿舍关系的确有点复杂，但是，如果能做到下面这几点，一定会获得好人缘。

(1)尊重你的舍友，我们没有权利要求别人按照自己的意愿行事，要尊重个体间的差别，宽容对待彼此的缺陷与不足，在日常生活中求同存异，取长补短，共同营造和谐的宿舍人际关系。

(2)把关心和赞美时常挂在嘴边，“良言一句三冬暖，恶语伤人六月寒”。注意说话的对象、场合、分寸，不可过激和伤害他人自尊心，避免矛盾激化，尽量冷静、委婉地利用一些人际交往技巧和人际冲突沟通技巧来表达自己的想法。

(3)多开展宿舍活动，一起去聚餐，一起去旅游，一起参加比赛等，营造和谐发展的氛围。

(4)当你发现自己确实存在一些不好的生活习惯时，要学会适当地收敛个性，改正缺点，哪怕一下子改不了，也应虚心地向舍友表达歉意。

第六条建议：学会处理恋爱关系

很多同学都很关心这个话题：大学到底要不要恋爱呢？我的答案是：如果他(她)来了，为何要拒绝呢？如果他(她)还没有来，那就耐心地等待。如果你还没恋爱，打算在大学开始恋爱，希望你记住几点：

(1)不要盲目跟风，觉得别人都在谈恋爱了，就随意地开始一段恋爱。

(2)如果你确实有喜欢的对象，请大胆地去追，如果对方拒绝，请自觉地收回你的爱，尊重对方，不要死缠烂打。

(3)如果你恋爱了，千万要懂得一些恋爱的规律，互相尊重和包容是前提，你们都是独立的个体，不存在从属关系，给对方更多的时间和空间，维护好自己的人际关系。

(4)如果你被表白了，千万记得，喜欢就是喜欢，不喜欢就是不喜欢，千万不要碍于面子，或者怕伤害对方而留有余地，这是很不负责任的表现。

(5)如果你一不小心失恋了，你应该充分感受和体会失恋带来的痛苦。这种体验是人生的一种美好记忆，充分地去感受它，让它滋养我们成长。适当宣泄情绪，不过分压抑痛苦，拓宽人际交往，等自己稍微清醒之后，重新去认知你们的感情。不要总觉得自己付出很多，得到很少；不要总觉得别人对你不忠诚，其实离开你是最大的忠诚；转移注意力，去散心，旅行，或者把能量升华到其他的事情上，强迫自己开阔视野，一个小小的失恋其实不算什么；还要懂得时间是治疗失恋的最好药物。

(6)最傻的方式是，失恋后自暴自弃。

第七条建议：让运动和阅读照亮你的心灵

我们都知道运动对身心健康的意义，运动对身体健康的意义就不说了，这里我主要从运动对心理健康的作用来说，运动有利于改善情绪。有大量的研究显示，运动给人带来的好处不仅是生理上的，适当的规律性运动还能促进大脑分泌内啡肽，而在内啡肽的作用下，人的身心可以轻松愉悦。因此内啡肽也被称为“快乐激素”或“年轻激素”，它可促进人缓解紧张、排遣压力，从而提升情绪的生理基础条件，保持健康的情绪状态。对于已有心理问题的同学，长期坚持规律运动具有很好的治疗作用；对于心理健康的同学，长期规律运动可以缓解心理压力，提升心理素质，为未来的学习和工作打下良好的基础。运动可以提高自我效能感，运动可以促进人际关系的发展，运动对很多心理疾病有很好的改善和治疗作用。那么，应该如何科学运动呢？跑步、登山、游泳、骑自行车、健身操等都是不错的选择。每周锻炼应该在 3～5 天，每天应不少于 40 分钟，运动锻炼要循序渐进，贵在坚持。最好运动时有个同伴，一起运动，这样会互相督促和互相影响。我们一起运动吧！

当我们情绪不佳的时候，阅读可以说是最简单、消费最低、最有效果且意义最佳的一种排解方式。阅读不仅有助于缓解情绪，还可使人增加知识与乐趣，增加阅历，从书中获得处理情绪的智慧。阅读的时候你不仅收获了平静的情绪，更收获了知识，因为有了收获，你的心里也会觉得满满的。情绪不好时，停下来，阅读一本好书！

第八条建议：不要被手机和游戏玩弄，你需要自律

(1)不要被手机玩弄。如果你一天中花很多时间在手机上，那么你可能很快就会被不自律的自己打败，上课玩手机、宿舍休息玩手机、吃饭玩手机、走路玩手机、图书馆自习玩手机。你以为是在玩手机，其实是你被手机玩弄。手机将会过多地影响你的生活、学习，甚至影响你的心理健康，一旦手机没带或一段时间无信息就会引起情绪波动，如焦虑、烦躁、暴躁不安，严重者可能会形成“手机焦虑症”；过度沉迷于网络世界还会影响你的价值取向，新媒体时代，你无力应对手机的诱惑，甚至还会陷入漩涡，从而偏离正常的价值取向；沉迷手机还会影响你的人际交往，沉浸于虚拟世界，越来越脱离正常的交往圈子，使人际关系也越来越恶化；受到影响的还有你的学业及身体健康，太多时间花在手机上，导致上课不认真，课后不学习。长时间使用手机会造成视力下降、手指抽筋、颈椎劳损等症状，严重者还会猝死。

(2)电脑不是拿来玩游戏的。上大学了，很多同学都会带电脑来学校。你当初的设想是电脑可以帮助你学习、查资料，但是，万万想不到的是，很大一部分同学把电脑当成游戏工具或者看剧工具。让人难受的是，有很大一部分同学迷恋网络游戏，有的不去上课，有的黑白颠倒，有的干脆不出门，也有的彻底毁了自己，挂科、旷课、退学，甚至身体受到严重伤害。我真的希望你们的电脑能发挥更大的作用，查资料、做作业、学技能等。

（3）上课睡觉的你很难看。大学初体验，你可能有些失落，可能很迷茫，可能对课程没兴趣，也可能老师上课你不喜欢，也有可能晚上你把精力都放在玩游戏和刷剧上，白天没精神上课。我想说的是，这不是少数哦，你将很快会经历。我希望的是，你能锻炼自己的自律，夜间保护休息，白天上课不睡觉，尊重每一位老师，老师再差，也比学生强，毕竟能成为一名大学的教师，在专业领域、知识、思维等方面都是有一番研究的。永远不要嘲笑你的教师无知或者单调，因为有一天当你发现你用瞌睡来嘲弄教师实际上很愚蠢时，你在社会上已经碰了很多钉子了。再者，如果你实在听不下去，你可以做自己的事情，可以自己看书。总之，不要浪费大好时光。

（4）自律的你非常赞。“人一切的痛苦，本质上都是对自己无能的愤怒。而自律，恰恰是解决人生痛苦的根本途径。”环境的改变让很多大学生处于迷茫状态，目标的不切实际，让自律难以坚持，自我要求不严格，无法走出自己的舒适圈，你的自律很快成为泡影。你可能也会面临这样的问题，那么到底应该如何自律呢？第一，要找准自己的人生目标，要实现你的目标，你需要做哪些事情，给出具体时间限制，制定一个可接受并且可实现的目标，并且可以用具体的指标进行衡量。第二，你要学会量化目标。可量化的目标具有5个特征：明确、可衡量、可接受、现实可行、有时间限制。第三，你要学会分解目标。第四，当你为自己设定一个目标之后，尽可能地把这个目标告诉所有你熟知的人，从而保持自己行为和承诺的一致性。当然，你还需要选择一个优秀的环境。

第九条建议：老师希望你做的和建议你千万不能做的

（1）有空做点学生工作，参加第二课堂活动。大学除了学习之外，还有一个非常重要的事情是能力锻炼，特别是表达能力、组织管理能力、应对挫折的能力、职业就业能力、创新能力等。所以我非常建议大家积极参加学生会、班级、社团的干部竞选，通过担任干部来提升自己的能力和素养，充实大学生活，也为将来的工作做准备；也非常建议大家多参加学校、学院举办的各种比赛，去做几次兼职，参加几次社会实践，参加勤工俭学，等等；对于学校的各种社团，建议大家根据自己的兴趣选择一两个参加，不要选太多，这样会导致你顾不过来，参与效果也不佳。同学们千万不要觉得做这些会浪费时间，这是你成长的必然选择。如果你觉得自己的哪方面能力已经很好了，就不用再在这个地方花更多时间。如果你一直想担任学生干部，但是面试总是失败，不要气馁，没有关系，还有大二、大三、大四，总是有机会的，延迟满足也是可以的，不是吗？最后，我也想说，如果你获得了某个职位，参与了某种活动，一定要记得自己的职责，做一个负责任的人。

（2）学习各种技能非常必要。在专业学习的过程中，进入大一后，同学们除了要尽快熟悉本专业的课程、建立对本专业的兴趣外，也可根据自己的专业发展，充分利用各种有利条件来发展自己、提高自己，例如可以有选择地考一些含金量高的证书，夯实专业基础的同时为自己以后从事相关工作做准备。另外，也不要忽视掌握一些必要的技能，如Office技能等，学会操作PPT、EXCEL、Word等软件；也要及时学习新媒体技术，比如微信公众号排版设计、图文设计、音视频剪辑等。

（3）英语是绕不过的伤痛。尽管现在英语不与毕业证、学位证挂钩，但是，它的作用无处不在。大部分同学都要考研，如果英语成绩不好，考研成功的概率大大降低；考研面试过程中也非常注重英语的阅读和口语能力；你的未来就业、评职称、晋升职务、在职考研、出国深造等都与英语相关。所以，即使你很讨厌它，我也建议大家注意提升自己的英语水平，认真对待大学英语四级、六级，或专业英语等级考试，尽可能通过，通过后还可以再考，不要让英语水平降低，并获得相应的等级证书。如果可以，每天练习英语口语，能讲一口地道英语的人很有魅力，不是吗？

（4）常打电话回家。有空时，一定记得给父母打打电话，一句问候，一声"谢谢"，他们都会快乐好几天。在学校遇到什么困难，遇到什么挫折，也要及时与父母沟通，这不会让他们担心，这会让他们心里更有底，因为，无论何时，你的父母都是最能给予你安心和帮助的人。另外我还想说，如果你受到了原生家庭的伤害，我希望你们与自己的父母达成和解，和自己的原生家庭和解，让自己在成长道路上更加理性、通达、包容，不断接近自己的理想状态。父母是我们生活中最亲密的人、最值得信赖的朋友，尽管他们不那么完美，更或是给我们带来过伤害，但我们应该主动增进与父母的沟通，学会理解父母，理解他们的爱意与不足；学会尊重父母，感恩他们的养育和奉献；学会向父母表达，勇敢倾吐内心想法，温柔地坚持，坚定地成长。他们把你们培养成大学生后，在你们身上寄托了太多的希望，不管你的父母以前是怎么对你，用什么方式对你，也不管有没有给你带来伤害，现在我都要说，你们已经长大成人，你有责任对自己负责，也有义务为他们分忧。

（5）一定不能做的事情。大学里你不能做的事情有很多，这里就说一些吧。考试一定不能作弊，作弊后处分的文件会放入档案，跟着你一辈子，影响可大了；你一定不能参与校园贷，那会让你痛不欲生，悔不当初；你一定不能做违法乱纪的事情，可能会被开除学籍哦；你一定不能随意地就与人发生性关系，你要知道艾滋病可能会找上门，那可不得了；你一定不要沉迷游戏，可能挂科会很多，到时候可能会无法毕业；等等。

第十条建议：关注自己的心理健康

（1）心理"感冒"怎么办。每个人在成长过程中都会遇到这样或者那样的挫折和烦恼，总会有伤心、难过的时候，抑或打击大了点，让你出现了心理问题。心理"感冒"了该怎么办呢？如果导致你目前症状的原因不那么强烈，你现在的处境还可以；你的症状还不到 2 个月；你还能正常地学习生活，只是效率有所下降；你的症状没有泛化，还是停留在当初的事件上，那么你可以求助自己。找个地方宣泄下，特别建议你去运动，坚持一段时间，你会看到不一样的效果，也可以来心理中心宣泄室宣泄，把自己的烦恼写下来，并认真分析下，这时，你要给自己一点积极暗示，然后，开始积极行动；找个知心的朋友聊聊心里话，倾诉自己的烦恼；你还可以试着去做一件很有意义的事情，来转移自己的注意力；你也可以通过学校心理健康教育掌上系统找我们的朋辈心理咨询员或者心理老师线上聊聊，或许这是不错的选择；也可以找自己的父母或者亲人诉诉苦，寻求心理支持。如果导致你目前症状的原因很强烈，遇到了重大的生活挫折，你现在的处境面临一定的困难；你的症状已有 2 个月以上、半年以下；你的学习、生活受到较大的影响，甚至回避正常的社会交往；你的症状已经泛化，烦恼的事情不仅是当初的那个事情了，很多相关或者不相关的事情都会引起你的烦恼；你好像已经无法控制自己的情绪了，那么你应该寻求专业帮助。预约学校心理咨询中心的专业老师进行心理咨询（免费）；或者自己到校外的专业心理咨询机构寻求帮助（费用高）；也可以找自己的辅导员，或许他（她）能为你解决很多困难；在咨询的过程中，你一定要动起来，让运动来改善你的情绪；心理康复需要一定时间，不要着急，时间会帮助你走出人生的低谷。如果你的症状已经比较严重，时间长达半年以上；症状极大地影响了你的正常学习生活，甚至你无法完成基本的学习生活任务；这些症状或者行为你自己可以意识到，也可以表述清楚，甚至经常寻求帮助，到处诉说自己的困扰，而且你自己明明知道不应该这样，但是你就是控制不了自己这样做；你还出现了不少躯体的症状，如胸闷、头晕、头痛、脖子不舒服、胃不舒服、出汗、两腿无力等；甚至出现了幻觉、妄想等症状，自己对自己的问题已很难自知，各种躯体症状不断呈现，那么你一定要尽快寻求正规医院心理科或者心理专科医院医生的帮助。可能需要配合药物治疗，精神类药物吃药初期，大概一周的时间会很痛苦，过后会慢慢缓解。这种药物需要长期按照医嘱服用，切不可擅自停药。最后，还想告诉大家，心理问题不可怕，可怕的是你不能正视自己的问题，逃避问题。

(2)你要有积极的心态。心态是否良好是我们大学学习、生活快乐与否的关键。导致不良心态的原因有很多，如：个人比较自卑；总是喜欢比较；眼光总是盯着消极的事情看；不懂得感恩，总是抱怨；等等。引起你目前的情绪和行为的原因不是诱发事件本身，而是你对这件事的信念、看法和评价，也就是说人的许多不良情绪与行为，往往都源于错误的认知，并不是事件本身。因此，保持良好心态的第一个方法是：改变不了事情我们就改变对这件事情的看法！保持良好心态的第二个方法是：学会接纳，接受现实，正视现实。这里的内涵包括：正视现实和环境的改变，接受自己，允许自己不是最优秀的，要适当地调整自己的目标和期望值。保持良好心态的第三个方法是：乐观比较。要多一些积极的比较，如：看来生活过得比我糟糕的人还有很多，我还是挺幸福的，虽然不是最好，但是我也不错，而且我在不断进步。少一些消极的比较，如：我以前是怎样的，现在怎么会这样，他们过得多好啊，都那么有钱，那么幸福，我什么都很差，什么也不如别人。保持良好心态的第四个方法是：学会感恩。感恩社会，是社会给了你生存发展的空间。感恩父母，是他们给了你生命，照顾你成人。感恩学校、老师，是他们在关心、培养你。感恩伤害你的人，因为他们磨炼了你的心志。感恩绊倒你的人，因为他们强化了你的双腿。当我们的心里时刻存在感恩时，我们就没有了那么多抱怨，没有了抱怨，我们的心态自然就会好很多。

(3)遇到困难懂得求助。每个人在每个阶段或许都会遇到一些困难和挫折，能够主动求助是智慧的表现。如果你有心理问题，一定要大胆地求助，可以到心理中心求助，也可以让父母帮助到正规的医疗机构求助，平时在校多与辅导员、舍友和父母沟通自己的病情，获得更多的社会支持和帮助；如果你确实是贫困生，你应该大胆地向学校申请补助，也可以想办法主动获得学校的勤工俭学岗位；无法适应大学生活、无法适应人际关系、家里遇到困难，都要大胆地寻求帮助，这是你智慧的表现。获得帮助后，希望你能懂得感恩，对帮助你的人说声感谢！

(资料来源：中国大学生在线，2021.08.02)

拓展阅读

迈好大学第一步

闯过高考，又一批新生即将步入大学校园。在这里，他们将面对与高中生活截然不同的生活学习环境，将拥有更多的选择、更大的舞台、更宽的视野，也将遇到从前生活中未曾有过的烦恼与困惑。

大学第一步，该如何迈好？大学怎样读，才能不负自己不负韶华？本报今起推出《迈好大学第一步》专栏，通过问卷调研等形式全方位梳理大学新生在即将开启人生新旅程时的担心、困惑、不安或是忧虑，从学业发展、人际交往、心理调适、生涯规划等角度，邀请新生班主任、专业课老师、辅导员、学长学姐以及宿管老师们答疑解惑，为大一新生提供最具针对性、可操作性的“大学生活攻略”。

在大学校园，拿什么遇见更好的自己？这成为不少大一新生心里的问号。

“大学新生，想问你几个问题”，近日，光明日报教育部·光明微教育向大一新生发起线上调查和问题征集。关心专业学习、担心宿舍关系、憧憬校园恋爱……一个个留言，充满了年轻的韵律，也写满了选择的焦虑。

我们约请新生班主任、专业课老师、辅导员、宿管老师和学长聊聊他们眼中的大学第一年，告诉你美好而充实的大学生活究竟什么样。

新生班主任说：遇到问题别憋着，学会问学会打听

“大学是一个过程，每个阶段有不同的问题。具体到大一这一年，主要表现在生活和学习两方面的调适上。”北京林业大学园林学院教师于超已经是第三次担任新生班主任了。在他看来，调适的快慢直接影响着学生整个大学以什么样的姿态度过。“比如说学习上，大学更需要自主学习的能力，但有一些孩子比较习惯于被管着被监督着，如果再内向一些、不太愿意交流，就会很茫然、陷入懈怠情绪中。大学课程一环扣一环，后续再想发力，难度比较大。”于超说。

于超坦言，大一本身就是不断试错、调适的过程，要树立“遇到问题不可怕”的心态：“从学校到学院、专业、班主任、辅导员，从对个人学业上、经济上的帮助，再到心理方面的疏导，都有着全方位的保障体系。同学们出现问题不要憋着，也不要哭着跟爸妈打电话，而是要想办法找到合理途径、找到解决问题的人。”

“踏入大学校园就是踏入一个小的社会，是一个‘织网’的过程，学会织学习的网、人际关系的网。”对于如何找到正确的人，于超给出两点建议：“要学会问、学会打听。一是同学们都愿意跟同龄人交流，要多找几个同龄人、多听几个人的意见，生活轨迹不只是一种，要学会甄别、选择适合自己的意见。二是不要只问同龄人，还要找到对口的负责人员，比如专业课老师、辅导员、班主任，他们的经验更多，可能看问题透彻一点，也会给出不同角度的建议。”

专业课老师说：规划好每一天的生活，尽一切可能纵深探索

该怎么合理选课、如何适应专业学习、挂科了怎么办……新生的困惑中，很大一部分集中在专业学习上。

“大学生活精彩纷呈，但学业专业仍是绝大多数同学未来立足于社会的根本。大家要规划好每一天的生活。”天津科技大学人工智能学院实验中心副主任王嫄建议，在专业学习上，新生们应建立由“广”到“精”，由“横向”到“纵向”的概念：“对于学业和兴趣，要尽一切可能地纵深探索、学精学细、做真做实。如果不知道如何去做，如何深入，可以从参加和备战重要的学科竞赛开始，可以从进入导师实验室打杂开始，可以从积极参与所有学术报告与报告人交流开始，可以从去图书馆把专业课相关书籍读三遍以上开始，可以从向每一位任课老师请教自己感兴趣或听不懂的知识点开始，甚至可以从与一位学霸的交流沟通开始。”

“对于生涯长远规划，要开阔眼界，结合社会实践、学业学习、广泛阅读、学生活动等多元

生动实践，逐渐找到与个人兴趣契合、与社会发展紧密相关的交汇点，以此为基础，尽早进行生涯规划，动态优化生涯规划。”王婷说。

辅导员说：培养自主学习和独立生活能力是大学必修课

高考失利了，没有进入自己理想的大学；现在学的专业是被调剂的，我并不喜欢；很担心开学后新的环境，不知该如何和大家相处……问题征集过程中，“挫败感”成为一些新生挥之不去的阴霾情绪。

“不管你即将进入的是否是你理想中的学校或专业，只要进入校园，就要忘掉曾经的自己，重新开始。”北京邮电大学人工智能学院辅导员李玚建议，“大学和中学有很大差异，第一次学习从未接触过的专业课、第一次离开父母温暖怀抱过集体生活，对大家来说都是一种挑战，希望同学们不要沉浸在过去的成功或失败情绪中，要尽快适应新环境。”

在李玚看来，自主学习、独立生活非常重要：“大学并不像同学们想的那样轻松，面对厚厚的课本、看不懂的专业名词、快速的授课进度，大家可能会产生些许挫败感。这是大多数同学都会遇到的问题，请不要担心，在大学里培养自主学习和独立生活的能力，是大家的必修课。越优秀的人越努力，越努力越幸运，希望同学们在成长过程中，始终都能遇到更好的自己。”

在这个过程中，她还希望同学们能学会理解，懂得宽容：“大学同学来自五湖四海，每个人的性格和家庭背景都不相同。同学们在朝夕相处的过程中，难免会遇到一些问题和矛盾，希望大家能换位思考，做到三思而后行，有任何解决不了的问题，随时可以联系自己的辅导员。对你们来说，愉快的学习和生活环境同样很重要。”

宿管老师说：学会利用学校资源，积极融入校园生活

大学生活很重要的一个场景是“宿舍”。在这里，新生们会遇到要相处四年的室友，将面临新的生活环境，也可能遇到未曾想过的生活摩擦。

“从高中走向大学，全新的生活环境、生活方式会让不少新同学有一个不断适应、调适的过程。”在清华大学学生社区中心学生公寓区事务科副科长谢晨看来，除了学业挑战外，大一新生们在生活和社会交往方面也面临着新的问题和挑战：“比如在生活上，除了部分有住校经验的新生外，很多新生在独立生活方面还有很大提升空间，宿舍卫生如何打扫、个人衣物怎么洗，都需要较强的独立生活能力。有的新生还会遇到水土不服、饮食不习惯等问题。而在社会交往方面，大学会遇到新的老师、同学，还有要朝夕相伴四年的室友，如何建立亲密的社会关系，也是新生们需要面对的。”

如何提升自己的独立生活能力，快速融入大学生活？

谢晨给出三点建议：“一是要快速熟悉。每年在入校前，很多学校都会给新生发放生活指南，并在学校相关公众号上对一些校园生活场景等进行介绍，清华大学在入校后还会给每位新生赠送一本《我是新生》的书籍。新生们可以充分利用这些资源，提前熟悉，做到心中有数。二是要积极融入。入校后，我们的社区德育助理和公寓管理员会进行新生住宿安全教育、开展楼宇间的素质拓展活动等，使新生快速了解公寓生活安全技能，并融入校园生活，大家可以和舍友积极参与，同时也塑造了宿舍间的良好关系。三是要学会沟通。新生入校，难免会遇到很多生活上的问题，不要害怕，积极跟管理员、相关老师沟通，相信适应期很快就会过去。”

学长学姐说：无论哪一种选择，都能绽放绚丽的青春光彩

总有一些话题属于同龄人。我该如何选择社团？宿舍室友如何和谐相处？所爱之人在哪一个转角才能遇到……一个个充满选择焦虑的问题，成为新生们最想跟学长学姐交流的话题。

“不少‘才艺小白’加入了社团，在师长前辈的教导下，成了社团达人，拥有了丰富多彩的课外生活；之前‘大门不出、二门不迈’的宅男宅女，在大学图书馆、实验室中，‘宅’出了一份又一份科研成果；被家长念叨‘满脑子就想着玩’的同学在大学中也能玩出花样，创业当上老板，带着一大帮人在‘玩’中赚钱。”在北京大学法学院博士研究生苏晖阳看来，大学其实是一个踏入多元社会的“换乘站”，无论是哪一种选择，细细躬耕、脚踏实地，都照样能够绽放绚丽的青春光彩。“若是自怨自艾、沦为‘佛系少年’，看似‘躲过了一劫’，实则是抛弃了自己的选择权，变成了一根随波逐流的‘海草’。”苏晖阳笑言。

如何摆脱这些焦虑？过一个充实自在的大学生活？

苏晖阳说，和“不再焦虑”的学长学姐交谈，大家都会谈到一个共同的经验，那就是坚定、拼搏和不服输：“无论遇到何种困难，无论走的道路是否与原先设想一致，只要坚定信心，不断奋斗，定能‘条条大路通罗马’，奋斗出精彩无悔的大学生活。”

（资料来源：光明日报，2020.08.24）

任务二　如何度过大学时光

一、专业学习对职业生涯发展的影响

对大学生来讲，大学是其充分积累适应社会所需资本的重要阶段，该阶段资本原始积累的程度将对其能否顺利走向社会具有直接的影响。大学需要积累的资本很多，包括知识、能力、素质等多方面的内容，其中专业知识的获得，即学习是在校大学生必须积累的最为基础的资本。

（一）专业学习的十个境界

当你学习一段时间或者学了几年后，怎样判断自己学到什么程度呢？怎样判断自己所处的学习阶段呢？这里给大家一个参照，即专业学习的十个境界。

第一个境界是从别人的理论到别人的理论。这是大学生比较普遍的一种学习状态。这就是死背书的结局，重述的只是书上的概念、理论而已。

第二个境界是从别人的理论到自己的说法。这时你有了自己的解释，意思是一样的，只是表述的语言是你自己的，考试时记不住答案的回答就是如此。

第三个境界是从自己的说法到自己的感悟。此时对理论有了自己的认识，会用自己的理解来诠释了，这里是有一些创新的。

第四个境界是从自己的感悟到自己的想法。感悟多了就形成了自己的想法，感悟阶段还是在重复别人的理论，而想法就是自己的理解了。可以这样区分自己的说法、自己的感悟和自己的想法，自己的说法可以用“换句话说”来理解，自己的感悟是“也可以这么说”，自己的想法可以用“我是这样看的”来理解。

前四个境界还处于学习领悟别人理论的阶段，第五个境界以后就是建立自己的理论阶段了。

第五个境界是从自己的想法到自己的理论，此时你会形成体系化的一系列想法，是你在此领域内的独立标志。

第六个境界是从自己的理论到自己的理论，这是指你在诠释自己理论时的照搬，尤其是在初期，你为了让自己的理论、独创的概念完整地呈现出来，你往往会用很艰涩的理论术语来阐释自己的理论，也是为了完善理论而尝试着探索。

第七个境界是从自己的理论到自己的说法。此时你的理论也完善得差不多了，为了让听众很好地理解你的理论，你会将理论转化为平实的语言，这个转化就是用自圆其说的说法来解释自己的理论。

第八个境界是从自己的说法到别人的想法。到了这个境界之后，你就不再是单纯地讲解自己的理论，而是在考虑如何让大家更好地理解、赞同你的理论，所以这时你会考虑别人的想法，他的需要是什么，他的个性是什么，你会考虑用别人能理解的方式来解释你的理论。

第九个境界是从别人的想法到自己的生活。最高明的交流就是融入生活之中的交流，此时你会结合自己的生活状况、现象来类比解释你的理论，这样别人很容易和你达成共识。

第十个境界是从自己的生活到别人的生活，到了这个境界之后，你在和别人交流时就不会急于表达自己的看法和阐释自己的理论，你会很认真地倾听他的生活、他的状态，然后结合他的生活去类比地解释自己的理论，用他生活中的方式与语言和他交流，真正做到“言之无我，言中有我”的交流境界。

一个大学生只有完成专业教学计划规定的学习任务，才是一个符合该专业培养规格的合格毕业生。大学的专业设置是以科学为主进行划分的。学科有其自身的体系与内涵，与职业有联系，但不紧密。大学生除了完成专业学习外，还可以跨专业选修课程，以适应自己职业生涯发展的需要。专业水平的高低对每个准备就业的大学生来说是非常重要的。它直接关系到毕业生能否找到满意的工作，能否将自己的规划蓝图变成现实。大学生不但要了解与专业相关的知识，还应该了解相关领域内的专业知识。

（二）专业探索

专业探索见表 2-1。

表 2-1 专业探索

事项	具体任务	完成日期	负责人
这个专业是什么？	专业的定义、内涵是什么？各个机构、大师对专业的定义是什么？你的看法是什么？		
这个专业学什么？	都有什么课程？什么领域？哪些分支？各个领域的大师是谁？主要理论是什么？		
这个专业的优势院校有哪些？	国内外的一流学校和院系、大师是谁？在哪个城市？核心特色是什么？		
什么人适合学习这个专业？	这个专业适合什么人学？有哪些具体素质要求？		

（续表）

事项	具体任务	完成日期	负责人
与这个专业相关的专业有哪些？	都有哪些专业与你要调研的专业相关？具体都是研究什么的？		

（三）大学生的生活类型

大学生的生活类型见表2-2。

表2-2　大学生的生活类型

生活类型	含义	典型特征
生活型	三点一线的坚守者，高中时期的好学生	有课上课/不做实践/不过度玩游戏、打牌/准时完成老师布置的作业/有心情到图书馆随意看书/随遇而安地对待一切
娱乐型	快乐万岁的放松人，本我为上的孙行者	抓住一切游玩的机会/能逃的课一定逃/不止一次地恋爱/作弊应对考试/除了睡觉就是玩/尝试新玩意/看不进去书
交际型	朋友多了路好走，人见人聊的交际花	不断认识新朋友/频繁参加各类活动聚会/电话费暴涨/应付能应付的一切/打扮自己/和谁都熟/除了睡觉自己待不住
学习型	课堂学习的录音笔，考试复习的复印机	全盘记录老师讲话/老师让看的书一定看、让做的事一定做/图书馆里看与讲课有关的书/课上爱提问/坐第一排/主动找老师
实践型	能力本位的践行者，社会活动的大忙人	积极参与社团活动/学生会的常客/总去拉赞助/兼职/实习/主动找老板/学校里做买卖/自己总在折腾
助学型	勤工俭学上大学，整天为钱忙的自强人	家教/发传单/促销员/图书馆管理员/教室清扫员/打字员/企业赞助/奖学金获得者/班级榜样/给家里钱的人/挨饿的人
研究型	一心一意沉醉于科研，中国诺贝尔奖的接班人	专利发明人/执着的创造者/有国家民族使命感/想做好一件事/挑战自己/自学为乐/舍我其谁/领域佼佼者/诺贝尔奖/专家

注：各类型划分是以某方面在大学生活的占比与侧重为准的，其类型并不代表也不是个别大学生的全部。各类型是有相关和交叉的，一个类型很可能只是一个人在一个阶段的表现，而且很多学生在实际中表现为几种类型的综合，但这里以其特定阶段占比的因素为思考对象。

二、职业生涯规划对大学生活的影响

职业生涯规划是大学生立足于自身特点和外部环境，从未来和发展的角度规划自己的一生。没有人甘愿一生碌碌无为，没有人不渴望成功。而成功不是靠运气和等待就能够得到的。如果我们没有明确而相对集中的目标，或者目标总是飘忽不定，那我们永远都不能成为一名成功者。大学生要成就一番辉煌的事业，就必须合理规划自己的职业生涯。它可以帮助我们着眼未来，及早明确一个人的职业定位，从而通过具体方案的实施，不断向目标靠近，直到实现目标，成就我们的人生。

大学生涯是整个人生的重要阶段，是职业发展的准备期。在大学选择某一专业进行学习，是为今后做职业准备。这是个人职业生涯的起步阶段，是决定能否赢在起点的关键。

(一)职业生涯规划对专业学习的影响

学习既是未来事业的准备，也是未来事业的开端。社会主义现代化建设需要知识面广、业务能力强、精通专业技术的人才。大学生必须勤奋学习，刻苦钻研，不断提高专业知识和技能水平，培养科学地认识问题、分析问题和解决问题的能力；全面提高自身的素质，才可能在未来的事业中有所建树。

1. 职业生涯规划可以构建合理的知识结构

构建合理的知识结构需要广博与精深相结合，理论与实践相结合，静态与动态相结合，个人爱好与社会需要相结合。不但要对自己所从事的专业知识和技能技术的掌握有一定的深度和广度，而且要通晓和熟悉相关的基础知识。要在老师的指导下，广泛涉猎其他学科或某些边缘学科的知识，才能把自己培养成一个复合型的人才，以适应社会主义现代化建设的需要。

2. 职业生涯规划能加强基本技能训练

基本技能训练包括专业技能、语言技能、综合技能等。大学生将来无论从事哪种职业，不仅要具有比较扎实的本专业理论知识，还应具备比较宽泛全面的有关环境、法律、经济、管理、艺术、历史、世界文化等多方面的科学文化知识，只有这样才能适应环境，求得发展。

(二)职业生涯规划对大学生自身的影响

1. 自我觉醒

一些学生进入大学之后失去了前进的方向，也失去了学习的动力，以至于整天浑浑噩噩、无所事事，甚至沉迷于网络之中不能自拔。职业生涯规划将为大学新生开启一扇通往人生成功之门，传授大学生职业生涯规划的相关科学理论，认识职业世界的相关知识，促使大学生考虑和规划大学毕业后从事什么职业，从而在大学有计划、有目的地学习专业知识，拓展各项素质能力。

2. 自我定位

大学生科学制定职业生涯规划，首先要能够正确地认识自我。正确认识自我可以有效避免盲目性，有助于大学生确立科学的、个性化的职业生涯规划。大学生通过对自己的性格、兴趣爱好、个人能力等情况进行深入细致的分析，通过征求老师、同学对自己的看法及相关职业测评的评估，能够更清楚地了解自身的优势和不足，形成个体相对准确、有价值的自我评估，对自我做到合理定位。

3. 自我管理

职业生涯规划是大学生成长成才的行动方案。有效的、切实可行的职业生涯规划，能够引导大学生认识个性特质、现有的和潜在的优势，依据自身实际和发展需求，确立明确的人生发展目标，把个人职业生涯发展分为短期目标、中期目标和长期目标，通过职业目标的分解、细化和实施，通过科学有效的方法准确评估个人目标与实施情况，适时调整计划，强化大学生的时间管理、学业管理、任务管理、生活管理，从而增强校园生活的目的性和自我约束力。随着每一阶段具体目标的实现，不断提升符合未来职业发展需要的知识和技能，使自己的思想和心态向着积极的方向发展，尽最大可能提升就业竞争力。

微课

自信拥抱大学生活

三、融入新的生活要做好的三件事

走进大学校门，新的环境，新的生活，在给大学生们带来新的变化的同时也带来新的困惑。

大一新生带着跃跃欲试的青涩，开始在新的集体中营建自己新的生活。有的观点称，很多大学毕业生的青春是“向下的青春”，其中有诸多的无奈，甚至后悔。也有毕业生说，回过头来看看，自己只是在大学中生活，却从未真正地走进大学生活。这些更明确了新生们迅速适应大学生活的必要性和紧迫性。大一新生遇到的首要问题就是如何快速融入集体。

我们要想融入新的生活，首先就要快速地融入新的集体，做个受欢迎的人。这就需要做好三件事：

(1)主动热情。积极主动地参与到新的集体中，默不作声难以被别人理解。积极主动的人总是占尽先机，这样至少可以说明你热爱这个集体。

(2)乐于分享。和同学一起分享你的快乐，先接纳别人，别人也会试着接受你。谁都喜欢能够带来快乐的人，分享也代表着关心和宽容。

(3)开放的心态。用开放的心态去看待事物，这样会使你的适应能力和学习能力得到迅速的提高。

如何开放心态，具体可以归纳为以下六个招数：

招数之一：调整心态，不把同学当“敌人”

同学之间应该是相互合作的朋友，而不是相互竞争的“敌人”。如果你把同学当成阻挡自己发展的绊脚石，你一定很难在新集体中立足，当然发展也就更难。请记住互惠互利，这才是新集体接纳你的基本前提。

招数之二：不过问别人隐私

不要轻易打听别人的隐私，诸如生活状况、感情纠葛等，除非对方主动向你说起。即使是好朋友都应该保留彼此的空间，更何况是同学呢？过分关心别人隐私是一种无聊、没有修养的低素质行为。

招数之三：不把个人情感带入新集体

因为你的新同学的喜好可能与你相同，也可能与你截然不同。对于与你看法不一致的，你应保持沉默，不要妄加评论，更不能以此为界，划分同类与异己，我们要学会“兼容”。

招数之四：积极参加集体活动

其实，在闲暇之余，与同学们一起出去娱乐，比如唱歌、郊游、跳舞等，不仅能增进彼此的了解，也能让你获得更多的快乐，更有助于培养一种和谐的人际关系。

招数之五：经济上分清楚

AA 制是最佳选择。同学们一起活动，最好是采取 AA 制，这样大家心里都没有负担，经济上也都承受得起。千万不可“小气”,把自己的钱包捂得很紧,被别人看轻,即使偶尔吃点亏也没什么大不了的。

招数之六:说话要有分寸

因为大家都不熟悉,所以在说话的时候必须注意分寸,不能想说什么就说什么。在每说一句话之前,都要先考虑一下是否合适。不同的场合,对不同的人,有很多话是不能随意说的,否则可能会带给你意想不到的麻烦。

总之,互相尊重、配合,很快地融入集体,是我们进一步展示个人才华的前提,也是我们进入新集体所要面对的功课。

四、学会适应独立生活

离开高中初入大学的学生一定会觉得不适应。一些同学不习惯集体生活和熄灯制度,个体间生活方式的差异会让他们感到不舒服;一些在初、高中时期被管束得厉害的学生,面对突然到来的自由反而感到迷茫,不知道该怎么安排自己的生活,如何规划自己的人生;有些人从小在父母的呵护下长大,第一次面对独立的生活会产生孤独感,自理能力的缺乏让他们在面临各种问题时不知如何应对;一些从农村来的孩子,面对城市学生光鲜的衣着及丰富的信息量,会产生自卑感。

有关部门调查显示,中国城市家庭独生子女每日平均劳动时间仅为11.32分钟,不及美国孩子的1/6。超过60%的独生子女从未或很少做洗碗、洗衣服等家务。这些孩子的生活自理能力很低,自己的事情不会做或不愿做。

2006年,清华大学百余新生家长露宿操场事件已经引发了全国性的热议,新一代的人能不能垮掉,的确令人担忧。中国独有的教育方式造就了“啃老族”,尚未“断奶”的他们,更谈不上赡养老人了。65%的家庭存在“啃老”问题,“啃老族”很可能成为影响未来家庭生活的“第一杀手”。这种畸形的现象已经成为一个不可小视的社会问题。

大学生要从容地面对独立生活,须做到以下几点:

(一)养成良好的生活习惯

养成良好的生活习惯是确保顺利、成功地度过大学阶段的一个重要基础。为了让大学生活更加充实,从同学们迈入校园的那天起,就该切实重视这个问题,培养良好的生活习惯,并防止不良生活习惯的形成。

第一,按时作息,养成早睡早起的习惯。很多大学公寓里每晚11点准时熄灯,有的同学精力旺盛,习惯在晚上卧谈,深夜两三点钟仍毫无睡意,结果第二天上课时非常疲惫,根本无心听课,有时干脆旷课,在宿舍里补足睡眠。长期如此,不仅影响课业,还容易引起失眠,同时也会影响同宿舍的其他同学。有些同学早晨起床较晚,来不及吃早饭便去上课,有的索性取消了早饭,有的则在课间随便吃些零食。时间久了,就会破坏饮食规律,身体肯定受影响。

第二,坚持体育锻炼。“文武之道,一张一弛。”课余时间参加一些文体活动,不但可以缓解紧张的学习压力,还可以放松心情,有助于提高学习效率。听音乐、跑步、做广播体操、踢足球等都有助于增强体质,提高我们对疾病的抵抗力,这是一种积极的休息。

第三,远离不良生活方式。由于没有监督,有的同学刚走进大学校门就开始放松对自己的要求，沾染上吸烟、酗酒等不良生活行为。其实大学并不是学习的终点，而是一个新的起点，这些不良行为将成为学生求学道路上乃至今后人生道路上的一大障碍。

(二)合理地安排课余时间

大学校园与中学校园一个显著的区别就是大学的课余生活丰富多彩，除了日常的教学活动之外，还有各种各样的讲座、讨论会、学术报告、文娱活动、社团活动、公关活动等。这些活动对于大学新生来说，的确令人眼花缭乱，因此对于如何安排课余时间，新生们常常心中没谱。

要合理地安排课余时间，首先对自己在近期内的活动要有一个理智的分析，明确自己在近期内要达到哪些目标及所选择的活动对自身发展有何意义等。然后做出最合理的时间安排，并且在计划执行的过程中不断地修正和发展。大学生要善于利用课余时间，开展一些有益的文娱活动，尽量培养多种兴趣爱好，陶冶情操，使生活丰富多彩。大学时期最好培养一项或多项自己有兴趣而又擅长的爱好，这不仅能树立我们的自信心，还能增强我们的社会适应能力。

另外，最好能专门制订一份休闲计划，对一些较重大的节假日和休闲项目做出妥当的安排，使休闲和学习有条不紊地交叉进行，身心得到有效的放松和调适。

拓展阅读

生涯九宫格

著名学者金树人在团体辅导手册中提出了生涯九宫格的概念，将人们的生涯发展概括为学习进修、职业发展、人际交往、个人情感、身心健康、休闲娱乐、财务管理、家庭生活、服务社会九个方面，见表 2-3。

在这九个格子中，每个格子都设计了相应的问题，学生们对每个格子中的问题进行思考后打分。每个格子满分为 100 分，60 分视为及格。

前三格平均分 60 分以上为合格，前六格平均分 60 分以上为优秀，九格平均分超过 60 分为卓越，三层逐层递进。

表 2-3　　生涯九宫格

学习进修(　分) 1. 课程表上的课程有哪些? 2. 除了课程表的内容，还需要学习什么? 3. 基于自己未来的目标职业，你需要积累什么? 4. 你的学习习惯怎么样?	职业发展(　分) 1. 任何一个阶段的时间都是在为下个阶段的发展做准备。 2. 你理想的职业有哪些? 你为此可以做哪些准备? 3. 你现在做得怎么样?	人际交往(　分) 1. 你感觉难以应对的人有哪些? 2. 哪些场合让你感到不自在? 3. 为了将来更好地适应社会，你打算从搞定哪些人开始?
个人情感(　分) 1. 你怎么看待爱情、友情等? 2. 你建立并维系亲密关系的能力如何? 3. 重要人物对你的影响有哪些?	身心健康(　分) 1. 你有没有坚持运动的习惯? 2. 适合你的运动方式有哪些? 3. 如何保持自己心情愉悦? 4. 你如何处理焦虑、压力、沮丧等不良情绪?	休闲娱乐(　分) 1. 你有哪些兴趣爱好? 2. 你业余时间会做哪些事情来让自己感受创造和成就感? 3. 除了学习、工作之外，你做什么来愉悦自己?

（续表）

学习进修（　分） 1.课程表上的课程有哪些？ 2.除了课程表的内容，还需要学习什么？ 3.基于自己未来的目标职业，你需要积累什么？ 4.你的学习习惯怎么样？	职业发展（　分） 1.任何一个阶段的时间都是在为下个阶段的发展做准备。 2.你理想的职业有哪些？你为此可以做哪些准备？ 3.你现在做得怎么样？	人际交往（　分） 1.你感觉难以应对的人有哪些？ 2.哪些场合让你感到不自在？ 3.为了将来更好地适应社会，你打算从搞定哪些人开始？
财务管理（　分） 1.你每个月的生活费是如何管理的？ 2.你是否了解过一些个人理财知识？ 3.你是否尝试过为自己增加一些收入？ 4.财富在你未来的生涯发展中占比如何？	家庭生活（　分） 1.你跟父母的关系怎样？ 2.你是否从内心接纳与尊重自己的父母？ 3.你父母对你是影响还是掌控？ 4.你和父母的关系是如何影响你今天的人际交往的？	服务社会（　分） 1.你是否参加过一些志愿服务？ 2.你怎样理解一个大学生的社会责任感？ 3.你怎样看待社会公益组织？

（资料来源：徐俊祥，兰华.幸福密码：大学生学业与职涯发展导航[M].北京：现代教育出版社，2001）

实践活动

活动一：撰写个人的成就故事

请写下生活中令你有成就感的具体事件然后对其进行分析，看看你用了哪些能力（尤其是可迁移能力）。

这些成就事件不一定是工作或学习上的，也可以是课外活动或家庭中发生的，比如同学聚会、一次美好而难忘的旅游，等等，它们不必惊天动地，只要符合以下两条标准，就可以被视为“成就”：①你喜欢做这件事时的感受；②你为完成它所带来的结果感到自豪。如果同时你还获得了他人的认可和表扬那就更好了，不过这并不重要。

在撰写成就故事时，每一个故事都应当包含以下要素：

1.你想达到的目标，即需要完成的事情。

2.你面临的障碍、限制或困难。

3.你的具体行动步骤，即你是如何一步步克服障碍达到目标的。

4.对结果的描述，即你取得了什么成就，最好能够量化评估（用某种方法衡量或以数据说明）

至少写出三个故事（越多越好）。如果有条件的话，请和两三个同学一起逐一进行分析讨论，在其中你都使用了一些什么样的能力。最后看看在这些故事中是否有重复出现的能力，这些重复出现的能力就是你喜爱施展也擅长的能力，将这些能力按优先次序加以排列。

活动二：撕纸游戏与 Time Bound

活动目的：建立生涯意识，督促大学生意识到职业生涯准备很紧迫。

活动指导语：

(1)如图 2-2 所示，每位同学准备一个 1 厘米宽的纸条，这个纸条的全部长度代表你的一生。

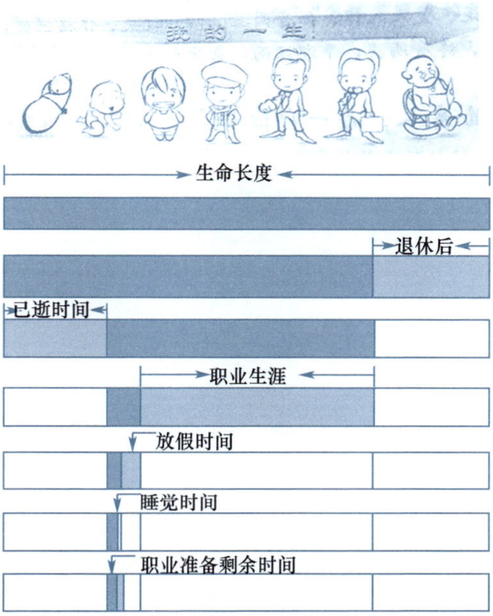

图 2-2　我的人生

(2)先撕去作为一名大学生已经度过的岁月，大约为纸条全部长度的 1/5。

(3)然后再撕去退休后的时间，大约为纸条全部长度的 1/5。

(4)继续撕掉步入工作到退休期间的时间，大约为纸条全部长度的 1/3。

(5)在剩余的纸条上还要撕去 1/3 睡眠时间，撕去吃饭、清理个人卫生的时间，撕去交朋友、体育锻炼的时间，撕去看电视、玩的时间。现在，看看你还剩余多少时间？

下面我们来计算在大学期间真正可以用来学习的时间是多少天。

Time Bound 计算：大学四年的 1380 天，其中有四个寒假＋三个暑假＋四个 10 天长假(五一和十一)＝355 天(－26%)，还有 176 个双休日＝352 天(－25%)，剩余 673 天，去掉黑夜，再去掉发呆、郁闷、抱怨、茫然、网游、恋爱、毫无目的的学习，还余多少天呢？

(6)现在剩下的纸条就是能够做职业准备的时间，拿着手中的小纸条，你都想到些什么？

活动反思与分享：

____

____

____

____

(资料来源：徐俊祥，兰华. 幸福密码：大学生学业与职涯发展导航[M]. 北京：现代教育出版社，2001)

由此应该明白：

生命不掌握在别人手里，它只有一个主人，那就是你自己。

生命最宝贵之处，并不在于它的长度，而在于它的广度和深度。

生命是一段旅程，最值得回味的不仅是目的地，更是路上的风景。

现在的你，是三年前的你所决定的。三年或四年后的你，是现在的你所决定的。

模块二

择己所长，释放能量

02

项目三
孵化职业兴趣，挖掘职业动力

知识目标

1. 理解兴趣与职业发展的关系；
2. 掌握霍兰德职业兴趣类型理论。

能力目标

1. 了解六种职业兴趣类型的主要特征；
2. 能够评估自己的兴趣与职业的匹配程度。

素质目标

1. 激发自我探索的兴趣；
2. 自觉树立职业规划意识。

案例导入

兴趣，没那么绝对！

兴趣是可以培养的，且会随环境的变迁和个人的成长与成熟而变化。小溪在高一时，为填报志愿就曾做过职业兴趣测验，得出的代码是ASI。到了大一职业生涯规划课上，小溪又做了一遍。看到结果她感觉有些惊讶，R10、I9、A9、S9、C8、E7，R跑到前面去了，生涯成了占比最大的一部分。在老师的引导下，小溪重新审视了自己的成长历程，在"自我反思"的部分写下了这样一段话：看来，这几年下来我学会了务实，虽然还是一样爱幻想，但我变得务实许多；虽然这些时间，我也做了很多企业型人格会做的事，而且大家的评价也还不错，但骨子里还是其他类型的兴趣取向。不过，要是让我在自己的人格类型上重新定位，我想我会写下AIRS，但如果是以工作取向来定位，我会选ASIR……

（资料来源：孟繁兴，郭禹辰，许诺. 大学生职业生涯规划[M]. 4版. 大连：大连理工大学出版社，2023）

任务一　孵化职业兴趣

一、兴趣概述

(一)兴趣的概念

兴趣是指个体所偏爱的事物或活动,也就是一个人积极探究某种事物或从事某项活动的心理倾向。职业兴趣是个体力求了解某种职业或者进行某项职业活动的心理倾向。

兴趣源于人的内心偏好倾向,是“需要”的一种表现方式,人们的兴趣往往与其直接或间接的需要有关。个体一般首先产生某种需要,在这种需要的促动下,接触某些事物,对其产生情感,在不自觉的状态下人的探究和认知活动带上了强烈的、肯定的情绪色彩,从而接受和喜爱这种活动,并表现出乐此不疲的极大热情。正因如此,兴趣成了幸福感的来源,也成了个体行为的动力系统,这对个体生活和工作产生了巨大的影响。

每个人都会优先注意自己感兴趣的事情并积极探索。例如,对美术感兴趣的人,对各种油画、摄影作品都会认真欣赏、点评,对优秀作品进行收藏、模仿;对钱币感兴趣的人,会想尽办法对古今中外的钱币进行收集、珍藏、研究。

(二)兴趣的影响因素

1. 个人需要

不管人的兴趣是什么,都是以需要为前提和基础的,人们需要什么就会对什么产生兴趣。人的需要可分为生理需要和社会需要,或者物质需要和精神需要,因此人的兴趣同样表现在这两个方面。人的生理需要或物质需要一般来说是暂时的,容易满足。人的社会需要或精神需要则是持久的、稳定的、不断增长的。兴趣是在需要的基础上产生的,也是在需要的基础上发展的。

2. 个人认识和情感

兴趣的形成是与个人的认识和情感密切联系的。如果一个人对某项事物没有认识,那么他就不会产生情感,也就不会对该事物产生兴趣。同样,如果一个人缺乏某种职业知识,或者根本不了解这种职业,那么他就不可能对这种职业感兴趣,在制定职业生涯规划时意识不到问题。相反,认识越深刻,情感越丰富,兴趣也就越浓厚。

3. 家庭环境

作为最基本的社会单元,家庭对每个人的心理发展都会产生重要的影响,家庭环境的熏陶对个体职业兴趣的形成具有十分明显的导向作用。大多数人从幼年起就在家庭的环境中感受到父母的职业活动,随着年龄的增长,逐步形成自己对职业价值的认识,使其在选择职业时,不可避免地带有家庭教育的印记。家庭对职业选择的影响,主要体现在择业趋同性与协商性等方面。一般情况下,个人对于家庭成员特别是长辈的职业比较熟悉,在职业规划和职业选择上会产生一定的趋同性影响,同时受家庭群体职业活动的影响,个人的职业生涯决策或多或少产生于家庭成员协商的基础之上。

4. 受教育程度

个体受教育程度是影响其职业兴趣的重要因素。任何一种社会职业在客观上对从业人员都有知识与技能等方面的要求，而一个人知识与技能水平的高低在很大程度上取决于其受教育程度的高低。一般而言，个体学历层次越高，接受职业培训范围越广，其职业取向领域就越宽。

5. 社会因素

一方面，社会舆论对个体职业兴趣的影响主要体现在政府政策导向、就业观念、社会时尚等方面，其中政府政策导向是主要的影响因素，传统的就业观念和就业模式也往往制约个体的职业选择。另一方面，兴趣是受社会制约的，不同环境、不同职业、不同文化层次的人，兴趣都不一样。

二、兴趣与职业发展的关系

美国芝加哥大学心理学教授米哈里·契克森发现，当人们在专心致志地、积极地参与从事某种活动、忘记了时空和自己的时候，他们感到最为愉快和满足。他将这种状态称为FLOW 流动——“聚精会神”“忘我”的状态。

大量研究表明，兴趣与工作满意度、职业稳定性和职业成就感之间存在着显著的关联。因此，职业生涯辅导人员也普遍将兴趣作为自我探索的一个重要方面，并研制出多种量表来测量人们的职业兴趣。同时，职业世界的划分在很大程度上也是参照职业兴趣进行的。

从兴趣的产生与发展来看，一般要经历有趣、乐趣、志趣三个阶段。有趣是出于对某一事物的好奇，随着对这一事物的逐渐熟悉和新奇感的消失而消失，是兴趣发展的低级阶段。乐趣是在兴趣定向发展的基础上形成的，是兴趣发展的中级阶段。这一阶段的兴趣变得专一、深入。志趣是兴趣发展的高级阶段，当乐趣同个人的社会责任感、理想、奋斗目标等结合起来时，兴趣就变成了志趣。志趣具有社会性、自觉性和方向性，是一个人取得成就的根本动力，是成功的重要保证。

一方面，兴趣可以通过职业经历培养出来。例如，个体因为擅长做某类工作，或者是越做越好，得到的主观、客观的回报越来越多，所以产生兴趣。而在产生兴趣的前提下，个体又可以将自己的工作做得更出色、更持久。另一方面，职业也可以成为联结个体兴趣变化的纽带。兴趣分为显性兴趣和隐性兴趣，个体有时候对某项职业感兴趣，但并没有表现出来，这就是隐性兴趣。隐性兴趣要转化为一个成熟的显性兴趣，必须有一个职业催化的过程。如果个体的兴趣被职业所激发，那么这个兴趣就会存在于个体自身的气质中，变成显性兴趣。

三、大学生兴趣的培养

首先要客观地评估和寻找自己的兴趣所在，不要把社会、家人或者朋友认可和看重的事当作自己的兴趣；不要以为有趣的事情就是自己的兴趣所在，而是要亲身体验它并做出判断；不要以为有兴趣就意味着自己在这方面有天赋，可以尽量寻找天赋和兴趣的最佳结合点。例如，如果你对数学有天赋而又喜欢计算机专业，那么你完全可以做计算机理论方面的研究工作。

在就业前，认识的职业种类越多，对职业的性质了解得越细致，你的职业兴趣就会越广泛。职业兴趣越广泛，你的择业动机就越强，择业余地也会相对宽广。

微课

探索职业兴趣

最好的寻找兴趣点的方法是开阔自己的视野，接触更多的领域。唯有广泛接触，你才能尝试并找到喜欢的东西。大学正是这样一个可以让你接触众多领域的场所，因此，在大学学习中要充分利用学校的资源，通过使用图书馆资源、旁听课程、搜索网络、听讲座、打工、参加社团活动、与朋友交流等不同的方式接触更多的领域、更多的工作类型和更多的专家学者，找寻自己感兴趣的领域。

拓展阅读

专业、兴趣、职业，有啥关联

各位青年朋友大家好，我是中国政法大学法学院的焦洪昌。应中国教育报高等教育周刊《新“师说”》栏目的邀请，我来和大家谈谈法学。谈法学之前，我想先和大家讨论一个问题：上大学所选的专业和我们的兴趣及今后所从事的职业之间，到底有什么关系？

兴趣引导专业的选择

多年来，我一直参加学校的招生工作。在面试环节，可以直接跟学生交谈，这个时候我通常会问他们一些问题，比如“你为什么想学法律？你的初心是什么？”当然，这样问并不是为了考查学生对法律知识了解多少，而是想通过回答考查他们的表达能力、思路等。

学生们的回答很有意思。有的学生说，他们觉得法治、法律对国家和民族影响深远，想参与建设法治国家。有的学生说，家里有长辈是律师，帮助当事人解决困难、寻求法律帮助，让他们体会到法律工作者的价值。有的学生说，父母作为法官，秉公裁决，维护法律的公平正义，让他们心生向往。

这些学生或多或少都表现出了对法律的兴趣。在我看来，就学生成长而言，兴趣是排在第一位的。

从 1983 年留校任教到现在，我每年都给本科生上课，后来也给研究生、博士生上课，这么多年的经验告诉我，学生的兴趣对专业学习至关重要。兴趣会给予我们更多的人文关怀，会让专业之路走得更有意义。没有兴趣，不但专业之路走得辛苦，学生本人也会陷入苦恼之中。

既然兴趣有可能决定我们选择专业的方向、助推专业学习的过程，那么，兴趣和职业之间是否存在必然联系呢？

职业和兴趣没有必然关联

我先举三个真实的例子：

第一个是我带过的法学院“六年制实验班”的学生。实验班培养的是实务型法律人才，学生本硕连读，通过论文答辩会拿到法律硕士学位，而不是法学硕士学位。这个学生提出来，特别想做研究，想取得法学硕士学位。于是，她在大四时选择退出实验班，去考研。

退出是有风险的，等于没有了保底项。如果没有考上研究生，本科毕业以后就得离开学校，对她来说，压力还是挺大的，还好考研成功，也算得偿所愿。读研的过程中，她又提出来想考博。我们老师之间一商量，觉得这个孩子不错，鼓励她考。可是，就在考博之前，她去律师事务所实习，突然想明白了："咦，法律实务工作也挺好。"后来，她成了一名很成功的律师。

第二个也是我带过的学生。他本科、硕士、博士阶段都跟着我学习，毕业后留在一所大学当老师。

前段时间，他到家里看我，诉说现阶段的烦恼——从事的职业能做得下去，但说不上真心喜欢，做科研、发论文都比别人慢一些。因为他最大的兴趣不是做研究，不是当老师，而是京剧。

第三位是我们学校职能部门的老师。他上学时学的是法律，工作后一直做教学管理工作，真正的爱好是书法。他的书法好到什么程度呢？但凡有老师出国访问，想给对方带一些既能代表中国又能代表学校的礼品，就都去向他求字。

退休以后，他特别开心，这下可以全身心投入书法了——每天写 5 个小时，一点儿不嫌累。慢慢地，他在业内真正形成了影响力。

这三个例子告诉我们，兴趣和职业之间可能存在关联，也可能没有任何关系。

什么才是真正的兴趣？

走进大学之前选专业，有些学生是奔着兴趣来的，比如喜欢法律。在我看来，学生的兴趣来自不同的动机。比如，有些学生也许只是受到了某种触动，这种触动可能很微小，有时甚至只是看了一部法律方面的电影而已。这些动机本身，不足以支撑他们的兴趣上升到职业乃至人生规划的层面。

他们中的一些人进入大学之后，兴趣还会发生转变。或者说，之前的兴趣也许只是表层的兴趣，它暂时遮蔽了真实的兴趣。毕竟，年轻的时候，能够接触到的人和事，乃至领域都很有限，父母能给予的引导也很有限。在成长的过程中，兴趣发生转变是很正常的事情。

还有一种很普遍的情况，在应试教育下，很多学生的兴趣被考试压抑了。他们按照分数报考学校、选择专业，对所选的专业也不能说一点兴趣都没有。比如上面提到的第二个学生，他也不是不喜欢法律，不然不可能硬着头皮学到博士毕业。但是随着年龄的增长，他找到了自己更喜欢的领域。他曾对我说过，通过学习和演出京剧，能获得成就感，实现自己的价值。从人格完善的角度来说，这也不失为一种快乐和圆满。

在综合性大学学习的学生，更容易受到兴趣的"诱惑"。他们可以通过选课和参加各种活动，接触到许多不同的领域，哲学、中文、戏剧等。接触面延展之后，更容易发现什么东西是自己真正喜欢且适合自己的。

因此，从事教育工作这么多年，我看到许许多多学生，毕业了以后从事跟自己专业并不相关的工作，这没有什么值得大惊小怪的。

一个人能在社会上走多远，主要取决于个人的修为，大学更多只是起到早期训练、培养的作用，这才是真实的人才成长路径。最初学的是什么专业，不能决定人一生的走向。

聊到这里，实际上有一个问题值得进一步思考，那就是——什么才是真正的兴趣？我把这个问题提给大家。

（资料来源：中国教育报，2021.03.01）

任务二　挖掘职业动力

一、探索职业兴趣的方法

探索职业兴趣的方法很多，可归为两大类：一是职业兴趣正式评估定性的、正式的；二是职业兴趣非正式评估定性的、非正式的。

职业兴趣正式评估是通过标准化量表测评进行的，通常由专业人士或经过专业资格培训的人来进行测试，并给出相应的评估意见。正式评估方法的优点是，在完全没有明确的职业概念时，通过问卷测评可以了解职业兴趣领域，丰富职业领域及所感兴趣职业的范围。目前，斯特朗职业兴趣量表(Strong Vocational Interest Blank，SVIB)、霍兰德职业倾向测验量表(Self-Directed Search，SDS)、库德职业兴趣量表(Kuder Occupational Interest Survey，KOIS)被称为职业兴趣测试三大著名量表，在国内使用比较广泛的是霍兰德职业倾向测验量表，是霍兰德在其 20 世纪 50 年代编制的职业偏好问卷基础上编制的并经历了多次修改。该量表包括两大部分：评价手册和职业分类表。需要注意的是，职业兴趣正式评估得出的结果并不是用来解释哪个职业适合某人或者某人未来就要从事哪个职业的，只是说明根据测评的常模样本，拥有某类型兴趣特征的人通常会更多地选择某些类型的职业，并在从事这类职业时感到比较愉快和满足。做职业兴趣测试的目的是帮助个体增进对自我及职业世界的认识，进而拓展自我对未来职业的思考，为未来职业选择提供方向性指导，而不是限定自我。

职业兴趣的非正式评估是我们平时自我探索职业兴趣、搜集职业世界信息的另一种途径，通过共同探讨个人感兴趣的活动和事物，分析兴趣与未来职业或休闲活动的关系，帮助我们更好地思考培养或者发展个人职业兴趣。

二、霍兰德的职业兴趣类型理论

自 20 世纪 70 年代以来，霍兰德提出了一系列研究假设。

职业选择是人格的一种表现，某一类型的职业通常会吸引具有相同人格特质的人，这种人格特质反映在职业上，就是职业兴趣。大多数人的职业兴趣人格可以归纳为六种类型：实际型(Realistic Type，R)、研究型(Investigative Type，I)、艺术型(Artistic Type，A)、社会型(Social Type，S)、企业型(Enterprising Type，E)和常规型(Conventional Type，C)。

个体的职业兴趣往往是多方面的，因此通常用代表最强的三种兴趣类型的三个字母组成的代码来表示一个人的职业兴趣。这个代码称为“霍兰德代码”，三个字母的顺序表示不同类型兴趣的强弱程度。至于个体在六种类型上的得分高低，则体现出个体的兴趣人格。若六种类型得分之间有较大的差异，则代表个体的人格特质发展或对职业环境的偏好较清晰；若六种类型的得分比较接近，则表明个体的职业兴趣不够明确。

同一职业团体内的人有相似的人格特质，因此，他们对情境和问题会有类似的反应，从而形成特定的职业氛围，即职业环境。这种职业环境具有特定的价值观念、态度倾向和行为模式。由此，工作环境可以分为六种类型，其名称和性质与人格类型的分类一致；具体职业通常也采用霍兰德代码来描述其工作性质和职业氛围。

可用六角形模型解释六种类型之间的关系。在六角形模型中，任何两种类型之间的距离越近，其职业环境及人格特质的相似程度越高，或者说，它们的一致性越高。例如，企业型和社会型在六角形模型中是相邻的类型，它们的相似性也最高，因为这两种类型的人比其他类型的人更喜欢与人打交道，只是他们与人打交道的方式不同而已。而常规型和艺术型处于对角线的位置上，它们缺少一致性而具有相反的特质。例如，常规型的人喜欢循规蹈矩，而艺术型的人则追求自由与个性化。

个体人格类型和职业环境之间的适配将增强个体的职业满意度、职业稳定性和职业成就感。六角形模型可以帮助我们对人格特质类型与职业环境类型之间的适配性进行评估。例如，一个霍兰德代码为 SAI 的人在一个社会型、艺术型、研究型占主导地位的职业环境工作，如当教师，他会感到舒适自在，但如果让他在一个实际型、常规型占主导的职业环境中工作，如当卡车司机，他可能就会感到格格不入、不满意。根据霍兰德的假设，适配性的高低可以用来预测个体的职业满意度、职业稳定性及职业成就感。因此，霍兰德主张，个体人格特质中占主导地位的类型可以为个体在选择职业和职业环境时提供方向。

微课

霍兰德职业兴趣类型及其对应职业

三、霍兰德职业兴趣类型与职业关系

霍兰德提出了职业兴趣类型理论，见表 3-1。他认为：①职业兴趣的选择表达了一个人的人格特质，每种类型的职业兴趣都对应了相近职业群体的特质，绝大多数人的职业兴趣都可以归纳为六种类型；②由于相近职业群体对情境和问题会有类似的反应，从而形成特定的职业氛围，因此霍兰德把职业环境分为相应的六种类型，其名称与职业兴趣类型一致；③人们一般倾向于寻找与其人格特征相匹配的职业环境，这样能让他们更好地运用自己的技能、表达自己的态度；④职业环境也需要与之相适应的人，这决定了个体的职业满意度、职业稳定性和职业成就感。

表 3-1　　职业兴趣类型理论

类型	喜欢的活动特点	职业环境要求	职业方向	典型职业
实际型(R)	愿意使用工具从事操作性工作，动手能力强，手脚灵活，动作协调。偏好于具体任务，不善言谈，对人际交往及人员管理、监督等活动不太感兴趣，通常喜欢独立做事	要求具备机械方面才能、体力，或从事与物件、机器、工具、运动器材、植物、动物相关工作的兴趣，并具备相应技术能力	喜欢使用工具、机器，需要基本操作技能的工作	计算机硬件安装人员、摄影师、工程师、园艺师、兽医等
研究型(I)	喜欢探索和理解事物、解决抽象问题，通常倾向于通过思考、分析解决难题，而不一定落实到具体操作；喜欢具有创造性、挑战性的工作，不太喜欢有固定程序的任务；对于人员管理和人际交往也是情非所愿，独立倾向明显	要求具备智力或分析才能，并将其用于观察、估测、衡量、形成理论、最终解决问题	喜欢智力的、抽象的、分析的、独立的定向任务，要求具备智力或分析才能，并将其用于观察、估测、衡量、形成理论、最终解决问题的工作	设计师、分析员、科学研究人员、社会学家、心理学家、数学家、实验室工作者等

（续表）

类型	喜欢的活动特点	职业环境要求	职业方向	典型职业
艺术型(A)	喜欢创造新颖、与众不同的成果，渴望表现自己的个性、实现自身的价值，对模式化、结构化的事物不感兴趣，乐于表达，热情而特立独行	要求具备艺术修养、创造力、表达能力和直觉，并将其用于语言、行为、声音、颜色和外形的审美、思索和感受	喜欢要求具有艺术修养、创造力、表达能力和直觉的工作	导演、演员、广告制作人、室内设计师、乐队指挥、作家、音乐家、画家等
社会型(S)	喜欢以人为对象的工作，善于表达；随和；乐于与人合作，热情关心他人，愿意给他人提供帮助，通常通过讨论或调整人际关系来解决面临的问题	要求与人打交道，能够不断结交新的朋友，从事提供信息、启迪、帮助、培训、治疗等事务，并具备相应能力	喜欢要求与人打交道的工作	教师、社会工作者、牧师、心理咨询师、护士等
企业型(E)	喜欢竞争，愿意冒险，社交能力强，善于表达，做事积极主动，目的性强，喜欢通过影响、管理、领导他人实现组织或个人目标，有较强的成就动机，希望拥有权力，渴望成为受人关注的领导者	要求具备经营、管理、劝服、监督和领导才能，以实现机构、政治、社会及经济目标	喜欢要求具备经营、管理、劝服、监督和领导才能，以实现机构、政治、社会及经济目标的工作	项目经理、销售人员、政府官员、企业领导、法官、律师等
常规型(C)	喜欢按计划办事，细心，有条理，习惯于服从，对分内工作尽心尽职，不喜欢承担领导者的责任，喜欢关注细节，通常较为谨慎和保守，对社会地位和评价比较在意	要求注意细节、精确度，有系统、有条理，具有记录、归档、根据特定要求或程序来组织数据和文字信息的能力	喜欢要求注意细节、精确度、有系统、有条理，具有记录、归档、根据特定要求或程序组织数据和文字信息能力的职业	银行职员、图书管理员、会计、办公室职员、文字编辑人员、电脑操作员等

霍兰德在职业兴趣类型基础上提出了六角形模型，如图 3-1 所示，进一步解释六种职业类型间的关系：①相邻关系，如 RI、IA、AS、SE、EC、CR；②相隔关系，如 RA、IS、AE、SC、ER、CI；③相反关系，如 RS、IE、AC。两字母间距离越近表示两种类型间相似度越高，相邻关系最接近，两种类型间的共同点最多；相隔关系类型的共同点次之；而相反关系类型的共同点最少，如 R 与 S，R 喜欢与事物打交道，不喜欢与人有太多的沟通和交流，而 S 则非常喜欢与人打交道。

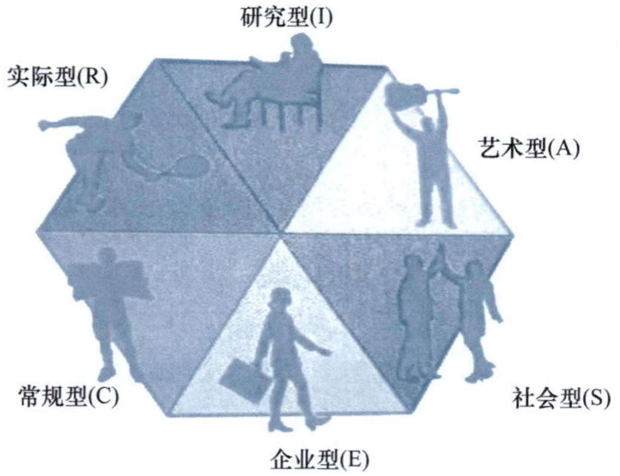

图 3-1 霍兰德职业兴趣类型六角形模型

拓展阅读

追随兴趣，找到人生的意义

大学和专业的选择是人生的重要决策之一。因此，在选择大学和专业的时候，我们常需要考虑各种因素，包括大学的地理方位、专业的就业前景等。然而，在我看来，最重要的决定因素应当是个人的兴趣。兴趣是内在的驱动力，是激发潜力和创造力的源泉。正如爱因斯坦所说，“兴趣是最好的老师”，因为它鼓励我们去求知、去探索、去实践。

兴趣需要挖掘和引导

以兴趣为导向的选择，会带来学习的乐趣，但青年学生的兴趣常需要老师的挖掘与引导。当年我在辽宁省本溪市第一中学读书时，幸运地遇到了一批热爱教育事业、潜心育人的优秀教师。其中，对我影响最大的是朱可老师。

初三开始学化学时，有一次我去化学教研组找老师请教，教我化学的老师恰巧不在，于是我就向在座的朱可老师请教。她发现我对化学很感兴趣，于是借给我各种化学书籍，鼓励我阅读并记录问题，还每周帮我答疑解惑。上高中时，为了方便继续向朱老师请教，我提出想分到她做班主任的班级，但她建议我应该去傅中正老师教化学的班级。她告诉我，傅老师对化学有独到的见解，并嘱咐我要学习不同的人思考问题的方式。同时，她还承诺会继续义务辅导我。那时，没有什么竞赛保送或加分之说，老师对我的辅导和我对化学的喜爱都是纯粹的。高考结束后，朱老师建议我选择吉林大学化学系，说这里有著名的理论化学家唐敖庆老师，可以帮助我把化学的理论功底打得更扎实。

我真是幸运，能在中学就遇到这么有情怀并且真正为学生着想的老师。在她的帮助下，我很早就对化学产生了兴趣，圆满地完成了化学的启蒙教育。我相信大家会认同：发现和培养学生的兴趣，正是教育的关键所在。

在吉大学习期间，在老师的引导下，从普通化学、分析化学、高分子化学与物理，到超分子化学，我对化学的兴趣不断加深，并最终聚焦于高分子与超分子的交叉方向，在超分子聚合物化学方面做出了一点贡献。

在兴趣的牵引下学习

回头看，我特别感激大学期间打下的坚实基础。得益于吉大“厚基础、重实践、严要求”的教学传统，对于一些重点课程，我们既要学习指定的教材，还要参考老师推荐的其他教材。针对重要章节的内容，还要阅读相关的专论，以了解最新研究动态。除了本专业的课程，我们还可以根据自己的兴趣旁听其他课程，参加各种讲座，拓宽自己的视野。在我看来，老师注重培养我们的“品判性”思维，既要“品”又要“判”。老师强调，每一个概念和理论都有它的适用范围，并不是放之四海而皆准的。同时，老师还提醒我们，科学始于质疑，要大胆假设，小心求证。吉大历来重视实践教育，在这里学生可以积极参加校内外的实习实践，增强自己提出问题、分析问题和解决问题的能力，充分理解“纸上得来终觉浅，绝知此事要躬行”的道理。在吉大提供的较为宽松和自由的环境中，我们完成了从被动学习向自主学习和研究性学习的转变，既学习知识又创造知识，并践行求真求实的科学精神。

如果有学生像我当年一样，高中阶段就有较为明确的兴趣，那么就应该坚定地选择自己最喜欢的专业，而不是仅仅选择自己喜欢的大学。譬如，化学的灵魂在于创造，化学的魅力在于变化，如果学生的兴趣在于探究物质结构的变化和创造全新的分子，当然应该选择化学；如果他们喜欢探究物质运动的规律，了解宇宙的奥秘，可以选择物理；如果他们喜欢寻找迷失的文化，探究人类的起源，应该选择考古；如果他们志在良法善治、匡扶正义，法律专业是一个好的选择；如果他们敬佑生命，乐于救死扶伤，应该选择临床医学；如果他们关爱动物，慈悲为怀，可以选学兽医；如果他们有志于行走机械、智能制造，可以选择汽车等工科专业；如果他们有志于能源开发、资源利用，可以考虑选择地质资源和地质工程；等等。总之，在专业选择上，不必追逐热点，盲从他人，自己感兴趣的专业才是最好的专业！

兴趣是可以培养和激发的

兴趣不一定与生俱来。有一年院士大会，我遇到著名的化工专家汪家鼎先生，他向我分享了自己对化工产生兴趣的故事。实际上，汪先生当年更喜欢物理而非化工。最初，他考取了重庆大学化工系，因为他父亲认为那里有大名鼎鼎的傅鹰教授。第二年，他申请转学，重新考试被西南联大物理系录取，在西南联大遇到了时任化工系主任张大煜先生。张先生语重心长地对他说：继续学习化工可以直接进入二年级，但如果改学物理，要从一年级开始学习，会多花一年时间。张先生建议他不妨继续学习一年化工，如果到时还不喜欢，可以再转到物理系。他接受了建议，继续学化工。后来，西南联大几位老师精彩的授课，让他感受到化学化工创造和制造的魅力，从此开启了丰富多彩的化工生涯。像汪先生这样的例子并不少见，许多科学家都是在学习和研究的过程中逐渐产生兴趣并取得瞩目成就的。由此可见，兴趣是可以培养和激发的，老师积极传道授业解惑，往往就能达到这样的效果。

吉林大学对学生的兴趣和专业选择有充分的包容性。我们常说，大学的学习是不断认识自我的过程——在学习的过程中，可以了解自己的长处，补足短板，明确志趣。我理解许多高中学生，学习任务重，考试压力大，缺乏深入思考未来学业和人生规划的时间，也没有很多机会到大学参观访学，开始的专业选择有一定盲目性。针对这样的学生，我们不断完善转专业制度，从过去只有一次转专业的机会，改为现在的两次。自从实施了新的转专业办法，不论优势专业还是冷门专业都有进有出，学生有机会跟随自己的兴趣理性地调整专业。

我常说，做自己感兴趣又有能力做的工作，结果可能是既开心又有成就感。曾经有一名学生向我咨询，说他博士毕业了，还是很彷徨，不确定自己的兴趣所在。我回应道：我完全理解你的困惑，但第一份工作未必是一辈子的职业，你可以从那些你不确定是否喜欢，但有能力去做的工作开始。当你在工作中取得成绩时，它也许会带来愉悦，愉悦可以激发你的兴趣。如果这份工作事关国计民生，还可能会让你的使命感油然而生，而使命感也会激发你的兴趣。

每个人都有自己的梦想和追求，如果追随自己的兴趣，更容易找到人生的意义。当投身于自己热爱的领域时，工作将不再是一份简单的职业，而是一种充实而有意义的人生体验。我衷心希望每一名同学都能以兴趣为导向，相信自己内心的声音，追随自己渴望的梦想。

（资料来源：中国教育报，2023.06.12）

实践活动

活动一：兴趣岛游戏

恭喜你！你获得了一次免费度假游的机会，有机会去以下六个岛屿中的一个。唯一的要求是你必须在这个岛上待满至少三个月的时间。请不要考虑其他因素，仅凭自己的兴趣挑出你最想前往的岛。

岛R：自然原始的岛。岛上保留有原始森林，自然生态保护得很好，有各种各样的野生动物。岛上居民生活状态相当原始，他们以手工见长，自己种植花果蔬菜、修缮房屋、打造器物、制作工具，喜欢户外活动。

岛I：适合深思冥想的岛。岛上的居民较少，建筑物多偏处一隅，绿野平畴，适合夜观天象，有多处天文馆和科学图书馆等。岛上居民喜好观察、学习、探究、分析，崇尚和追求真知，常有机会和来自世界各地的哲学家、科学家、心理学家等交流心得。

岛A：美丽浪漫的岛。岛上遍布美术馆、音乐厅、街头雕塑和街边艺人，弥漫着浓厚的艺术气息。居民富有艺术、创新和直觉能力，保留了传统的舞蹈、音乐和绘画，许多文艺界人士喜欢来这里寻找灵感。

岛S：友善亲切的岛。岛上居民温和、友善、乐于助人，社区均自成一个个密切互动的服务网络，人们重视互助合作，重视教育，关怀他人。

岛E：显赫富庶的岛。岛上的居民善于企业经营和贸易，能言善道，以口才见长。岛上的经济高度发达，到处是高级饭店、俱乐部、高尔夫球场。来往者多是企业家、经理人、政治家、律师等，曾数次在这里召开财富论坛和其他行业高峰会议。

岛C：井然有序的岛。岛上建筑十分现代化，是先进的都市形态，以完善的户政管理、地政管理、金融管理见长。居民冷静保守，处事有条不紊，精于组织策划，细心高效。

教师将教室分为六个区域，分别代表六座岛，学生按自己的第一选择就座。如果同一“岛”的人数太多可分为两组。

同一“岛”的人交流自己为什么选择这座岛，看看大家有什么共同的兴趣爱好，归纳关键词。根据交流结果给自己的小组命名并选取一个标志物，在白纸上制作一张宣传图。每个小组请一名代表展示本小组的宣传图，并在全班分享小组成员的共同兴趣。

我最想前往的三座岛：（　　　　）（　　　　）（　　　　）

我们的岛名称：（　　　　）

岛标志物及其含义:(　　　　　)

岛关键词:(　　　　　)

活动二:霍兰德职业倾向测验量表

本测验量表将帮助你发现和确定自己的职业兴趣和能力特长,从而更好地做出求职择业的决策。如果你已经考虑好或选择好了自己的职业,本测验将使你的这种考虑或选择具有理论基础,或向你展示其他合适的职业;如果你至今尚未确定职业方向,本测验将帮助你根据自己的情况选择一个恰当的职业目标。本测验共有七个部分,每部分测验都没有时间限制,但请您尽快按要求完成。

第一部分　你心目中的理想职业(专业)

对于未来的职业(或升学进修的专业),你得早有考虑,它可能很抽象、很朦胧,也可能很具体、很清晰。不论是哪种情况,现在都请你把自己最想干的3种工作或最想读的3种专业,按顺序写下来。

例如:技术管理人员、相关行业咨询人员、企业的合作者、经济管理者等。

第二部分　你所感兴趣的活动(以下测试"是"计1分,"否"不计分)

下面列举了若干种活动,请就这些活动判断你的好恶。喜欢的,请在"是"栏里打√;反之,在"否"栏里打×。请按顺序回答全部问题。

R:实际型活动	是	否
1. 装配修理电器或玩具	□	□
2. 修理自行车	□	□
3. 用木头做东西	□	□
4. 开汽车或摩托车	□	□
5. 用机器做东西	□	□
6. 参加木工技术学习班	□	□
7. 参加制图描图学习班	□	□
8. 驾驶卡车或拖拉机	□	□
9. 参加机械和电气学习班	□	□
10. 装配修理机器	□	□
统计"是"一栏得分	______	

A:艺术型活动	是	否
1. 素描或制图或绘画	□	□
2. 参加话剧或戏剧	□	□
3. 设计家具或布置室内	□	□
4. 练习乐器或参加乐队	□	□
5. 欣赏音乐或戏剧	□	□
6. 看小说或读剧本	□	□
7. 从事摄影创作	□	□
8. 写诗或吟诗	□	□
9. 进艺术(美术或音乐)培训	□	□
10. 练习书法	□	□

统计“是”一栏得分 ________

I:研究型活动	是	否
1. 读科技图书和杂志	□	□
2. 在实验室工作	□	□
3. 改良水果品种，培育新的水果	□	□
4. 调查了解土和金属等物质的成分	□	□
5. 研究自己选择的特殊问题	□	□
6. 解算术或玩数学游戏	□	□
7. 物理课	□	□
8. 化学课	□	□
9. 几何课	□	□
10. 生物课	□	□

统计“是”一栏得分 ________

S:社会型活动	是	否
1. 参加学校或单位组织的正式活动	□	□
2. 参加某个社会团体或俱乐部活动	□	□
3. 帮助别人解决困难	□	□
4. 照顾儿童	□	□
5. 出席晚会、联欢会、茶话会	□	□
6. 和大家一起出去郊游	□	□
7. 想获得关于心理方面的知识	□	□
8. 参加讲座或辩论会	□	□
9. 观看或参加体育比赛和运动会	□	□
10. 结交新朋友	□	□

统计“是”一栏得分 ________

E:企业型活动	是	否
1. 说服、鼓动他人	□	□
2. 卖东西	□	□
3. 谈论政治	□	□
4. 制订计划、参加会议	□	□
5. 以自己的意志影响别人的行为	□	□
6. 在社会团体中担任职务	□	□
7. 检查与评价别人的工作	□	□
8. 结交名流	□	□
9. 指导有某种目标的团体	□	□
10. 参与政治活动	□	□

统计“是”一栏得分 ________

C:常规型活动	是	否
1. 整理好桌面和房间	□	□

2. 抄写文件和信件	□	□
3. 为领导写报告或公务信函	□	□
4. 检查个人收支情况	□	□
5. 参加打字培训班	□	□
6. 参加算盘、文秘等实务培训	□	□
7. 参加商业会计培训班	□	□
8. 参加情报处理培训班	□	□
9. 整理信件、报告、记录等	□	□
10. 写商业贸易信	□	□
统计"是"一栏得分	______	

第三部分　你所擅长获胜的活动

下面列举了若干种活动，其中你能做或大概能做的事，请在"是"栏里打√；反之，在"否"栏里打×。请回答全部问题。

R:实际型能力	是	否
1. 能使用电锯、电钻和锉刀等木工工具	□	□
2. 知道万用表的使用方法	□	□
3. 能够修理自行车或其他机械	□	□
4. 能够使用电钻床、磨床或缝纫机	□	□
5. 能给家具和木制品刷漆	□	□
6. 能看建筑设计图	□	□
7. 能够修理简单的电器用品	□	□
8,能修理家具	□	□
9. 能修理收录机	□	□
10. 能简单地修理水管	□	□
统计"是"一栏得分	______	

A:艺术型能力	是	否
1. 能演奏乐器	□	□
2. 能参加二部或四部合唱	□	□
3. 能独唱或独奏	□	□
4. 能扮演剧中角色	□	□
5. 能创作简单的乐曲	□	□
6. 会跳舞	□	□
7. 能绘画、素描或书法	□	□
8. 能雕刻、剪纸或泥塑	□	□
9. 能设计板报、服装或家具	□	□
10. 写得一手好文章	□	□
统计"是"一栏得分	______	

I:研究型能力	是	否
1. 懂得真空管或晶体管的作用	□	□

	是	否
2. 能够列举三种蛋白质多的食品	□	□
3. 理解铀的裂变	□	□
4. 能用计算尺、计算器、对数表	□	□
5. 会使用显微镜	□	□
6. 能找到三个星座	□	□
7. 能独立进行调查研究	□	□
8. 能解释简单的化学	□	□
9. 理解人造卫星为什么不落地	□	□
10. 经常参加学术会议	□	□
统计“是”一栏得分	______	

S:社会型能力	是	否
1. 有向各种人说明解释的能力	□	□
2. 常参加社会福利活动	□	□
3. 能和大家一起友好相处并工作	□	□
4. 善于与年长者相处	□	□
5. 会邀请人、招待人	□	□
6. 能简单易懂地教育儿童	□	□
7. 能安排会议等活动顺序	□	□
8. 善于体察人心和帮助他人	□	□
9. 帮助护理病人和伤员	□	□
10. 能安排社团组织的各种事务	□	□
统计“是”一栏得分	______	

E:企业型能力	是	否
1. 担任过学生干部并且干得不错	□	□
2. 工作中能指导和监督他人	□	□
3. 做事充满活力和热情	□	□
4. 能有效利用自身的做法调动他人	□	□
5. 销售能力强	□	□
6. 曾作为俱乐部或社团的负责人	□	□
7. 能向领导提出建议或反映意见	□	□
8. 有开创事业的能力	□	□
9. 知道怎样做能成为一名优秀的领导者	□	□
10. 健谈善辩	□	□
统计“是”一栏得分	______	

C:常规型能力	是	否
1. 会熟练地打印中文	□	□
2. 会用外文打字机或复印机	□	□
3. 能快速记笔记和抄写文章	□	□
4. 善于整理、保管文件和资料	□	□

5. 善于从事事务性的工作	□	□
6. 会用算盘	□	□
7. 能在短时间内分类和处理大量文件	□	□
8. 能使用计算机	□	□
9. 能搜集数据	□	□
10. 善于为自己或集体做财务预算表	□	□
统计“是”一栏得分	________	

第四部分　你所喜欢的职业

下面列举了多种职业，请逐一认真地看，如果是你有兴趣的工作，请在“是”栏里打√；如果是你不太喜欢、不关心的工作，请在“否”栏里打×。请回答全部问题。

R:实际型职业	是	否
1. 飞机机械师	□	□
2. 野生动物专家	□	□
3. 汽车维修工	□	□
4. 木匠	□	□
5. 测量工程师	□	□
6. 无线电报务员	□	□
7. 园艺师	□	□
8. 长途公共汽车司机	□	□
9. 火车司机	□	□
10. 电工	□	□
统计“是”一栏得分	________	

S:社会型职业	是	否
1. 街道、工会或妇联干部	□	□
2. 小学、中学教师	□	□
3. 精神病医生	□	□
4. 婚姻介绍所工作人员	□	□
5. 体育教练	□	□
6. 福利机构负责人	□	□
7. 心理咨询员	□	□
8. 共青团干部	□	□
9. 导游	□	□
10. 国家机关工作人员	□	□
统计“是”一栏得分	________	

I:研究型职业	是	否
1. 气象学或天文学学者	□	□
2. 生物学学者	□	□
3. 医学实验室的技术人员	□	□
4. 人类学学者	□	□

	是	否
5. 动物学学者	☐	☐
6. 化学学者	☐	☐
7. 数学学者	☐	☐
8. 科学杂志的编辑或作家	☐	☐
9，地质学学者	☐	☐
10. 物理学学者	☐	☐
统计“是”一栏得分		

E：企业型职业	是	否
1. 厂长	☐	☐
2. 电视片编制人	☐	☐
3. 公司经理	☐	☐
4. 销售员	☐	☐
5. 不动产推销员	☐	☐
6. 广告部长	☐	☐
7. 体育活动主办者	☐	☐
8. 销售部长	☐	☐
9. 个体工商业者	☐	☐
10. 企业管理咨询人员	☐	☐
统计“是”一栏得分		

A：艺术型职业	是	否
1. 乐队指挥	☐	☐
2. 演奏家	☐	☐
3. 作家	☐	☐
4. 摄影家	☐	☐
5. 记者	☐	☐
6. 画家、书法家	☐	☐
7. 歌唱家	☐	☐
8. 作曲家	☐	☐
9. 电影电视演员	☐	☐
10. 电视节目主持人	☐	☐
统计“是”一栏得分		

C：常规型职业	是	否
1. 会计师	☐	☐
2. 银行出纳员	☐	☐
3. 税收管理员	☐	☐
4. 计算机操作员	☐	☐
5. 簿记人员	☐	☐
6. 成本核算员	☐	☐
7. 文书档案管理员	☐	☐

8. 打字员 □ □
9. 法庭书记员 □ □
10. 人口普查登记员 □ □
统计“是”一栏得分 ______

第五部分　你的能力类型简评

表 3-2 和表 3-3 是你在 6 个职业能力方面的自我评定表。你可以先与同龄者比较自己在每一方面的能力，然后经斟酌后对自己的能力做评估。请在表中适当的数字上画圈。数字越大，表示你的能力越强。注意，请勿全部画同样的数字，因为人的每项能力不可能完全一样。

表 3-2　认知能力测评表

R 型	I 型	A 型	S 型	E 型	C 型
机械操作能力	科学研究能力	艺术创作能力	解释表达能力	商业洽谈能力	事务执行能力
7	7	7	7	7	7
6	6	6	6	6	6
5	5	5	5	5	5
4	4	4	4	4	4
3	3	3	3	3	3
2	2	2	2	2	2
1	1	1	1	1	1

表 3-3　非认知能力测评表

R 型	I 型	A 型	S 型	E 型	C 型
体育技能	数学技能	音乐技能	交际技能	领导技能	办公技能
7	7	7	7	7	7
6	6	6	6	6	6
5	5	5	5	5	5
4	4	4	4	4	4
3	3	3	3	3	3
2	2	2	2	2	2
1	1	1	1	1	1

第六部分　统计和确定你的职业倾向

请将第二部分至第五部分的全部测验分数按前面已统计好的 6 种职业倾向（R 型、I 型、A 型、S 型、E 型和 C 型）得分填入表 3-4，并做纵向累加。

表 3-4　职业倾向计分表

测试	R 型	I 型	A 型	S 型	E 型	C 型
第一部分						
第二部分						
第三部分						
第四部分						
第五部分						
总分						

请将表3-4中的6种职业倾向总分按大小顺序依次从左到右排列：

________型、________型________型、________型、________型、________型

最高分________，你的职业倾向性得分________，最低分________

第七部分　你所看重的东西——职业价值观

这一部分测验列出了人们在选择工作时通常会考虑的9种因素(见所附工作价值标准)。现在请你在其中选出最重要的两项因素，并将序号填入下边相应空格上。

最重要：________，次重要：________

最不重要：________，次不重要：________

附：工作价值标准：

1.工资高、福利好

2.工作环境(物质方面)舒适

3.人际关系良好

4.工作稳定有保障

5.能提供较好的受教育机会

6.有较高的社会地位

7.工作不太紧张、外部压力小

8.能充分发挥自己的能力特长

9.社会需要与社会贡献大

以上全部测验完毕。

现在，将你测验得分居第一位的职业类型找出来，对照下面的职业索引，判断一下自己适合的职业类型。

职业索引——职业兴趣代号与其相应的职业

R(实际型)：木匠、农民、操作X射线的技师、工程师、飞机机械师、鱼类和野生动物专家、自动化技师、机械工(车工、钳工等)、电工、无线电报务员、火车司机、长途公共汽车司机、机械制图员、机器修理师、电器维修员。

I(研究型)：气象学者、生物学者、天文学家、药剂师、动物学者、化学家、科学报刊编辑、地质学者、植物学者、物理学者、数学家、实验员、科研人员、科技作者。

A(艺术型)：室内装饰专家、图书管理专家、摄影师、音乐教师、作家、演员、记者、诗人、作曲家、编剧、雕刻家、漫画家。

S(社会型)：社会学者、导游、福利机构工作者、咨询人员、社会工作者、社会科学教师、学校领导、公共保健护士。

E(企业型)：推销员、进货员、商品批发员、旅馆经理、饭店经理、广告宣传员、调度员、律师、政治家、零售商。

C(常规型)：记账员、会计、银行出纳、法庭速记员、成本估算员、税务员、核算员、打字员、办公室职员、统计员、计算机操作员、秘书。

下面介绍与你的职业兴趣类型一致的职业，对照的方法如下：首先根据你的职业兴趣代号，在下面找出相应的职业，例如你的职业兴趣代号是RIA，那么牙科技术员、陶工等是适合你兴趣的职业。然后寻找与你职业兴趣代号相近的职业，如你的职业兴趣代号是RIA，那么，涉及这三个字母的编号(如IRA、IAR、ARI等)对应的职业，也较适合你的兴趣。

RIA:牙科技术员、陶工、建筑设计员、模型工、细木工。

RIS:厨师、林务员、跳水员、潜水员、染色员、电器修理工、眼镜制作人员、电工、纺织机器装配工、服务员、玻璃装配工人、发电厂工人、焊接工。

RIE;建筑和桥梁工程、环境工程、航空工程、公路工程、电力工程、信号工程、电话工程、一般机械工程、自动工程、矿业工程、海洋工程、交通工程等工程技术人员,制图员,家政经济人员,计量员,农民,农场工人,农业机械操作员,清洁工,无线电修理工,汽车修理工,手表修理工,管理工,线路装配工,仓库管理员。

RIC:船上工作人员、接待员、杂志保管员、牙医助手、制帽工、磨坊工、石匠、机器制造人员、机车(火车头)制造人员、农业机器装配工、汽车装配工、缝纫机装配工、钟表装配和检验人员、电动工具装配工、鞋匠、锁匠、货物检验员、电梯机修工、托儿所所长、钢琴调音员、印刷工、建筑钢铁工人、卡车司机。

RAI:手工雕刻师、玻璃雕刻师、模型制作人员、木工、皮革品制作人员、手工绣花人员、手工钩针纺织工、排字工作人员、印刷工、图画雕刻师、装订工。

RSE:消防员、警察、门卫、理发师、清洁工、屠夫、锻工、开凿工人、管道安装工、出租汽车司机、货物搬运工、送报员、勘探员、娱乐场所的服务员、起卸机操作工、灭害虫者、电梯操作工、厨房助手。

RSI:纺织工、编织工、农业学校教师、某些职业课程(艺术、商业、技术、工艺等)教师、雨衣上胶工。

REC:抄水表员、保姆、实验室动物饲养员、动物管理员。

REI:轮船船长、航海领航员、大副、试管实验员。

RES:旅馆服务员、家畜饲养员、渔民、渔网修补工、水手长、收割机操作工、搬运行李工人、公园服务员、救生员、登山导游、火车工程技术员、建筑工人、铺轨工人。

RCI:测量员、勘测员、仪表操作者、农业工程技术、化学工程技师、民用工程技师、石油工程技师、资料室管理员、探矿工、煅烧工、烧窑工、矿工、保养工、磨床工、取样工、样品检验员、纺纱工、炮手、漂洗工、电焊工、锯木工、刨床工、制帽工、手工缝纫工、油漆工、染色工、按摩工、木匠、建筑工人、电影放映员、勘测员助手。

RCS:公共汽车司机、水手、游泳池服务员、裁缝、建筑工人、石匠、烟囱修建工、混凝土工、电话修理工、爆破手、邮递员、矿工、裱糊工人、纺纱工。

RCE:打井工、吊车司机、农场工人、邮件分类员、铲车司机、拖拉机司机。

IAS:普通经济学家、农场经济学家、财政经济学家、国际贸易经济学家、实验心理学家、工程心理学家、心理学家、哲学家、内科医生、数学家。

IAR:人类学家、天文学家、化学家、物理学家、医学病理学家、动物标本剥制者、化石修复者、艺术品管理者。

ISE:营养学家、饮食顾问、火灾检查员、邮政服务检查员。

ISC:侦察员、电视播音室修理员、电视修理服务员、编目录者、医学实验室技师、调查研究者。

ISR:水生生物学者、昆虫学者、微生物学家、配镜师、矫正视力者、细菌学家、牙科医生、骨科医生。

ISA:实验心理学家、普通心理学家、发展心理学家、教育心理学家、社会心理学家、临床心理学家、目标学家、皮肤病学家、精神病学家、妇产科医生、眼科医生、五官科医生、医学实验室技术专家、民航医务人员、护士。

IES:细菌学家、生理学家、化学专家、地质专家、地理物理学专家、纺织技术专家、医院药剂师、工业药剂师、药房营业员。

IEC:档案保管员、保险统计员。

ICR:质量检验技术员、地质学技师、工程师、法官、图书馆技术辅导员、计算机操作员、医院听诊员、家禽检查员。

IRA:地理学家、地质学家、声学物理学家、矿物学家、古生物学家、石油学家、地震学家、声学物理学家、原子和分子物理学家、电学和磁学物理学家、气象学家、设计审核员、人口统计学家、数学统计学家、外科医生、城市规划家、气象员。

IRS:流体物理学家、物理海洋学家、等离子体物理学家、农业科学家、动物学家、食品科学家、园艺学家、植物学家、细菌学家、解剖学家、动物病理学家、作物病理学家、药物学家、生物化学家、生物物理学家、细胞生物学家、临床化学家、遗传学家、分子生物学家、质量控制工程师、地理学家、兽医、放射性治疗技师。

IRE:化验员、化学工程师、纺织工程师、食品技师、渔业技术专家、材料和测试工程师、电气工程师、土木工程师、航空工程师、行政官员、冶金专家、原子核工程师、陶瓷工程师、地质工程师、电力工程师、口腔科医生、牙科医生。

IRC:飞机领航员、飞行员、物理实验室技师、文献检查员、农业技术专家、动植物技术专家、生物技师、油管检查员、工商业规划者、矿藏安全检查员、纺织品检验员、照相机修理者、工程技术员、计算机程序员、工具设计者、仪器维修工。

CRI:簿记员、会计、计时员、铸造机操作工、打字员、按键操作工、复印机操作工。

CRS:仓库保管员、档案管理员、缝纫工、讲述员、收款人。

CRE:标价员、实验室工作者、广告管理员、自动打字机操作员、电动机装配工、缝纫机操作工。

CIS:记账员、顾客服务员、报刊发行员、土地测量员、保险公司职员、会计师、估价员、邮政检查员、外贸检查员。

CIE:打字员、统计员、支票记录员、订货员、校对员、办公室工作人员。

CIR:校对员、工程职员、海底电报员、检修计划员。

CSE:接待员、通信员、电话接线员、卖票员、旅馆服务员、私人职员、商学教师、旅游办事员。

CSR:货运代理商、铁路职员、交通检查员、办公室通信员、簿记员、出纳员、银行财务职员。

CSA:秘书、图书管理员、办公室办事员。

CER:邮递员、数据处理员、办公室办事员。

CEI:推销员、经济分析家。

CES:银行会计、记账员、法人秘书、速记员、法院报告人。

ECI：银行行长、审计员、信用管理员、地产管理员、商业管理员。

ECS：信用办事员、保险人员、各类进货员、海关服务经理、售货员、购买员、会计。

ERI：建筑物管理员、工业工程师、农场管理员、护士长、农业经营管理人员。

ERS：仓库管理员、房屋管理员、货栈监督管理员。

ERC：邮政局局长、渔船船长、机械操作领班、木工领班、瓦工领班、驾驶员领班。

EIR：科学、技术和有关周期出版物的管理员。

EIC：专利代理人、鉴定人、运输服务检查员、安全检查员、废品收购人员。

EIS：警官、侦察员、交通检验员、安全咨询员、合同管理者、商人。

EAS：法官、律师、公证人。

EAR：展览室管理员、舞台管理员、播音员、驯兽员。

ESC：理发师、裁判员、政府行政管理员、财政管理员、工程管理员、职业病防治、售货员、商业经理、办公室主任、人事负责人、调度员。

ESR：家具售货员、书店售货员、公共汽车的驾驶员、日用品售货员、护士长、自然科学和工程的行政领导。

ESI：博物馆管理员、图书馆管理员、古迹管理员、饮食业经理、地区安全服务管理员、技术服务咨询者、超级市场管理员、零售商品店店员、批发商、出租汽车服务站调度。

ESA：博物馆馆长、报刊管理员、音乐器材售货员、导游、(轮船或飞机上的)事务长、空乘服务员、船员、法官、律师。

ASE：戏剧导演、舞蹈教师、广告撰稿人、报刊作者、专栏作者、记者、演员、英语翻译。

ASI：音乐教师、乐器教师、美术教师、管弦乐指挥、合唱团指挥、歌手、演奏家、哲学家、作家、广告经理、时装模特。

AER：新闻摄影师、电视摄影师、艺术指导、录音指导、丑角演员、魔术师、木偶戏演员、骑士、跳水员。

AEI：音乐指挥、舞台指导、电影导演。

AES：流行歌手、舞蹈演员、电影导演、广播节目主持人、舞蹈教师、口技表演者、喜剧演员、模特。

AIS：画家、剧作家、编辑、评论家、时装艺术大师、新闻摄影师、演员、文学作者。

AIE：花匠、皮衣设计师、工业产品设计师、剪影艺术家、复制雕刻品大师。

AIR：建筑师、画家、摄影师、绘图员、环境美化工、雕刻家、包装设计师、陶器设计师、绣花工、漫画工。

SEC：社会活动家、退伍军人服务官员、工商会事务代表、教育咨询者、宿舍管理员、旅馆经理、饮食服务管理员。

SER：体育教练、游泳指导。

SEI：大学校长、学院院长、医院行政管理员、历史学家、家政经济学家、职业学校教师、资料员。

SEA：娱乐活动管理员、国外服务办事员、社会服务助理、一般咨询者、宗教教育工作者。

SCE：部长助理、福利机构职员、生产协调人、环境卫生管理人员、戏院经理、餐馆经理、售票员。

SRI：外科医师助手、医院服务员。

SRE：体育教师、职业病治疗者、体育教练、专业运动员、房管员、儿童家庭教师、警察、引导员、传达员、保姆。

SRC：护理员、护理助理、医院勤杂工、理发师、学校儿童服务人员。

SIA：社会学家、心理咨询者、学校心理学家、政治科学家、大学或学院的系主任、大学或学院的教育学教师、大学农业教师、大学工程和建筑课程的教师、大学法律教师、大学数学教师、大学医学教师、大学物理教师、大学社会科学教师、大学生命科学教师、研究生助教、成人教育教师。

SIE：营养学家、饮食学家、海关检查员、安全检查员、税务稽查员、校长。

SIC：描图员、兽医助手、诊所助理、体检检查员、监督缓刑犯的工作者、娱乐指导者、咨询人员、社会科学教师。

SIR：理疗员、救护队工作人员、手足病医生、职业病治疗助手。

活动三：兴趣类型测试

请根据自己的实际情况对以下问题作答，不要花时间去揣摩答案。回答时，如果符合，得 1 分；不符合，得 0 分。回答结束后将分数填入表 3-5 中。

1. 我喜欢不时地夸耀一下自己取得的成就。　1(　)　0(　)
2. 在工作中，我喜欢独自筹划，不愿受别人干涉。　1(　)　0(　)
3. 我喜欢在做事情前对事情做出细致的安排。　1(　)　0(　)
4. 我喜欢做广告、音乐、歌舞等方面的工作。　1(　)　0(　)
5. 每次写信我都要反反复复，不能一蹴而就。　1(　)　0(　)
6. 我经常不停地思考某一问题，直到想出正确的答案。　1(　)　0(　)
7. 我喜欢小心谨慎地做每一件事。　1(　)　0(　)
8. 我喜欢抽象思维的工作，不喜欢动手的工作。　1(　)　0(　)
9. 我喜欢成为人们注意的焦点。　1(　)　0(　)
10. 良好的人际关系对我来说非常重要。　1(　)　0(　)
11. 在集体讨论中，我常常积极主动，表现活跃。　1(　)　0(　)
12. 当我独处时，我会感到不舒服。　1(　)　0(　)
13. 我曾经渴望有机会参加探险。　1(　)　0(　)
14. 我喜欢修理机械的工作。　1(　)　0(　)
15. 我不喜欢参加各种各样的聚会。　1(　)　0(　)
16. 我喜欢说服别人依计划行事。　1(　)　0(　)
17. 音乐能使我陶醉。　1(　)　0(　)
18. 我办事总是瞻前顾后。　1(　)　0(　)
19. 我喜欢经常请示上级。　1(　)　0(　)

20. 我喜欢需要运用智力的游戏。 1(　) 0(　)
21. 我很容易完成需要持续集中注意力的任务。 1(　) 0(　)
22. 我喜欢动手制作一些东西,并从中得到乐趣。 1(　) 0(　)
23. 我的动手能力很强。 1(　) 0(　)
24. 和不熟悉的人交谈对我来说毫不困难。 1(　) 0(　)
25. 和别人谈判时,我不轻易放弃自己的观点。 1(　) 0(　)
26. 我很容易结识同性别的朋友。 1(　) 0(　)
27. 对于社会问题,我很少持中庸的态度。 1(　) 0(　)
28. 我开始做一件事情后,碰到再多的困难,我也要执着地做下去。 1(　) 0(　)
29. 我是一个沉静而不易动感情的人。 1(　) 0(　)
30. 当我工作时,我喜欢避免干扰。 1(　) 0(　)
31. 我的理想是当一名科学家。 1(　) 0(　)
32. 与推理小说相比,我更喜欢言情小说。 1(　) 0(　)
33. 我有时候太倔强,明明知道对方是对的,也要和他们对着干。 1(　) 0(　)
34. 我爱幻想。 1(　) 0(　)
35. 我总是主动地向别人提出自己的建议。 1(　) 0(　)
36. 我喜欢使用锤子一类的工具。 1(　) 0(　)
37. 我乐于解除别人的痛苦。 1(　) 0(　)
38. 我愿意冒一点险以求进步。 1(　) 0(　)
39. 我喜欢按部就班地完成工作。 1(　) 0(　)
40. 我不希望经常换不同的工作。 1(　) 0(　)
41. 我总留有充裕的时间去赴约会。 1(　) 0(　)
42. 我喜欢阅读自然科学方面的书籍和杂志。 1(　) 0(　)
43. 如果掌握一门手艺,并能以此为生,我会感到非常满意。 1(　) 0(　)
44. 我不希望当一名汽车司机。 1(　) 0(　)
45. 听到别人说家中被盗一类的事,我会感到同情。 1(　) 0(　)
46. 如果待遇相同,我宁愿当商品推销员,也不愿当图书管理员。 1(　) 0(　)
47. 我喜欢跟各类机械打交道。 1(　) 0(　)
48. 我小时候经常把玩具拆开,把里面看个究竟。 1(　) 0(　)
49. 接到一项新任务后,我喜欢以自己独特的方法去完成它。 1(　) 0(　)
50. 我有文艺方面的天赋。 1(　) 0(　)
51. 我喜欢把一切都安排得整整齐齐、井井有条。 1(　) 0(　)
52. 我喜欢做一名教师。 1(　) 0(　)
53. 在大家面前,我总能找到恰当的话题。 1(　) 0(　)
54. 看情感影片时,我常常眼眶湿润。 1(　) 0(　)
55. 我喜欢学物理。 1(　) 0(　)

56. 在实验室独自做实验会令我很高兴。 1（　） 0（　）
57. 对于急躁、爱发脾气的人，我仍能以礼相待。 1（　） 0（　）
58. 遇到难解答的问题时，我常常能坚持到底。 1（　） 0（　）
59. 大家公认我是一个勤劳踏实、愿为大家服务的人。 1（　） 0（　）
60. 我喜欢在人事部门工作。 1（　） 0（　）

表 3-5　兴趣类型测试计分表

人格类型	对应的题号及得分	合计得分
实际型(R)	2（　） 3（　） 14（　） 22（　） 23（　） 36（　） 43（　） 44（　） 47（　） 48（　）	
常规型(C)	5（　） 7（　） 18（　） 19（　） 29（　） 39（　） 40（　） 41（　） 51（　） 57（　）	
企业型(E)	11（　） 13（　） 16（　） 24（　） 25（　） 28（　） 35（　） 38（　） 46（　） 60（　）	
社会型(S)	10（　） 12（　） 15（　） 26（　） 27（　） 37（　） 45（　） 52（　） 53（　） 59（　）	
研究型(I)	6（　） 8（　） 20（　） 21（　） 30（　） 31（　） 42（　） 55（　） 56（　） 58（　）	
艺术型(A)	1（　） 4（　） 9（　） 17（　） 32（　） 33（　） 34（　） 49（　） 50（　） 54（　）	
得分最高的 3 项	1（　） 2（　） 3（　）	
得分最低的 3 项	1（　） 2（　） 3（　）	

项目四
明确职业性格，优化职业匹配

知识目标

1. 了解个性和气质对职业选择的影响；
2. 了解自己的人格类型。

能力目标

1. 能够运用 MBTI 测试探索个人职业性格；
2. 能初步分析不同性格与职业之间的关系，优化自身职业匹配。

素质目标

1. 充分认识职业性格对职业生涯发展的关键作用；
2. 妥善处理职业选择人与“人选职业”的辩证关系。

案例导入

选择

小石毕业于物流专业。他性格外向，喜欢和人打交道，和朋友聚会、聊天是他的最大乐趣；喜欢关注细节，考虑问题周到；喜欢友好、人际冲突小的工作环境，希望自己的工作能够给别人带来帮助。班上的同学有什么问题，基本上都是他帮忙解决，同学们也愿意让他帮忙。小石刚毕业时应聘的是物流岗位，主要负责公司产品的物流售后工作，偏重计算机制作表格方面。对于这份工作内容他还是比较喜欢的，和他大学期间学到的专业知识相关，在面对一些棘手的问题时也能较好地解决，公司对他很满意。

小石刚开始工作，就能够做得得心应手，得到用人单位的好评，是什么原因让他刚入职场就能有这样好的表现呢？小石选择物流岗位和他在校学习的专业匹配度高，所学的知识对他的职业岗位支撑作用大；小石的性格外向，善于交往，乐于助人，这种性格符合物流管理工作的特点；在工作过程中，他表现出了很强的学习能力，经过不断的经验积累，会发展得越来越好。

（资料来源：盛立军. 大学生职业发展与就业指导[M]. 北京：北京理工大学出版社，2023）

任务一　个性和气质影响职业的选择

一、个性与职业的选择

（一）个性的含义

简单地说，个性就是一个人的整体精神面貌，即具有一定倾向性的心理特征的总和。

个性一词最初来源于拉丁语 personal，开始是指演员所戴的面具，后来指一个具有特殊性格的人。一般来说，个性就是个性心理的简称，在西方又称人格。

个性，在心理学中的解释是：一个区别于他人的，在不同环境中显现出来的，相对稳定的，影响人的外显和内隐行为模式的心理特征的总和。

由于个性结构较为复杂，因此，许多心理学者从自己研究的角度提出个性的定义，美国心理学家奥尔波特曾综述过 50 多个不同的定义。如美国心理学家吴伟士认为："人格是个体行为的全部品质。"美国人格心理学家卡特尔认为："人格是一种倾向，可借以预测一个人在给定的环境中的所作所为，它是与个体的外显与内隐行为联系在一起的。"苏联心理学家彼得罗夫斯基认为："在心理学中个性就是指个体在对象活动和交往活动中获得的，并表明在个体中表现社会关系水平和性质的系统的社会品质。"

就目前西方心理学界研究的情况来看，从其内容和形式分类方面，主要有下面五种定义：

第一，列举个人特征的定义，认为个性是个人品格的各个方面，如智慧、气质、技能和德行。

第二，强调个性总体性的定义，认为个性可以解释为"一个特殊个体对其所作所为的总和"。

第三，强调对社会适应、保持平衡的定义，认为个性是"个体与环境发生关系时身心属性的紧急综合"。

第四，强调个人独特性的定义，认为个性是"个人所有有别于他人的行为"。

第五，对个人行为系列的整个机能的定义，这个定义是由奥尔波特提出来的，认为"个性是决定人的独特的行为和思想的个人内部的身心系统的动力组织"。

综上所述，可将个性定义为个别性、个人性，就是一个人在思想、性格、品质、意志、情感、态度等方面不同于其他人的特质，这个特质表现于外就是他的言语方式、行为方式和情感方式等。

（二）个性的结构

从构成方式上讲，个性其实是一个系统，其由三个子系统组成：

1. 个性倾向性

个性倾向性指人对社会环境的态度和行为的积极特征，它是推动人进行活动的动力系统，是个性结构中最活跃的因素，决定着人对周围世界认识和态度的选择和趋向，决定人追求什么,包括需要、动机、兴趣、理想、信念、世界观等。个性倾向性是人的个性结构中最活跃的因素,它是一个人进行活动的基本动力,决定着人对现实的态度,决定着人对认识活动的对象的趋向和选择。个性倾向性是个性系统的动力结构。它较少受生理、遗传等先天因素的影响,主要是在后天的培养和社会化过程中形成的。个性倾向性中的各个成分并非孤立存在的,而是互相联系、互相影响和互相制约的。其中,需要又是个性倾向性乃至整个个性积极性的源泉,只有在需要的推动下,个性才能形成和发展。动机、兴趣、理想和信念等都是需要的表现形式。而世界观属于最高指导地位,它指引着和制约着人的思想倾向和整个心理面貌,它是人的言行的总动力和总动机。由此可见,个性倾向性是以人的需要为基础、以世界观为指导的动力系统。

2. 个性心理特征

个性心理特征指人的多种心理特点的一种独特结合。所谓个性心理特征,就是个体在其心理活动中经常地、稳定地表现出来的特征,包括人的能力、气质和性格。其中,能力指人顺利完成某种活动的一种心理特征。能力总是和人完成一定的活动联系在一起的。离开了具体活动既不能表现人的能力,也不能发展人的能力。气质,一部分取决于先天因素,大部分取决于所处的环境及后天的教育,就像各种不同阶级有着不同气质的人一样。性格是一个人对现实的稳定的态度,以及与这种态度相应的,习惯化了的行为方式中表现出来的人格特征。性格一经形成便比较稳定,但是并非一成不变,而是可塑的。性格不同于气质,更多体现了人格的社会属性,个体之间的人格差异的核心是性格的差异。

3. 自我意识

自我意识指自己对所有属于自己身心状况的意识,包括自我认识、自我体验、自我调控等方面,如自尊心、自信心等。自我意识是个性系统的自动调节结构。有的学者还把自我意识称为自我调控系统。

个性结构的这些成分或要素,又因人、时间、地点、环境的不同而互相排列组合,结果就产生了在个性特征上千差万别的人和一个人在不同的时间、地点、环境中的个性特征的变化。而心理过程是个性产生的基础。

(三)个性的特点

一般而言,个性具有下列特性:

1. 个性的倾向性

个体在形成个性的过程中,时时处处都表现出每个个体对外界事物的特有的动机、愿望、定势和亲和力,从而发展为各自的态度体系和内心环境,形成了个人对人、对事、对自己的独特的行为方式和个性倾向。

2. 个性的复杂性

个性是由多种心理现象构成的,这些心理现象有些是显而易见的,别人看得清楚,自己也觉察得很明显,如热情、健谈、直爽、脾气急躁等;有些非但别人看不清楚,就连自己也感到模模糊糊。

3. 个性的独特性

每个人的个性都具有自己的独特性,即使是同卵双生子甚至连体婴儿长大成人,也同样具有自己个性的独特性。

4. 个性的积极性

个性是个动力倾向系统的结构，不是被客观环境任意摆布的消极个体。个性具有积极性、能动性，并统帅全部心理活动去改造客观世界和主观世界。

5. 个性的稳定性

从表现上看，人的个性一旦形成，就具有相对的稳定性。

6. 个性的完整性

如前所说，个性是个完整的统一体。一个人的各种个性倾向、心理过程和个性心理特征都是在其标准比较一致的基础上有机地结合在一起的，绝不是偶然性的随机凑合。人是作为整体来认识世界并改造世界的。

7. 个性的发展性

婴儿出生后并没有形成自己的个性，随着其成长，其心理不断丰富、发展、完善，逐渐形成其个性。从形式上讲，个性不是育成的，而是心理发展的产物。

8. 个性的社会性

个性是有一定社会地位和起一定社会作用的有意识的个体。个性是社会关系的客体，同时它又是一定社会关系的主体。个性是一个处于一定社会关系中的活生生的人和这个人所具有的意识。个性的社会性是个性的最本质特征。

从个性的发展性与个性的社会性来看，个性的形成一方面有赖于个人的心理发展水平，另一方面有赖于个人所处的一定的社会关系。研究人的个性问题，必须以马克思主义关于人的本质的学说为基础和出发点。马克思曾经指出："人的本质并不是单个人所固有的抽象物，实际上，它是一切社会关系的总和。"因此，只有在实践中，在人与人之间的交往中，考察社会因素对人的个性形成的决定作用，才能科学地理解个性。

(四)个性与职业发展的关系

性格一般分为外向和内向两种。内向性格的人，有耐心、谨慎，适合做类似研究的工作，如医生、科学家、机械师、编辑、工程师、技术人员、艺术家、会计师、打字员、程序设计员等；而外向性格的人爱好交际，善于活跃气氛，适合做与人交往的工作，如人事顾问、管理人员、律师、记者、政治家、警察、售货员、演员、推销员、广告人员等。

同样，一个人身上也往往兼有内向与外向两种性格，生活中屡见不鲜的例子是一个从前腼腆内向的人最后却成了成功的企业家，而一个开朗好动的人在安静的实验室中度过了一生。

一个人的个性对自己的职业定位及发展真的影响很大吗？这个问题本身的答案是有争议的，但是在实际工作中，个性对职业定位、职业转型及职业发展的各方面所产生的影响却是显而易见的。一个人的个性会影响职业的适宜度。当他从事的职业与其个性相吻合时，他就可能发挥出能力，容易做出成就；反之可能导致其原有才能的浪费，或者必须付出更大的努力才能成功。

职业选择并非人人都能如愿以偿，还有许多人在自己不喜欢的职业领域中平凡地工作。那么，是否一定要通过职业转换来使自己获得事业上的辉煌？其实，人人都希望从事与自己性格相符的职业，但人的个性并不能决定他的社会价值与成就水平。当你发现你的个性与职业的匹配度不高时，可以通过个人努力来弥补自身不足。反过来说，一个人在自己适宜的职业中不努力也不会成功。性格决定命运，但是，很多人却没有意识到，性格在很大程度上来源于后天的培养，一个不好的性格在工作中也许是致命的，但是，别只把它归咎于你的天性，别对自己说它是无法改变的，每个人在社会中都会因为这样那样的原因而改变原先的性格，这种改变未必是坏事，有很多人都是因为改变才意外地发现自己有一些意想不到的潜力，生活中常常有人因为这样或那样的原因而改变了原先的性格，常与生活积极的人为伍、经常给自己积极的暗示、为自己树立一个远大的理想等，都有助于改变自己的性格。

二、气质与职业选择

（一）气质的含义

1. 心理学意义上的气质

气质是人的个性心理特征之一，它是指在人的认识、情感、言语、行动中，心理活动发生时力量的强弱、变化的快慢和均衡程度等稳定的动力特征，主要表现在情绪体验的快慢、强弱、表现的隐显以及动作的灵敏或迟钝方面，因而它为人的全部心理活动表现染上了一层浓厚的色彩。

2. 生理学意义上的气质

气质是由人的生理素质或身体特点反映出的人格特征，是人格形成的原始材料之一。在新生儿期即有表现，如有的婴儿安静，有的婴儿好哭，这必然影响其父母或哺育者与婴儿的互动关系，从而影响其人格的形成。表现在心理活动的动力特征上，如心理过程的速度、强度、稳定性、指向性和灵活性等。具体表现为情绪体验的强弱、意志力的大小、注意集中时间的长短、知觉或思维的快慢等，使个体的全部心理活动呈现独特的色彩。气质与人格的区别在于，人格的形成除以气质、体质等先天禀赋为基础外，社会环境的影响起决定作用；而气质是人格中的先天倾向。

（二）气质类型

气质类型是指表现为心理特性的神经系统基本特性的典型结合。构成气质类型的各种心理特性，多数是某一种神经特性的表现，但有的也可能是两种神经特性的结合。例如，感受性是神经系统强度特性在心理上的表现，反应的速度是灵活性特征在心理上的体现，而情绪兴奋性既体现兴奋或抑制过程的强度，也体现二者的平衡性。

古希腊医生希波克拉底很早就观察到人有不同的气质，他认为人体内有四种体液：血液、黏液、黄胆汁和黑胆汁。根据这四种体液的不同配合比例，将人的气质划分为四种不同类型：

1. 气质类型之一：抑郁质

抑郁质的人细心谨慎、感情细腻、感受力强，但较孤僻、敏感、多愁善感、犹豫不决、优柔寡断，缺乏果断。他们不能够忍受太大的精神紧张，即使是微弱的刺激，也会当作较强的作用来感受；情绪体验丰富，常常为一些微不足道的事情动感情。他们能够与别人很好地相处，胜任别人的委托，能够克服困难。抑郁质的人成为艺术家的比率较大。

2. 气质类型之二：多血质

多血质的人灵活、活泼、好动、情绪外露、善于交际、适应性强。多血质的人多半机智、聪敏、兴趣广泛、能迅速把握新事物。要求反应迅速并敏捷的工作对他们最为合适。在从事复杂多变和多样化的工作方面往往成绩显著，但做事缺乏持久性，注意力容易转移。在日常生活和工作中，多血质的人给予人们的印象是活泼好动的。

3. 气质类型之三：黏液质

黏液质的人，安静、稳重、反应缓慢、沉默寡言、情绪不易外露，注意力稳定难以转移，善于忍耐，这类人是安详的、始终是平衡的、坚定和顽强的实际劳动者。黏液质的人具有较强的自我克制能力，埋头苦干、不被无关的事情所分心，态度持重、交际适度。黏液质的人最适宜于从事有条有理的和持久性的工作，他的缺点在于不够灵活，有明显的惰性，他集中和转移注意力都需要时间，惰性也使他们不善革新，有因循守旧的倾向。

4. 气质类型之四：胆汁质

微课

性格与职业性格

胆汁质的人热情、直率、精力旺盛、勇敢积极。但是情绪容易激动，脾气暴躁，具有很高的兴奋性和较弱的抑制力，能够以极大的热情投身于事业中，能够同艰难困苦做勇敢坚决的斗争。但是，一旦精力消耗殆尽，往往对自己的努力失去信心，甚至半途而废，导致前功尽弃。一般而说，胆汁质的人大多是热情而性急的人。

三、测测你的气质类型

下面这个"量表"，告诉我们应该怎样去认识自己的心理特征，根据分析结果该采取怎样的调整策略来更好地发挥自己的优势。

在回答下面问题时，认为很符合自己情况的计 2 分，比较符合的计 1 分，介于符合与不符合的计 0 分，比较不符合的计 −1 分，完全不符合的计 −2 分。

1. 做事力求稳妥，不做无把握的事。
2. 遇到可气的事就怒不可遏，想把心里话全说出来才痛快。
3. 宁肯一个人干事，不愿和很多人在一起。
4. 到一个新的环境很快就能适应。
5. 厌恶那些强烈的刺激，如尖叫、噪声、危险镜头等。
6. 和人争吵时，总是先发制人，喜欢挑衅。
7. 喜欢安静的环境。
8. 善于和人交往。
9. 羡慕那种能克制自己感情的人。
10. 生活很有规律，很少违反作息制度。
11. 在多数情况下情绪是乐观的。
12. 碰到大批陌生人觉得很拘束。
13. 遇到令人气愤的事，能很好地自我控制。
14. 做事总有很旺盛的精力。

15. 遇到问题常常举棋不定，优柔寡断。
16. 在人群中从不觉得过分拘束。
17. 情绪高昂时，觉得干什么都有趣，情绪低落时，又觉得干什么都没意思。
18. 当注意力集中于一件事时，别的事很难使你分心。
19. 理解问题总比别人快。
20. 碰到危险情况时，常有一种极度恐怖感。
21. 对学习、工作、事业怀有一种很高的热情。
22. 能够长时间做枯燥、单调的工作。
23. 符合兴趣的事情，干起来劲头十足，否则就不想干。
24. 一点小事就能引起情绪波动。
25. 讨厌做那种需要耐心、细致的工作。
26. 与人交往不卑不亢。
27. 喜欢参加热烈的活动。
28. 爱看感情细腻、描写人物内心活动的文艺作品。
29. 工作、学习时间长了，常会感到厌倦。
30. 不喜欢长时间谈论一个问题，愿意实际动手干。
31. 宁愿侃侃而谈，不愿窃窃私语。
32. 别人说你总是闷闷不乐。
33. 理解问题常比别人慢些。
34. 疲倦时只要短暂地休息就能精神抖擞，重新投入工作。
35. 心里有话宁愿自己想，不愿说出来。
36. 认准一个目标就希望尽快实现，不达目的不罢休。
37. 学习、工作同样一段时间后，常会比别人感到疲倦。
38. 做事有些莽撞，常常不考虑后果。
39. 老师或老师傅讲授新知识、新技术时，总希望他讲慢些，多重复几遍。
40. 能够很快忘记那些不愉快的事情。
41. 做作业或完成一件工作总比别人花时间多。
42. 喜欢剧烈的、运动量大的体育活动，或喜欢参加各种文娱活动。
43. 不能很快把注意力从一件事转移到另一件事上。
44. 接到一个任务后，希望把它迅速完成。
45. 认为墨守成规比冒风险强些。
46. 能够同时注意几件事物。
47. 你烦闷的时候，别人很难使你高兴起来。
48. 爱看情节跌宕起伏、激动人心的小说。
49. 对工作抱以认真严谨、始终一贯的态度。
50. 和周围的人的关系总是相处不好。
51. 喜欢复习学过的知识，重复做已经掌握的工作。
52. 喜欢做变化大、花样多的工作。
53. 小时候背诗歌，你似乎比别人记得清楚。

54. 别人说你“出语伤人”，可你并不觉得。
55. 在体育活动中，常因反应慢而落后。
56. 反应敏捷，头脑机智。
57. 喜欢有条理而不甚麻烦的工作。
58. 兴奋的事情常使你失眠。
59. 老师讲新概念，常常听不懂，但是弄懂以后就很难忘记。
60. 假如工作枯燥无味，马上就会情绪低落。

计分方法：按题号将各题分为四类，计算每类题的得分总和。

抑郁质：3　5　12　15　20　24　28　32　35　37　41　47　51　53　59
多血质：4　8　11　16　19　23　25　29　34　40　44　46　52　56　60
黏液质：1　7　10　13　18　22　26　30　33　39　43　45　49　55　57
胆汁质：2　6　9　14　17　21　27　31　36　38　42　48　50　54　58

评价方法：

(1)如果某气质类型得分明显高于其他三种，均高出 4 分以上，则可定为该气质类型。如果该气质类型得分超过 20 分，则为典型型；如果该气质类型得分在 10～20 分，则为一般型。

(2)两种气质类型得分接近，其差异低于 3 分，而且又明显高于其他两种，高出 4 分以上，则可定为两种气质类型的混合型。

(3)三种气质类型得分接近而且均高于第四种，则为三种气质类型的混合型。

四、气质类型与工作匹配

尽管气质类型本身并无好坏之分，但已形成的气质特点对人的工作是有影响的，它使人的行为带上不同个性色彩。

多血质的人情感丰富，待人亲切、灵活，容易适应新的环境，但注意力不够稳定，情感多变，兴趣容易转移，这类人适宜从事外交、管理、军事、驾驶、纺织、服务、医疗、法律、体育、新闻等工作。

胆汁质的人情感活跃，显得生机勃勃，反应快，但暴躁、易怒、任性，这类人适宜担任导游、推销员、节目主持人、演讲者、外事接待人员、演员等。

上述两种气质类型的人从事需要做出灵活反应的工作比较合适。

黏液质的人沉着、冷静、坚毅，情感较沉稳，但不够灵活，而且反应较慢，这类人适宜担任法官、出纳员、保育员、话务员、会计师、播音员、调解员等。

抑郁质的人工作耐受能力差，容易感到疲劳，但情感细腻，做事审慎，观察敏锐，能注意到别人不易觉察的细节，这类人适宜从事校对、打字、排版、化验、雕刻、刺绣、保管、机要秘书等工作。

五、气质与职业生涯

气质在大学生的职业生涯规划中起着重要的作用，但并不是决定性作用，二者是可以相互合理运用的。

（一）注意职业选择中，气质与职业相适宜

首先，气质类型相对稳定，可塑性小。气质类型跟天赋一样，是由神经系统的活动特点决定的。而神经系统的基本定形是由遗传和 3 岁之前的环境影响塑造的，这个系统定形，决定了气质在我们的一生中比较稳定，可重塑的余地很小，特别是青春期之后，更是难乎其难，而且变化过程比较慢。如果童年生活条件极恶劣，或者成年时遇到重大的事件，有可能对气质有所影响，但在条件适当时，还会恢复原样。江山易改，禀性难移，就是这个道理。我们不能改变自己的气质来适应工作的要求，但要选择与气质吻合的职业。

其次，气质在不同的职业中，能影响工作的效率。职业领域多种多样，不同类型的职业对人的要求也不同，不同类型的人适合不同类型的职业。例如，黏液质的人适合从事需要耐心细致、相对稳定的职业。多血质的人则相反，他们适合从事环境多变、要求做出快速反应、交往繁多的职业，不适宜从事较为单调、需要持久耐心的工作。如果一个人的气质类型正好与职业要求吻合，他工作起来会得心应手，感到有趣、满意。一旦错位搭配，将会增加心理压力，产生烦恼，影响工作的效率。

最后，气质影响人对职业环境的适应。能否自如地应付不同的职业环境，将检验一个人的适应能力。一般来说，胆汁质的人脾气暴躁，在不顺心的时候容易攻击他人；多血质的人机智灵敏，会运用巧妙的办法应付环境变化；黏液质的人能以克己忍耐来应付环境；抑郁质的人对自身和他人的情绪都敏感，在和平的人际环境中能很好地发挥。

（二）在职业世界中，气质没有好坏之分

从心理学上说，气质使人的行为具有动力特征，而动力特征是中性的，不分好坏；从职业选择上说，每种气质各有优劣，互为补充，你的长处正是他的短处，而你的短处正是他的长处，没有谁更好。例如：胆汁质的人热情豪爽，精力旺盛，但脾气火暴；多血质的人善于交往，活泼开朗，却难于专注与耐性；黏液质的人做事认真，有条不紊，却缺乏激情；抑郁质的人敏锐，却多疑。关键是在职业规划中，选好与气质吻合的职业，使自己能用己所长，避己之短。因为气质对我们来说，没有选择的可能，重要的是了解自己，发挥长处。

（三）气质类型不决定一个人职业成就的大小

气质不决定一个人智力发展的水平，也不决定一个人职业成就的高低。这在现实中有大量的事例。例如，数学家陈景润属抑郁质，文学家郭沫若属多血质，作家普希金属胆汁质，作家克雷洛夫属黏液质。能否发挥所长，适应职业环境，提高工作效率，取得职业成就，关键是能否通过职业规划选择合适的职业。

微课

性格对职业选择的影响

有这样一则故事：来自三个不同国家的人因罪入狱，入狱前只可选择一件东西带进牢里。美国人选择了电话，法国人选择了美女，俄国人选择了香烟。几年以后出狱，美国人事业如日中天，法国人左右手都是小孩，俄国人身上都是香烟洞。这看似一则笑话，其实却寓意深刻。你今天的选择决定你的未来，大学生若想在未来的职业生涯中有所建树，就要学会认识自我、审视自我、探索出适合自己的发展路线。

拓展阅读

性格危机与职业发展

姜先生，研究生学历，已有 5 年工作经验，现就职于国内一家大型知名企业做销售工作。

姜先生销售业绩不错，其敬业的工作态度也得到了大家的肯定。然而，今年公司面临市场激烈竞争，姜先生所在的部门结构重整，销售模式也发生相应改变，姜先生突然觉得自己不符合工作的要求了。因为公司赋予了销售人员更多的权利，工作环境也更加复杂，性格比较内向的他发觉自己处理不了那么多不确定的事情。他的压力感愈来愈强，工作业绩也不太理想，姜先生开始怀疑自己的性格不适合这份工作了。

案例剖析：面临工作困难，将原因归结为性格不适，是否过于武断，或存在着一些逃避现实的原因？姜先生的销售工作在前两年取得了不错的业绩，为什么在公司一些制度方法改变后，就变得不适合了呢？经过分析我们发现，姜先生职业危机的根本原因在于面临公司变革时适应力不够。姜先生将自己的工作危机归结为性格原因，是一种潜意识的对现实问题的逃避。那么，对更多的职业人来说，当面临职业发展问题时，同样不要轻易下结论，不要认为性格不适就放弃工作，要进一步挖掘深层次的原因。

在职场中，尽管我们每个人都会根据所处的环境和所打交道的人采取不同的行为方式，但我们的性格是基本保持不变的。你的性格会让身边的人预测到你的很多方面，这是你存在的依据。当然，性格也可能改变，特别是当你努力认识自己的潜能并试图开发它们的时候，但这个改变需要相当长的时间，是一个潜移默化的过程。所以，对现在的职场人士，接受自己的性格，改变工作的现状，才是最切实际的做法。

性格不易改变，那么怎样才能适应工作的需求呢？尤其在这份工作对你来说还挺重要的情况下。要学会改变工作方式，这会收到意想不到的效果，而改变工作方式和改变性格没有直接的联系。对于姜先生来说，首先要肯定原先的工作成绩，并从中归纳出自己的成功要素基本点，恰当应用到新的工作模式中；其次需要锻炼人际沟通能力，使自己尽快融入新的工作团队；最后要培养自己在管理方面的知识与才能，提升自己的职业竞争力。他沉稳内向的性格对于事业的进一步发展应该说是非常有利的。

如果经过深入分析，发现自己的性格与职业的要求确实不匹配，那就需要及时地调整职业的选择和方向。必须及时地寻找到长足的发展方向并逐步培养职业竞争力。如果蹉跎时日，等到年纪已长，那时候重新发展已不切实际，性格与工作不适的矛盾就不能轻易解决了。

（资料来源：大学生职业生涯与发展规划[M].南昌：江西人民出版社，2015）

任务二　优化职业匹配

在任务一中我们学习了大学生比较熟悉的个性和气质，了解自己的性格类型可以进一步优化职业匹配。

一、性格的含义

性格是一个人对现实的态度和在习惯化的行为方式中所表现出来的较为稳定的心理特征。在西方，性格也被称为“人格”。性格是一个人在先天气质的基础上，受后天社会环境的影响，在漫长的成长过程中逐渐形成的。可以说，性格的发展、形成、变化与人的内在遗传因素和外在环境因素密切相关。研究显示，性格约有一半的成因来自家族的遗传因素，而另一半则受制于外界的环境因素。每个人不同的遗传、生理状况，不同的文化背景、家庭教养、学习经验和成长经历等，造就了个体独特的性格，并在各种情境中表现出其特定的心理行为特征。

性格在职业生涯发展上对个体的影响，我们可以借用性格的“左右手”来理解。不同性格类型的人，其内在倾向有所不同，面对不同的职场状况做出的判断和选择就会有所不同。如果能够找到与自己性格相匹配的职业，个体工作起来会感觉到顺心舒服，能较好地发挥自己的优势和长处，取得佳绩也相对容易。当然，不是每个人在每个阶段都能幸运地找到完全匹配的职业，我们需要了解自己性格的“左右手”在哪里，能够理解工作中出现的状况，也能够主动调节自我。

二、性格的形成与发展

性格的形成与发展，既是先天遗传因素的结果，也受后天环境因素的影响。

（一）性格形成与发展的影响因素

许多心理学家认为，人从出生到 6 岁是性格形成的主要阶段，家庭教育起到重要的作用。随后，学校的教育、同伴的影响、重要师长的榜样力量等都对个体性格产生影响。性格是在人和环境相互作用的实践活动中形成和发展起来的，但是，任何环境都不能直接决定一个人应该具有什么性格，环境必须在人已有的心理发展水平基础上，通过人的心理活动才能发生作用。成熟的职场人实际上是可以按照职场的要求来不断调整自身的性格，从而实现自己的职业理想的。

其实，职业在不断塑造着人们的性格。比如，艺术工作者性格中突出的特点是感性、富于想象、独立、直觉和创造性，在艺术创作过程中，这些性格特征会被不断地激发。

（二）从反馈中得到性格发展

心理学家鲁夫特和英格汉提出周哈里窗（图 4-1），“窗”是认识自我的心灵之窗，通过这扇窗户我们可以更加全面地认识自己。“开放自我”是面对公众的自我塑造的部分；“盲目自我”是被公众获知但自我无意识的部分；“隐藏自我”是自我有意识在公众面前保留的部分；“未知自我”是自我跟公众都未意识到的部分。举个例子，有位同学说她很感谢一位老师给予她的反馈：她在一次小组汇报中作为组长展示了小组的成果，那位老师不但点评了小组的汇报内容，还反馈她在讲述过程中非常投入，讲得津津有味，让人很容易被她感染。她惊喜之余开始回忆和审视自己，发现自己确实很喜欢给别人讲一些东西，而且享受这个过程。认识到这一点后，她对自己的职业选择——成为一名中学老师更加坚定了。

周哈里窗为我们提供了探索自我的思路，除了自我探索，他人的反馈能够帮助我们触及盲区，让“盲目自我”的部分变小，帮助我们看到全面完整的自己。

	自己知道	自己不知道
别人知道	开放自我	盲目自我
别人不知道	隐藏自我	未知自我

图 4-1　周哈里窗

三、性格与职业发展的关系

通过观察周围人可以发现，同一职业类型或团体中往往聚集着人格相似的人，如销售行业的人多数性格外向，会计行业的人比较细心，教师善于关心爱护他人，从政的人手腕比较强硬、执行力强。如果一个人所从事的职业与其人格类型是匹配的，那么他工作起来就会轻松愉快、得心应手、富有成就；反之，则会不适应，困难重重，给个人和组织的发展造成不利影响。职业指导就是帮助个体了解自己属于哪种人格类型，然后在对应的职业环境中寻找合适的职业，这样不仅缩小了个体职业选择的范围，使职业选择的方向性更强，而且选中的职业与自己个性最为匹配，有利于个体才能的发挥和价值的实现。

微课

性格与职业发展

四、MBTI 性格分析

（一）概述

MBTI（Myers-Briggs Type Indicator）人格类型理论是由美国人伊莎贝尔·迈尔斯和她的母亲凯恩琳·布里格斯，在瑞士心理学家卡尔·荣格有关人格中的知觉、判断和态度的观点基础上，研究发展出来的心理测评工具，并以她们母女的名字命名。MBTI 作为一种性格的判断和分析工具，构建了一个理论模型，从纷繁复杂的个性特征中，归纳提炼出四种关键维度——能量倾向（E-I）、信息收集（S-N）、决策方式（T-F）、行动方式（J-P）（表 4-1）。

其中：——能量倾向（E-I）维度：你的活力来源；

——信息收集（S-N）维度：信息获取的方式；

——决策方式（T-F）维度：信息的决策倾向；

——行动方式（J-P）维度：日常生活模式。

每个维度左右分为两极，各维度形成两种不同的偏好，越接近极的端点则偏好越强。这个偏好没有好坏优劣之分，是一种天生的倾向，是一种特定的行为和思考方式。据此将不同性格的人区分开来，形成了 16 种典型人格类型。

表 4-1 MBTI 维度解释

外向（E）：注意力和能量主要指向外部世界的人和事，在与人交往中得到活力	内向（I）：注意力和精神主要集中于自己的内心世界，通过自己情感的思考、回忆及思想来获得活力
关心外界发生的事、物、人	关注自己的心灵世界
乐于用聊天的方式进行交流	更倾向于用纸笔来沟通
喜欢讨论、阐述自己的观点	通过思索表达自己的观点
通过实践或相互探讨的方式能学得更好	通过思索、在头脑中反复“练习”的方式学得更好
爱好广泛	爱好专一
喜爱交友，善于交际	沉默寡言，表现内向
先行动，再考虑后果	先考虑后果，再行动
积极主动地参与工作，并在人际关系中受大家喜爱	冷静分析事件，事件对自己足够重要时，才会积极主动

（续表）

感觉(S)：凭自己的五官来获取信息；喜欢真实可靠的信息，善于观察周边事物，偏爱现实	直觉(N)：以想象、潜意识等通过大脑来实现信息的获取，关注整体事物与其各个部分的联系，想要了解事物的模式，尤其善于发现新的事物
着眼于当下的实际情况	综合考虑以后的发展
真实、形象	天马行空，富有创造性
关注实际的、客观存在的事物	关注事物所代表的含义和特殊意义
观察敏锐，可以抓住细节	当细节与某一事件关联时才能够记得
经过详细的推导，逐步得出结论	凭直觉得出结论
善于通过实际运用掌握抽象的思维和理论	希望在应用理论之前先对其进行阐述
相信自己的经验	相信自己的灵感
思考(T)：通过分析某一行为或选择的逻辑后果来做出决定，会将自己从情境中分离出来，对事件的正反两个方面进行客观分析，从分析和确认事件中的错误和解决问题的过程中获得活力，目标是要找到一个能应用于相似情境的原则	情感(F)：喜欢考虑对自己和他人来说什么是重要的，会在头脑中将自己放在情境中，考虑牵涉的所有人，试图理解别人的感受，并在此基础上根据自己的价值判断做决定，从对他人表示的赞赏和支持中获得活力，目标是创造和谐的团队氛围，把每一个人都当作一个独特的个体来对待
理智、善于分析	换位思考、将心比心
运用逻辑推理	受个人价值观的引导
以逻辑的方式解决问题	衡量决定对他人产生的后果和影响
寻求一个合乎真理的客观标准	寻求和谐的气氛和积极的人际交往
爱讲理	富有同情心
可能显得不近人情	可能显得没有主见
公平意味着每个人都能得到平等的待遇	公平意味着每个人都要被作为独特的个体来对待
判断(J)：喜欢将事情管理得井井有条，过一种有计划的、井然有序的生活，会下定决心完成后续工作，生活中通常会比较有规划、有秩序、有计划地把事情落实下来，日程安排对他们来说很重要；从完成任务中获得能量	知觉(P)：喜欢以一种灵活、自发的方式生活，更愿意去体验和理解生活而不是去控制它，详细的计划或最后决定会使他们感到被束缚，愿意对新信息和选择保持开放态度，直到最后时刻，足智多谋，善于调节自己适应当前场合的需要，并从中获得能量
有计划地	自发地
喜欢组织管理自己的生活	喜欢灵活多变的生活
有条理、有计划	随意、无秩序
喜欢按部就班	开放
喜欢制订短期计划和长期计划	适应，改变方向
喜欢把事情落实敲定	不喜欢把事情确定下来，保留灵活性
力图避免最后时刻才完成任务的压力	最后时刻的压力会使他们感到精力充沛

（二）四个维度分析

1. E-I 维度

外向-内向（Extroversion-Introversion，E-I）是指我们与世界相互作用的方式和心理能量的疏导方式。外向型的人心理能量指向外部世界，与他人在一起的时候感到兴奋，希望成为人们关注的焦点，并愿意与他人共享个人信息，采取行动在先，考虑后果在后，其在工作和人际关系中都很积极主动；内向型的人从其内在世界的想法与想象中汲取心理能量，更喜欢用书面方式沟通，安静而显得内向，喜欢独处，不愿意成为人们关注的焦点，只与少数人共享个人信息，先思考而后行动。

需要注意的是，MBTI 人格类型理论涉及的外向和内向不同于人们日常所说的外向和内向。在日常生活中，人们认为外向的人善于与人交往，能言善辩，内向的人沉默寡言，缺乏交际能力。MBTI 人格类型理论中的外向、内向，是以能力行为的指向性来区分的，内向的人并非不擅于说话，只是他们谈论的内容可能更多地偏向自己，不愿意与不同的人打交道，并不代表他们的人际关系差。我们在进行外向、内向探索时，应当注意这些不同。

2. S-N 维度

感觉-直觉（Sensing-Intuition，S-I）是指接收信息的方式，感觉型的人和直觉型的人注意力指向不同。感觉型的人关注和留意事物的事实和细节，通过自己的五官接收和获取信息，对实在的、确实已经出现的信息较为敏感，因此会细致观察周围的事物。感觉型的人在掌握一种技能后，希望熟练而频繁地使用它。直觉型的人热衷于通过想象、无意识等超越感觉的方式（所谓的“第六感官”）来获取信息，关注的不是事物的表象，而是事物的本质，希望探寻事物之间的联系或潜在的意义。直觉型的人喜欢创造的过程，在过程中愿意使用多种技能。

现实生活中，通过不同的人对待同一件事的方式，我们可以判断他是感觉型的人还是直觉型的人。例如，让一个感觉型的人给你指路，他会说得非常详细，大概走多远、需要多长时间、在哪个路口转向等，而直觉型的人指路只会告诉你朝哪个方向走，一会儿就到了。感觉型的人更关注事物的细节和事实，适合应用型工作和执行工作。直觉型的人更喜欢发现新问题和潜在可能性，更重视远景和全貌，适合理论型工作和策划工作。二者在工作中可以各有所长，可以很好地配合。

3. T-F 维度

思考-情感（Thinking-Feeling，T-F）是指人们对事物得出结论的不同方式，即做决策方式不同。思考型的人重视事物之间的逻辑关系，喜欢通过客观事实和数据做决定。思考型的人做决定时总是从正反两个方面客观、有条理地分析整个事件，且更是为了避免把个人感情牵涉到决定中，有时会显得过于冷酷，表现得不近人情。情感型的人富有同情心，通过个人的价值观和感受做决定，注重人际关系和睦，表现友好而乐于助人。

在工作中，思考型的人讲究条理性，他们更喜欢分析问题，从逻辑上解决问题，尤其是愿意和概念、数学及具体事物打交道，找到客观的标准和原则是他们的乐趣；情感型的人在意事情的价值是否符合自己的价值观，追求心灵层面的满足，他们更喜欢和谐的工作氛围和环境，乐于为人服务。

4. J-P 维度

判断-知觉(Judging-Perceiving,J-P)是指日常生活模式。判断型的人喜欢将事情打理得井井有条,过一种有计划、有序的生活;预先安排任务,确立目标并按时完成;注重结果,通过完成任务获得满足,计划和日程安排对他们来说很重要。知觉型的人喜欢以一种灵活、自发的方式生活,更愿意去体验和理解生活而不是去控制它,详细的计划或者最后的决定会使他们感到被束缚,灵活、随意,愿意对新的信息和选择保持开放性,直到最后时刻,如果有时间就会先娱乐后工作,有新情况时便改变目标,注重过程,通过接触新事物获得满足。

在工作中,知觉型的人可能会承接太多的事务却难以按时完成,但往往很灵活,善于抓住机会;而判断型的人常拘泥于计划和秩序,如果计划被打乱会非常烦躁,在他们眼中,有条理的工作和秩序是最重要的。

现在,请对人格的四个层面有了初步了解的你做出选择,并将结果记录在下面。

微课

MBTI性格理论

我的人格类型:______________________

外向型 or 内向型:______________________

感觉型 or 直觉型:______________________

思考型 or 情感型:______________________

判断型 or 知觉型:______________________

五、性格类型与职业匹配

(一)16 种人格类型的性格特征

为了方便理解,前面将 MBTI 的四个维度做了单独的介绍,但这并不等于可以从某个单独的维度去理解人。人的性格非常复杂,每个维度都会彼此影响。因此,将这四个维度结合起来,才是正确理解一个人的方法。在 MBTI 中,四个维度中的两级可以组合为 16 种人格类型,这 16 种人格类型的性格特征见表 4-2。

表 4-2　16 种人格类型的性格特征

人格类型	ISTI	ISFJ	INFJ	INTI
性格特征	安静,认真,通过专注和关心来获得成功,实践能力强,为人踏实,注重事实,能合理决定应该做什么,并坚定不移地完成它,不会被外界的事情分心,享受有条不紊地做事,注重传统和忠诚	沉着、友善,富有责任感,做事认真细致,能够承担重任,做事贯彻始终,细心、准确,忠诚,体贴,倾向于记住他所重视的人的微小的事情,并关心他人的感受,努力营造一个有序、和谐的工作和家庭环境	探索意念、人际关系和物质财富的意义及关系,希望了解什么可以激发人们的推动力,洞察他人,有责任心,能够履行自己的价值观念,有一个清晰的理念以谋取大众的最佳利益,能够系统地果断地执行自己的想法	具有一个有创造力的头脑,有很强的动力去实践他们的想法和实现他们的目标,能迅速把握事物的发展规律,从而找到长远的发展方向,一旦做出承诺,就会有条不紊地开展工作,直到完成,具有怀疑精神,独立自主,对自己和他人都有高标准的要求

（续表）

人格类型	ISTP	ISFP	INFP	INTP
性格特征	宽容、有弹性，一个冷静的观察者，但当问题出现时，能迅速行动找到可行的解决方案，能够分析是什么让工作顺利进行，能够查看大量数据并找出实际问题的关键，重视效率	沉静、友善、敏感和仁慈，欣赏当下和周围所发生的事情，忠于自己的价值观，忠于所重视的人，不喜欢争论和冲突，不会强迫别人接受自己的观点和价值观	一个忠于自己的价值观和自己所珍视的人的理想主义者，外在生活是内心价值观的反映，具有好奇心，有迅速发现某件事可能与否的能力，能加速对理念的实践	对任何感兴趣的事物都要探索一个合理的解释，喜欢理念思维多于社交活动，他们有一种非凡的能力，能够在自己感兴趣的领域内集中精力深入地解决问题，有怀疑精神，有时喜欢批评
人格类型	ESTP	ESFP	ENFP	ENTP
性格特征	有弹性，宽容，实际，对理论和概念理解缺乏耐心，渴望采取积极的行动来解决问题，注重“此时此地”，喜欢主动与人交往，喜欢享受物质生活，能够通过实践达到最佳的学习效果	外向，友善，包容，热爱生命，热爱他人，爱物质享受，喜欢与别人共事，富有灵活性及惰性，容易接受新朋友、适应新环境，与他人一起学习新技能，取得最佳效果	热情，富有想象力，认为生活充满了可能性，他们可以很快发现事件和数据之间的相关性，并有信心遵循他们看到的模式去做事，他们需要别人的认可，愿意欣赏和支持别人	思维敏捷，能激励他人，勇于发言，能随机应变地去应对新的和富于挑战性的问题，善于洞察他人心理
人格类型	ESTJ	ESFJ	ENFJ	ENTJ
性格特征	实事求是，注重现实，注重事实，果断，能迅速做出实际的决定。能够关注日常事务的细节，有一套清晰的逻辑标准，并系统地遵循它们，以坚定的态度执行计划	有爱心，尽责，合作时希望有一个和谐的环境，并有决心创造这样的环境，忠诚，即使在最微小的事情上也如此，能够注意别人在日常生活中的需要而努力供应他们，渴望别人赞赏自己和欣赏自己所做的贡献	对他人的情绪、需求和动机高度敏感，能够看到每个人的潜力，并帮助他人实现他们的潜力，忠诚，对赞扬和批评反应迅速，社交活跃，有启发别人的领导才能	坦率，果断，愿意成为一个领导者，很容易看到不合逻辑和效率低下的程序和政策，从而开发和实施一个全面的系统来解决问题，知识渊博，能够有力地提出自己的主张

（二）16 种人格类型的职业倾向

微课

MBTI性格测试

知道自己的人格类型，就可以了解自己的职业倾向。16 种人格类型各有其职业倾向，表 4-3 中的职业倾向是从大的类别描述的，我们在了解自己的职业倾向时，应看到这一类别工作的特点，而不是陷入类别名称的描述。

表 4-3　　16 种人格类型的职业倾向

人格类型	ISTJ（检查者型）	ISFJ（保护者型）	INFJ（劝告者型）	INTJ（策划者型）
职业倾向	·管理者 ·行政管理人员 ·执法者 ·会计师 ·机械师 ·其他可以让他们凭借自己的经验和对身边细节的关注完成任务的职业	·教育工作者 ·健康护理（包括生理、心理）人员 ·宗教人员 ·其他可以让他们通过运用自己积累的经验帮助他人的职业，这种帮助是协助性或者辅助性的	·宗教人员 ·咨询服务（包括个人、社会、心理等）人员 ·教学/教导人员 ·艺术家 ·其他可以让他们的智力、情感和精神得以发展的职业	·科学或者技术领域的专业人士 ·计算机专家 ·法律专家 ·金融专家 ·其他可以让他们通过自己的智力和知识去思考、分析的职业

（续表）

人格类型	ISTP（手工艺者型）	ISFP（创作者型）	INFP（化解者型）	INTP（建筑师型）
职业倾向	・熟练工种 ・技术专家 ・农业工人 ・执法者 ・军人 ・其他可以让他们通过自己的实践、进行数据分析的职业	・健康护理（包括生理、心理）人员 ・商人 ・执法者 ・其他可以让他们与人友善相处、对细节专注的相关服务的职业	・咨询服务（包括个人、社会、心理等）人员 ・作家 ・艺术家 ・哲学家 ・其他可以让他们符合自己的价值观并且进行创造的职业	・计算机技术专家 ・理论研究者 ・科学或者技术领域专家 ・其他能够让他们运用自己的专业理论知识和技术来客观独立地分析问题的职业
人格类型	ESTP（创业者型）	ESFP（表演者型）	ENFP（奋斗者型）	ENTP（发明家型）
职业倾向	・市场开发人员 ・熟练工种 ・商人 ・执法者 ・应用技术专家 ・其他通过行动来展现并且关注细节的职业	・健康护理（包括生理、心理）人员 ・教学/教导人员 ・教练 ・儿童保育员 ・熟练工种 ・其他可以充分发挥他们外向的性格和热情去帮助有需要人们的职业	・咨询服务（包括个人、社会、心理等）人员 ・教学/教导人员 ・宗教人员 ・艺术家 ・其他可以让他们通过创造和交流去促进他人成长的职业	・科学家 ・管理者 ・技术人员 ・艺术家 ・公共关系专家 ・其他充满挑战性、能够让他们不断接触新事物的工作
人格类型	ESTJ（监督者型）	ESFJ（供应者型）	ENFJ（教导者型）	ENTJ（指挥官型）
职业倾向	・管理者 ・行政管理人员 ・执法者 ・预算分析师 ・其他可以让他们通过找寻事物的逻辑来完成任务的职业	・教育人员 ・健康护理（包括生理、心理）人员 ・宗教人员 ・其他可以让他们运用自己的友善来帮助他人的职业	・宗教人员 ・艺术家 ・教学/教导人员 ・其他可以让他们帮助别人在智力、情感和精神上成长的职业	・管理者 ・领导者 ・金融专家 ・其他可以让他们通过对事物的分析、计划和组织来完成任务的职业

微课

MBTI性格类型测评解析(1)

微课

MBTI性格类型测评解析(2)

在对 MBTI 16 种人格类型的职业倾向有所了解后，现在请根据你的 MBTI 人格类型，在表 4-3 中找到适合你的职业倾向。

那么，霍兰德职业兴趣类型和 MBTI 16 种人格类型，到底哪一个更可信、更可靠呢？其实每一个人格类型的划分都是基于独特的人格理论。霍兰德职业兴趣类型理论是根据霍兰德职业兴趣理论和他多年的临床经验总结而来的，而 MBTI 16 种人格类型基于荣格的心理学人格理论，也是根据他独特的体验、对人性的深刻了解及大量深入的分析得出的。可以说每一种理论和人格类型都有其科学的一面，是站在一个独特的视角审视人的结果，但也有其不完整的地方。所以，我们在选择各种测验或测试时，都不要完全地相信它百分百可靠和科学。它只是帮助我们更深入地了解自己的一种手段和工具，最了解你的人还是你自己。

拓展阅读

职场社交让内向人备受困扰，有必要改变吗？

“你是 i 人还是 e 人？”“我是 i 人，但在工作中常常做 e 人”“我是 ISTP，你呢？”……近来，人格类型测试在网络走红，并成为很多年轻人的日常交往话题。还有人将测试结果作为人生参考，指导生活。

迈尔斯-布里格斯类型指标的人格类型理论模型(简称 MBTI 测试)，从 4 个维度划分出 16 种人格，并以不同类型人格的英文缩写，为这 16 种人格命名。其中，“i”和“e”是一个指标的两极，“i”代表内向、内倾型，“e”代表外向、外倾型。

人格测试可信吗？职场 i 人如何与他人相处？怎样正确看待自己的人格类型？2023 年 10 月 10 日是世界精神卫生日，记者采访了两位精神心理领域专业人士，帮助理解人格测试并解答职场心理困惑。

人格测试是认识自我的一种方式

走路总低着头，害怕跟人打招呼；能线上沟通的绝不电话沟通；不愿参与同事间的闲聊；和领导一起吃饭总感觉不自在……在网上，不少职场 i 人这样描述自己上班时的状态。对他们而言，工作中的社交给他们带来很多负担。

今年以来，白璇在社交媒体上频繁刷到 MBTI 测试，爱给自己“定位”的她，好奇地和朋友一起进行了测试。“不出意料，我是 i 人，不喜欢社交，每天下班后只想回到自己的小窝，做自己的事，把工作中不开心的事忘掉。”

10 月 9 日，白璇结束一天的工作后，又参加了部门同事组织的聚餐。作为 i 人，她直言，工作上的沟通已经很累了，这些额外社交简直分分钟让自己“电量”耗尽。

北京大学首钢医院精神心理科主任任峰在《工人日报》记者采访时表示，人格测试既有与临床心理学、精神卫生学相关的测试，如艾森克人格量表、明尼苏达人格量表等，用于临床上开展心理治疗、诊断精神心理疾病。也有类似于 MBTI 的，主要用于了解职业性格，衡量和描述人们在获取信息、做出决策、对待生活等方面的心理活动规律和性格类型。

“相对而言，MBTI 更接近常人理解的层面，因此容易被广泛接受。”不过，任峰认为，归根结底，人格测试只是认识自己的一种工具，它的存在肯定了人格的多样性，但并不能作为区分好坏对错的标准。

职场 i 人变 e 人要能自洽

不管工作场合还是私下社交，与人沟通不可避免。一些恐惧社交的 i 人告诉记者，遇到必要场合，他们也会戴上 e 人面具，强行“营业”。

“为 i 变 e，是 MBTI 测试话题中讨论较多的一个词，指的是一个 i 人为了社交时不冷场，显得合群等因素，会挺身而出做 e 人。”不过，白璇也坦言，工作中有时需要 e 一点，但强行 e 久了，可能会在某个节点上突然爆发，然后用更多时间去恢复情绪。

清华大学玉泉医院精神科主治医师申晨煜表示，工作中有些场合需要 i 人“伪装”自己，但随之而来的是较大的精力消耗和身体伤害，因此不建议 i 人强行改变，要视自身情况而定，做到自洽。

任峰认为，i 人应首先学会自我了解和接纳，认识自身长处，如善于独处、思考深入、情感丰富等，充分接纳内心需要，而不是强行让自己变得外向，甚至变成社牛。“不过，i 人也要防止自我封闭，适当拓展人际范围，选择合理的方式与他人沟通，丰富自己的内心世界。”

人格无优劣，慎重贴标签

“人格测试有利于自我认识和自我接纳，很多人经常坚持固有观念，例如，认为外向比内向好，执行力强比理想化好等，或者相反，并把这种质疑内化为自我要求，导致每天内心充满痛苦和纠结。”任峰说，人格测试能让人意识到“原来我这样的方式是有科学依据的”。

从某种程度看，了解自己的人格类型，有助于选择适合的工作种类，提高职业满意度。不过，也要防止通过给自己贴标签，故步自封，认为这辈子就这样了，失去改变的动力，影响自我突破。

“实际上，随着自我突破，测试结果是可以发生变化的，例如，一个人以前很内向，做了销售工作后，通过长期训练，可能变得比较外向。”任峰表示，年轻人可以通过人格测试了解自己擅长什么、不擅长什么，扬长避短，减少因不自知带来的无谓内耗，也可以通过有针对性、有计划地突破不擅长的方面，完善自我。

申晨煜建议，职场中的 i 人可以多专注工作本身，不要过于在意与同事的关系，也避免总是脑补别人的评价，尤其是负面评价。遇到问题先从环境找原因，不必过度内耗，避免陷入自我怀疑状态。

微课

打造心仪的性格方法

“要认识到工作只是生活的一部分，有一个正确的心态，不要因为工作全盘否定自己。”申晨煜说，人格没有优劣之分，职场 i 人不要害怕自己被贴上“不好相处”的标签，要找到并善于利用性格中的优势，发挥特长。工作之余也要保证充足良好睡眠，多做感兴趣的事，平衡工作压力。

（资料来源：新华网，2023.10.16）

实践活动

活动一：明明白白我的心

MBTI 性格测验及其计分表见表 4-4 和表 4-5。

说明：请在每题评分栏 a、b 前的方格中评分，a+b 评分的总和为 5 分。

0—从不；1—很少；2—居中；3—很多；4—极多；5—总是。

表 4-4　　MBTI 性格测验

序号	评分	问题
1	□a □b	先了解别人的想法，再做决定 不和别人商量，就做决定
2	□a □b	认为自己是一个富有想象或凭直觉做事的人 认为自己是一个讲求精确、实事求是的人
3	□a □b	根据现有资料及对情境的分析，对他人做评断 运用同理心与感觉以了解他人的需要及价值观，并以此对他人做评断
4	□a □b	顺着他人的意思做出承诺 做出明确的承诺，并切实履行
5	□a □b	有安静、独自思考的时间 与他人打成一片
6	□a □b	运用自己熟悉的方法来完成任务 尝试运用新的方法来完成工作
7	□a □b	以合乎逻辑的思考及按部就班的分析得出结论 根据过去生活的体验及信息得出结论

（续表）

序号	评分	问题
8	□a □b	定下完成工作的最后期限 拟订时间表，并严格执行
9	□a □b	和他人稍谈话题后，再独自思考一番 和他人尽兴畅谈某事后，再独自思考一番
10	□a □b	设想各种可能发生的情况 按实际情况处理问题
11	□a □b	被认为是一个擅长思考的人 被认为是一个感觉敏锐的人
12	□a □b	事前详细考虑各种可能性，事后反复思考 搜集需要的数据，稍作思考后，迅速做出决定
13	□a □b	自己的思想和感情不为他人所知 与他人共同做某些活动或事情
14	□a □b	抽象与理论 具体与实际
15	□a □b	协助他人探索他们自己的感受 协助他人做出合理的决定
16	□a □b	问题的答案是弹性的，且可修改 问题的答案是明确的、可预知或可预测的
17	□a □b	很少表达自我内心的想法或感受 自在表达自我内心的想法或感受
18	□a □b	从大处着眼 从小处着眼
19	□a □b	运用常识、凭着信念来做出决定 运用资料、分析事实来做出决定
20	□a □b	事先详细计划 临时视需要而做决定
21	□a □b	结交新朋友 独处或只与熟识者交往
22	□a □b	重视概念 重视事实
23	□a □b	相信自己的想法 相信经过证实的结论
24	□a □b	尽可能在记事簿上记载事情 尽可能少用记事簿记载事情
25	□a □b	在团体中详细地讨论新奇且未决定的事 自己先想出结论，然后和他人讨论
26	□a □b	拟订详细的计划，然后切实地执行 拟订计划，但不一定执行
27	□a □b	是理性的 是感性的

（续表）

序号	评分	问题
28	□a □b	随心所欲地做事 尽量事先了解别人期望自己做什么
29	□a □b	成为众人关注的焦点 退居幕后
30	□a □b	自由想象 检视实情
31	□a □b	体验感人的情境或事物 运用能力，分析情境
32	□a □b	在预定的时间内开会 在一切妥当或安适的情况下，宣布开会

表 4-5　　MBTI 性格测验计分表

内向(I)	外向(E)	直觉(N)	感觉(S)	思考(T)	情感(F)	知觉(P)	判断(J)
1. b	1. a	2. a	2. b	3. a	3. b	4. a	4. b
5. a	5. b	6. b	6. a	7. a	7. b	8. a	8. b
9. a	9. b	10. a	10. b	11. a	11. b	12. a	12. b
13. a	13. b	14. a	14. b	15. b	15. a	16. a	16. b
17. a	17. b	18. a	18. b	19. b	19. a	20. b	20. a
21. b	21. a	22. a	22. b	23. b	23. a	24. b	24. a
25. b	25. a	26. b	26. a	27. a	27. b	28. a	28. b
29. b	29. a	30. a	30. b	31. b	31. a	32. b	32. a
合计：	合计：	合计：	合计：	合计：	合计：	合计：	合计：

评分与评价：

将计分表中每一竖列的总分相加，共四对，八个分数。

分别找出每一对分数中，数字较大的，即你个人的风格。每个人均可有四种风格，如内向 18 分，外向 22 分，则取外向为个人风格，其他以此类推。

每一种风格都有程度上的区别，如果在相对应的两种风格中（如外向对应内向），有一方的程度较强，即表示另一方的程度较弱。

诊断结果：

30～40 分，表示此风格非常强，几乎没有另一对应风格。

25～29 分，表示此风格比另一风格强。

22～24 分，表示此风格比另一风格稍强一些。

20～21 分，表示兼具两个风格的特质。

项目五
学好职业能力，打造竞争优势

知识目标

1. 了解能力内涵、重要性和分类；
2. 掌握职业能力探索的方法。

能力目标

1. 能够从以往的各种经验中辨识个人所擅长的技能；
2. 能够有目的地培养和发展自己的职业能力。

素质目标

1. 明确自己需要发展和培养哪些技能；
2. 通过对自身能力的培养，进一步打造竞争优势。

案例导入

森林动物园

为了像人类一样聪明，森林里的动物们开办了一所学校。学生中有小鸡、小鸭、小鸟、小兔、小山羊、小松鼠等，学校为它们开设了唱歌、跳舞、跑步、爬树和游泳5门课程。第一天上跑步课，小兔兴奋地在体育场地跑了一个来回，并自豪地说："我能做好我天生就喜欢做的事！"再看看其他小动物，有噘着嘴的，有沉着脸的。放学后，小兔子到家对妈妈说："这个学校真棒！我太喜欢了。"第二天一大早，小兔蹦蹦跳跳来到学校。上课时老师宣布，今天上游泳课。只见小鸭兴奋地一下子跳进了水里，而天生恐水、不会游泳的小兔傻了眼，其他小动物更没招。接下来，第三天是唱歌课，第四天是爬树课……学校里的每一天课程，小动物们总有喜欢的和不喜欢的。

这个寓言故事诠释了一个通俗的哲理：一个人只有最大限度地发挥自己天生的优势，才能获得成功。若没有天赋，任何试图通过培训的方式培养优势的努力都是徒劳的。不能让猪去唱歌，让兔子学游泳。要成功，小兔就应跑步，小鸭就该游泳，小松鼠就得爬树。判断一个人是否成功，最主要看他是否最大限度地发挥了自己的优势。而最大限度地发挥自己的优势，便是职业生涯设计成功的重要依据之一。因此，若想获得职业上的成功，你首先要学会识别、发现自己天生的才干与优势。

（资料来源：唐纳·克里顿[美]. 飞向成功[M]. 北京：中国友谊出版公司，1998）

任务一　能力的内涵与重要性

你有什么能力？这是每个人在求职时都要面对的问题，不管这个问题是不是直截了当地表达出来。当一个人的能力和工作要求相匹配时，最容易发挥自己的潜能，并获得一种满足感；相反，当一个人去做自己力所不及的工作时，就会感到焦虑，甚至产生挫败感。而当一个人的能力超出工作要求太多时，又容易感到工作缺乏挑战，比较乏味。因此，在做职业选择时，我们除了寻求兴趣、性格与职业要求的适配外，还需要寻求个人能力与职业技能要求的适配。能力与个人的职业满意度、工作适应性以及职业稳定性具有直接的关系。

一、能力的内涵

（一）能力的定义

能力是完成某一活动所体现出来的素质。人们在完成活动的过程中表现出来的能力有所不同。能力直接影响活动效率，是使活动顺利完成的个性心理特征。

能力总是和个人完成的实践联系在一起的。离开了具体实践，既不能表现人的能力也不能发展人的能力。

（二）能力与技能

能力是掌握知识、技能的基础，又是掌握知识、技能的结果。两者是相互转化、相互促进的。正确理解能力和知识、技能的关系，有助于科学地传授知识、培养技能、发展能力，这对社会进步和个人发展具有重要意义。

技能是指人们通过练习而获得的动作方式和动作系统。技能也是一种个体经验，但主要表现为动作执行的经验，因而与知识有所区别。技能可分为操作技能（动作由外显的肌体运动实现，对象是物体）和心智技能（借助于内在的智力操作实现，对象是观念）。技能直接控制活动的动作程序的执行，是能力结构的基本组成部分。

能力与技能的关系是密切相关的，但两者之间存在区别。

能力是一种心理特征，是顺利完成活动的心理条件，它体现了个人综合素质，包括智力素质和非智力素质。能力不仅包含了一个人现在已经达到的成就水平，还联系着未来的发展潜力。能力的形成与发展依赖于知识、技能的获得，随着人的知识、技能的积累，人的能力也会不断提高。

技能则是指人们通过练习而获得的动作方式及动作系统，它是熟练完成生产、生活事务的方式或动作方式。技能属于知识运用范畴，是对知识的综合性运用、实践，将知识转化为生产实践能力活动的统称。技能与能力相互关联，难以分割，技能是能力的一部分，是能力的基础，一项技能被反复操练，会进一步内化成为一种能力。

具体来说，能力和技能的区别主要体现在以下几点：

性质上，能力是顺利完成活动任务的个性心理特征，而技能是活动方式的具体操作程序。

范围上，能力的个性心理特征具有普遍性，而技能的活动方式有特定性。

联系上，技能的形成以一定的能力为前提，技能的形成促进能力的发展。

综上所述，能力和技能虽然相互区别，但更是紧密联系、互相促进的。能力的提高依赖于技能的获得和练习，而技能的熟练又能进一步促进能力的发展。

（三）能力与兴趣

兴趣是最好的老师。当你对一件事充满热情时，即使面临再大的困难和挑战，也会视之为成长的机会。而当你的工作符合你的兴趣时，每一天都会充满动力和期待。

能力与兴趣的结合，是职场成长的催化剂。如果你能在一个既能激发你兴趣又能发挥你能力的领域工作，你会发现自己能更快地掌握技能，更好地适应环境，更有可能发挥出你的最佳状态。

（四）能力的重要性

从企业的角度：企业的发展需要不同能力的劳动者共同努力，求职就业是一个人显示自我价值的必要途径。一个人的能力决定着求职的成败和职业生涯发展是否顺利，各企业间的竞争就是人才的竞争，所以各用人企业都希望可以招聘到适合本企业发展的、具备和本企业有关能力的大学生，这就对大学生的能力提出了新的要求。用人企业不仅仅看重应聘者的文凭，更看重应聘者的工作能力。

从大学生的角度：求职面试的时候，招聘者一定会问应聘者在什么方面比较突出，也就是什么能力比较强，如果应聘者能够很顺畅地说出自己的强项，一定能受到招聘者的好评。所以，具备较高能力的人首先在应聘的时候就是一大优势。

（五）能力与生涯的关系

心理学家罗圭斯特与戴维斯在对个体的工作适应问题进行多年研究以后，提出了明尼苏达工作适应论。他们认为：当工作环境能够满足个人的需求时，个人会感到“内在满意”；而当个人能够满足工作的要求时，个人能够达到“外在满意”（令自己的雇主、同事感到满意）；当个人能够同时达到内在和外在满意时，个人与环境间的关系就比较协调，个人的工作满意度会比较高，在该工作领域也能持久发展。

而在对“内在满意”和“外在满意”这两个指标的衡量当中，能力占有很重要的地位。罗圭斯特与戴维斯认为：“外在满意”主要可以通过衡量个人拥有的职业技能与工作要求的职业技能的适配程度来进行评估；而“内在满意”则主要通过衡量个人价值观与企业及奖惩制度的适配程度来进行评估。我们不难看到：做自己能够胜任的工作，培养和发挥自己的能力，发挥个人的潜能，常常是个人选择职业时希望得到满足的需求。由此可见，能力与个人的职业满意度、工作适应性及职业稳定性有直接的关系。

二、能力的分类

（一）按获得方式分类

能力按照其获得方式（先天具有与后天培养），可以分为能力倾向和技能两大类。

1. 能力倾向

能力倾向(Aptitude)是指上天赋予每个人的特殊才能,如音乐、运动能力等。它是与生俱来的,不过也有可能因未被开发而荒废。因此,这是一种潜能。比如,在中国人中,虽然不是每个人都能像刘翔一样跑得那么快,但一定有一些人同样具备像刘翔那么好的节奏感和身体的协调能力,只是他们从来没有机会去发展这方面的能力倾向。遗传、环境和文化都可以影响能力倾向的发展。

2. 技能

技能(Skill)则是指经过后天学习和练习培养而形成的能力,如阅读能力、人际交往能力、表达能力等。在个人成长的过程中,从什么也不会做的小婴儿到一个生活自理,能够看、听、说、行走、阅读、写字的普通成年人,其实我们每个人都已经学会了无数的技能。

对个人技能的认识,建立在对技能分类的了解上。辛迪・梵和理查德・鲍尔斯将技能分为三种类型:①知识技能;②自我管理技能;③可迁移技能。

知识技能是指那些需要通过教育或者培训才能获得的特别的知识或能力,也就是个人所学习的科目、所懂得的知识。比如外语、中国古代历史、电脑编程、化学元素周期表知识,知识技能一般用名词来表示。

自我管理技能经常被看作个性品质而非技能,因为它们被用来描述或说明人具有的某些特征。它涉及个体在不同的环境下如何管理自己:是勇于创新还是循规蹈矩,是认真还是敷衍了事,能否在压力下保持镇定,是否对工作有热情,是否自信,等等。良好的自我管理技能能够帮助个体更好地适应周围的环境、应对工作中出现的问题,因此它也被称为“适应性技能”。

可迁移技能就是一个人会做的事,比如教学、组织、说服、设计、安装、帮助、计算、考察、分析、搜索、决策、维修等。可迁移技能的特征是它们可以从生活中的方方面面,特别是工作之外得到发展,也可以迁移应用于不同的工作之中。因此,可迁移技能也被称为“通用技能”。基于这样的原因,可迁移技能也是个人最能持续运用和最能够依靠的技能。

与能力相关的还有一个重要概念,就是自我效能感。所谓自我效能感,是指个人对自己的能力,以及运用该能力将得到何种结果所持的信心或把握程度。

研究发现,在实际生活和工作中,对个人行为起决定作用的往往不是个人实际能力的高低,而是个人的自我效能感。比如,一份关于男女薪酬差异的调查指出:男女两性在薪酬上的差异部分源于女性的数学水平普遍低于男性,通常薪酬高的职业会要求比较高的数学能力。而女性在数学学习上的弱势并非由于女性天生不擅长学习数学,更主要的原因是相对男性而言,女性对自身学习数学的能力缺乏信心而倾向于在该科目上花更少的时间。

同样,成人学习人际交往技能或学习英语并不比孩子学走路或学说话更难,唯一的区别可能只在于:我们从来不会认为有哪一个孩子学不会走路或说话,但我们却常常怀疑自己能否学会与人交往或娴熟地使用英语。在心理咨询中,我们也常见到有的人本来能力很不错,也得到了他人的很多肯定,却由于自卑而束缚了自己,做事畏首畏尾,不能充分发挥自己的才能。这些都充分说明了自我效能感对个人发展的影响。

(二)按作用范围分类

能力按照其作用范围,可以分为一般能力和特殊能力。

1. 一般能力

一般能力就是完成一切活动都需要的能力，包括观察能力、记忆能力、想象能力、思维能力、操作能力等。在任何社会活动和个体活动中，这些能力都要参与其中，否则，人们就不能有效地完成活动。过去所说的智力，基本指的是一般能力。

2. 特殊能力

有的人可能从事某种专业职业，如音乐、绘画、讲演等职业；有的人可能从事某种特殊职业，如魔术师、驯兽员、飞行员、演员等。他们除必须具有一般能力之外，还要使某些一般能力得到独特发展，形成专业与职业所需的能力，如演员的表演能力、飞行员的驾驶能力、声乐家的歌唱能力等。所有这些能力，都是特殊能力。

特殊能力是一般能力的发展与延伸。没有一般能力，也就没有特殊能力；特殊能力的发展，反过来又极大地提高了一般能力，如航空机械师的精细观察能力很容易地迁移到对一般事物的观察上面。

（三）按可操作性角度分类

能力按照其可操作性角度，可以分为学习能力、活动能力、思维能力、创造能力等。

1. 学习能力

在学校学习的情景中，学习能力即学生获得间接经验和直接经验的能力，是指学生通过听讲、阅读、操作、观察、思维内化储存知识，运用知识解决问题，并在解决问题的过程中自觉概括解决问题策略和方法的能力。这是狭义的学习能力。广义的学习能力，则是个体适应环境的能力。我们研究的重点是狭义的学习能力。如不做特殊声明，本章所说的学习能力，都是狭义的学习能力。学习能力可具体分为以下几种：

第一种，明确学习目标的能力。学习目标是学习者对学习活动期望得到的结果，同时又是学习活动的出发点。对于学习的全过程而言，学习目标无疑是重要的。有了适度而明确的学习目标，不仅可以使学习者在目标引导下展开学习活动并同时调节学习过程、增强学习活动的针对性，而且可以使学习者增强学习的主动性、自觉性，从而使其学习更加努力。尽管如此，由于学习目标是一个多层次、多维度、互相联系、面对未知世界的目标群，对学生而言仍然是一个难题，这也就是明确学习目标是一种能力的原因。学习能力较强的人，善于依据自己的学习实际明确适合的目标，并将不同层次的学习目标联系起来，在学习目标的引导和激励下，使学习活动逐步深入地展开。

第二种，灵活运用学习方法的能力。恰当灵活地选择使用相应的学习策略和方法，是学习能力的重要标志。善于根据任务选择使用学习策略和方法的学习者，可以更少地依赖他人帮助而自主完成学习活动，在学习过程中准确分析学习内容、目标、要求，并据此选择恰当的策略方法，自觉控制学习过程。也就是说，在学习过程中，学习者要不断检查自己的学习活动，把有关学习要求与学习方法联系起来进行对照思考，检查学习方法与学习要求之间的适应程度，借以估计学习方法能够达到的学习效果，及时调整学习活动的过程，通过反馈和调控，做到当学习策略和方法不符合学习目标要求时，就修改补充，或重新选择学习策略和方法，以实现方法与目标的一致性，增强学习效果。以上所有这些行为表现，无不集中表现了学习者控制自我学习状态的能力。

第三种，解决问题策略的迁移能力。学习活动的目的归根到底是掌握解决问题的策略和方法，一方面取决于学习者对有关知识掌握的熟练程度及知识运用的灵活程度，另一方面取决于对解决问题策略的掌握水平。因此，解决问题策略的迁移能力是学习能力强弱的重要标志。学习能力强的学生，一方面表现出对知识的综合概括及结构性掌握，另一方面对于知识所蕴含的解决问题的策略能够举一反三，触类旁通，具有较强的迁移能力。也只有如此，才能使已掌握的知识成为有本之木、有源之水。

2. 活动能力

活动能力主要指学生在其社会活动中有关生存、学习、交往等方面的能力。学生在其社会化过程中，活动能力必须得到有效的培养，以便步入社会之后善于生存、善于跟人相处、善于实践，形成独立的人格。活动能力的培养是一个容易被忽视的领域，也是素质教育应该重点着墨的领域。

3. 思维能力

由于思维能力是智力活动的核心，它参与并支配人的一切智力及体力活动，决定着一个人的能力水平。

思维能力是一个复杂的结构，包括理解能力、综合能力、比较能力、推理判断能力、抽象概括能力等，是一种综合能力。思维能力的差异主要表现为思维品质的差异。思维品质是个体思维活动特殊性的外部表现，主要包括思维的深刻性、广阔性、灵活性、敏捷性和创造性。

思维品质不只是思维能力的表现，也是一种人格特征和生活态度，是一种综合素质和精神状态。这是因为良好的思维品质必须追求卓越、积极探求，具有主动改变环境的人格特征和生活态度。因此，对学生思维品质的培养和训练，是学生个性培养和人格教育的重要方面。

4. 创造能力

进入知识经济之后的国际社会，产业更新周期缩短，产品的知识化、技术化含量增高，竞争加剧。这种趋势直接推动了知识创新和技术创新，所以对人的创造能力的诉求日趋迫切，而以往的教育缺乏培养创造能力的意识，更谈不上措施的落实。因此，鲜明地提出创造能力的培养，是时代的要求，也是教育自我革命的要求。

创造能力是指对已有知识给出新的独特的组合方式，获得新颖、合理、有价值的结论，或创造出新的精神或物质产品的能力。创造能力是多种能力的综合，也是多种能力的发展，因而是能力中的精华。同时，创造能力也是对人类经济和社会发展最具影响力的能力。

由学生是学习者的特点所决定，学生的创造能力并非直接指向创造知识和技术，而是主要表现为：能独立掌握知识或方法，善于对问题给出新的简洁的解答方法，善于从独特的视角分析问题或给出具有合理、独特价值的结论。创造能力强的学生具有追求新颖性的品格，可以求新，渴望进取，锐意改革，对新方法、新结构、新思想执着追求，当某些方法或思路在解决问题的某一方向上受到阻碍时，马上转向另一个方向或用心寻求最优答案。富有创造能力的人，在人格上表现为追求卓越、新颖、独特。

需要说明的是，一般意义上的创造应具有的“新颖性”是指对创造者或他人都是前所未有的，应具有的“价值性”是指对人类的物质或文化生活产生有益的作用。但从培养学生创造能力的意义上讲，创造性应该是对学生或学生群体来说前所未有的，创造成果的价值对于学生思维训练具有新颖性、价值性，具备了这些也就具备了创造性。唯有如此认识，才能使创造能力培养成为教学活动中的经常活动。创造的新颖性和独特性决定了创造的艰巨性，任何创造都是开拓荒野，无不充满劳苦和艰辛。创造者常会陷于茫然困惑，甚至有力不从心之感。正因为如此，才说创造是创造者心血的结晶。认识创造的艰巨性，对于渴望创造的青少年是十分必要的。只有懂得成功的艰难，才懂得创造的真谛，才懂得要成为创造者，首先需要具有顽强无畏、不懈努力的品格。

三、最受重视的技能

1. 知识技能

知识技能包括创新能力、学习能力、组织能力、决策能力、领导能力等。

2. 自我管理技能

自我管理技能包括正直、积极主动、团队合作、善于学习、细致、关心秩序、有目标、有抱负等。

微课

能力、技能与职业能力

3. 可迁移技能

可迁移技能包括沟通交流能力、创造性思维能力、分析和解决问题的能力、人际交往能力、组织和领导能力、谈判能力、适应能力等。

拓展阅读

决定你求职成功的三要素

很多求职者不明白为什么自己求职屡屡受挫，根本原因到底在哪里？本课通过一个变量模型来告诉大家，决定能否求职成功的三个要素：能力——能否胜任、兴趣——是否具备热情、价值观——求职的动机，它们的本质以及相互关系是什么，以此帮你提前预判、提高求职准备度。

要素 1：能力

能力包含了我们完成职业任务所需要的所有要素，比如专业知识、职业技能、相关经验以及特定的个性品质。上网搜寻典型的岗位胜任要求比如销售、产品经理、人力资源专员、财务主管、程序员等，可以看到：不同的职业、岗位对候选人的具体要求不同。用人单位筛选的时候本质是在进行人岗匹配的测试。假如个体满足知识、技能、经验和个性四个维度上的每个要求，理论上这就是一名 100 分的候选人。通常求职不成功，我们需要首先复盘检查的就是岗位要求的这些内容，我是否全部具备。

这里推荐大家多做职业访谈，就是找业内人士打探消息。具体需要了解哪些内容，在前面的课程里有详细介绍，也给大家附上了职业访谈清单做参考。在求职之前尽可能获取全面真实的职业信息，就好像考试之前做模拟试题一样，能够帮助我们衡量是否胜任岗位要求，提前准备并规避不必要的风险。

要素 2:兴趣

兴趣就是你天然的注意力选择,做什么事会更投入、有热情、情绪高涨、乐此不疲。大多时候兴趣和工作的结合体现在职能和行业上。比如:我喜欢跟人打交道,沟通交流,从事人力资源、销售、心理咨询等相关工作就容易自备鸡血。有了热情,遇到困难也愿意埋头研究和攻克,假以时日,更容易做出成绩来。大家回想一下学生时代的科目,是不是通常自己感兴趣的学科往往投入更多,学得更好?

当我们的兴趣和职业内容不匹配时,容易产生厌倦、无聊情况,觉得工作本身没有意义。假如面试官看出来你对这份工作本身不感兴趣,就会担心你未来对职业的投入程度,从而降低你的面试通过率。

那么,为了增加面试成功概率,我可不可以"假装"对某个工作感兴趣呢?我的建议是:最好不要。因为,你可以假装行为,却假装不了情绪。时间长了,还是会露馅,而且怀着厌倦的情绪去做自己不喜欢的事本身就难以为继,也大可不必。

想要更好地了解自己的职业兴趣,我们可以根据人—物,具体—抽象,这两个维度来做一点简单判断。根据自己的喜好、兴趣,而不是能力、擅长,找到自己在图 5-1 中的位置。每个象限对应的职能也附上供大家参考。通常来说找工作不要选自己的对角线。比如我对人和理念感兴趣,在左下角,就不要去应聘技术型的职能,代表职业包括会计、财务或者程序员等。

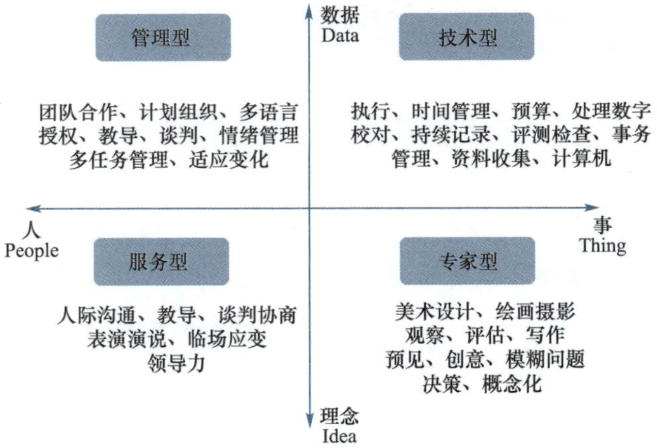

图 5-1　职业兴趣四象限

要素 3:价值

价值就是你期望从工作中得到什么。比如:能够体面地养活自己,有学习成长的空间,人际关系和谐,受人尊敬,等等。价值是十分个人的判断依据,没有标准答案。我们把大多数人想要在职业里实现的东西罗列如下,供参考。给大家 10 秒时间,从这个清单里挑选出目前对你来说最重要的前 3 项,不要贪多哦。准备好了吗?请开始。

职业价值观清单

收入待遇	工作环境	组织氛围	平衡生活	工作稳定
持续挑战	成长发展	他人认可	人际和谐	管理权力
开拓创造	志趣满足	道德理想	多样变化	独立自主

大家在做选择的时候是不是觉得都想要，都舍不得丢掉？这很正常，因为人性本贪呀，所以最难的往往是取舍。这也解释了很多人求职失败可能的原因，要么价值不匹配，要么价值难取舍。

价值不匹配体现在工作和人的价值错位。就好像，我爱吃苹果，你却只给我梨。常见案例：初入职场的新人想要钱，而初级阶段的工作薪酬给得不多，更多的是学习成长机会和稳定。这个时候就会发生错位。双方都觉得委屈。最好的办法是从一开始就搞明白自己要什么，职业能给什么，免得选了又后悔。

价值难取舍的本质是我们前面讲的人性本贪。职场新人像一张白纸，如果啥都想要，最后往往啥都得不到。处理办法就是努力提升自己的筹码，积攒足够的技能、资源、经验、人脉，后面才可能增加话语权。

小结一下：求职中最理想的状况是在能力、兴趣和价值 3 个要素上都能实现人岗匹配。而失败的案例往往卡在其中某一个或者多个环节。希望听完今天的分享，各位能在未来求职的过程中理性分析，提前预判，做好应对与选择。博观而约取，厚积而薄发。几乎所有的职业都遵从这个规律，祝你们好运！

（资料来源：中国网，2024.04.02）

任务二　如何打造竞争优势

仅仅对自身具备的能力有很好的了解是不够的，我们还需要了解这些能力可以在什么样的职业中得到应用以及自己心仪的职业在能力方面有什么样的要求。因此，我们需要探索职业能力要求的途径与方法，懂得根据职业的能力要求培养和发展个人能力。

一、职业能力的内涵

（一）职业能力的定义

职业能力是指顺利完成某种职业活动所必需的并影响活动效率的个性心理特征，其中包括一般职业能力和特殊职业能力。一般职业能力是指与各项任务、各种岗位和各种职业有关的共同能力，例如自学能力、语言文字表达能力、社交与活动能力、外语和计算机应用能力等。特殊职业能力是指从事某种专业活动所具体需要的能力，例如动漫设计师需要手绘能力，软件工程师需要相应软件的应用能力等。

（二）职业能力的重要性

踏进大学校园，每个大学生都应该进行职业生涯规划，在进行职业生涯规划时应该把握好所愿与所能的关系。所愿是想做的工作，想获得的职位，所能是现在拥有的技术、能力、素质、实践经验等。大学生的就业理想往往是美好的，但依靠现在的职业能力和职业素质却可能暂时实现不了美好的愿望。因此，大学生有必要在在校学习期间了解职业生涯所需要具备的职业能力、职业素质，有针对性地加强培养，日积月累，以便将来更好、更快地适应职业的需要，最终获得职场成功。

1. 拥有良好的职业能力是站稳职场的保证

每个职业都需要一定的特殊能力，如行政人员要有较强的沟通和协调能力、信息收集和分析能力；销售人员要有优秀的观察能力和语言表达能力；教师要有良好的语言表达能力、教学组织和管理能力、对教材的理解和使用能力；外科医生要有突出的手眼协调能力和逻辑推理能力。如果说职业兴趣能决定一个人的择业方向，以及在该方面所乐于付出努力的程度，那么职业能力则能决定一个人在既定的职业方面是否能够胜任，也能说明一个人在该职业中取得成功的可能性大小。

职业能力主要是指认知能力、语言文字表达能力、空间感知能力、手眼协调能力等。此外，任何岗位的工作都需要与人打交道，因此，人际交往能力、团队协作能力、对环境的适应能力，以及遇到挫折时良好的心理承受能力，都是我们在职业活动中不可缺少的能力。一般职业能力是每位职场人士都需要具备和不断提高的能力，是职场成功的基础，故需要我们在日常学习、生活和工作中不断积累提高。专业职业能力主要是指从事某一职业的职业能力。就工作与专业的关系而言，专业职业能力有专业对口型、专业相关型和专业无关型之分。专业对口型是从事与专业紧密相关的工作，故工作对专业能力要求非常高。专业相关型是从事与专业有一定关系的工作。专业无关型是指从事的工作与专业几乎毫无联系。大学生在职业生涯规划中，如果立志从事与专业密切相关的技术性岗位，则在校学习期间就必须花大量的时间培养将来胜任岗位的专业职业能力。

2. 正确认识自我，提高职业能力

人的一生之中，要从事各种各样的社会生产活动，必须具备多种能力与之相适应。如果我们对某项职业有兴趣，但缺乏从事这项职业的能力，将来即使做这方面的工作，完成工作任务也是一件困难的事情，达到优秀绩效的可能性就更小。例如，一位学习广告设计专业的大学生，对广告比较感兴趣，也进入了一家广告公司，但他缺乏设计的创新能力，虽然计算机应用能力较强，专业的理论知识也学习得不错，工作很努力，但总是设计不出有创意的作品也是不行的，不仅得不到领导和同事的认可，还会使自己的自信心受挫。因此，科学的职业生涯规划需要对自我职业能力进行测试和分析，做出恰当的评价，这样就可以结合自己的职业兴趣，选择适合自己的职业岗位，并在选定的职业中充分展示自己的才华和优势。

需要强调的是，职业能力虽然会受到先天遗传、教育等固有因素的影响，但并不是一成不变的，会在实践的基础上得到发展和提高，大学期间的学习以及将来长期从事某一专业劳动，能促使人的职业能力向高度专业化发展。例如：计算机文字录入人员，随着工作的熟练和经验的积累，手眼协调能力会越来越强，录入的速度会越来越快，准确性会越来越高。因此，必须向大学生说明，大学的教育培训、知识积累就是促进职业能力提高的有效途径之一，在校期间学到的知识是职业能力形成的理论基础，学到的技能是职业能力形成的实践基础，在校期间的人际交往、团队协作、环境适应也都对以后更好地胜任工作形成极大的帮助。同时，大学生还必须明白，职业能力的培养是一个终身学习的过程，即便毕业以后，也要时刻“充电”，保持高昂的学习激情，这样才能在激烈的社会竞争中立足并取得成功。

3. 职业素质的高低决定职场位置的高低

职业素质是指职业人在一定生理和心理条件基础上，通过教育培训、职业实践、自我修炼等途径形成和发展起来的，在职业活动中起决定性作用的、内在的、相对稳定的基本品质。简单地说，职业素质是劳动者对社会职业了解与适应的一种综合体现，其主要表现在职业兴趣、职业态度、职业个性等方面。

影响和制约职业素质的因素很多，主要包括受教育程度、实践经验、社会环境、工作经历及自身的一些基本情况（如身体状况等）。一般说来，劳动者能否顺利就业并取得成就，在很大程度上取决于本人的职业素质，职业素质越高的人，获得成功的机会就越多。与此同时，一个单位（部门）取得成绩的关键也在于劳动者的职业素质。

职业素质是个人素质的一种，主要包括身体素质、心理素质、政治素质、思想素质、道德素质、科技文化素质、审美素质、专业素质、社会交往和适应素质、学习和创新方面的素质等。

职业素质和职业能力有着天然、内在的必然联系，二者不是并列、平行的关系。职业素质是上位概念，职业能力则是下位概念，是职业素质的具体内容之一。职业素质的特点是“内化”，是人在其活动过程中非对象化的结晶，而职业能力是“外显”，是人在其活动过程中对象化的呈现。因此，职业素质是根本，职业能力的大小是由职业素质的高低决定的。同时，职业能力又是构成职业素质的核心，离开职业能力，职业素质就无从表现、观察、确证和把握。

职场成功需要天时、地利、人和等多方面的因素，但较高的职业素质绝对是职场成功的重要基础。来自哈佛大学的研究表明，成功因素中的85%取决于积极的职业态度，15%才是本人的职业能力。因此，在大学期间，大学生职业素质的养成和拓展将是职业生涯规划的重要课题。

微课

盘点我的能力（1）

二、职业能力探索的方法

微课

盘点我的能力（2）

（一）参考网站

当下有很多做得不错的招聘网站，每天发布大量的职位空缺信息，对每一种职业的工作内容和能力要求都有详细的说明，是个很好的参考资源。

（二）生涯人物访谈

所谓生涯人物访谈，就是向实际从事某一职业的人了解该职业的能力要求。通常，用这种方法可以比较详细、具体地了解特定职业不为常人所知的要求，可以有效地帮助个人在进入某一行业前做好职业方面的能力准备。例如，一位文秘专业的大学生在请教了她的一位当文秘的亲戚后写道：文秘根据市场需求被划分为文员和秘书两个层面。文员的要求较基本，也较低，往往只要求一定的学历、电脑运用能力及办公室办公用品的操作能力，岗位的流动性较大。而秘书除了具备文员的基本条件外，还须具备较高的学历，较高的外语水平，较强的综合接待、处理事务的能力，同时还要协助上司完成一定的管理工作。除此之外，是否持有秘书岗位资格证书也是企业选择秘书时重点考虑的因素。高级秘书或涉外秘书对综合能力和专业能力的要求就更高了。不同性质的秘书要求的必需技能不尽相同，但语言交际、礼仪、写作、调查研究及实用书法等基本技能，具体分析和解决实际问题的能力以及自学能力是最根本的。对于商务秘书而言，除了上述几点以外，还应具备一定的英语读写能力和对话能力，能进行商贸英语对话，并能用英语撰写书信、单据等常用应用文。从上面的文字可以看出，这位同学在经过生涯人物访谈后，对于自己大学期间需要重点培养和发展哪些技能有了更清晰的认识。

三、职业能力倾向测评

职业能力倾向测评是预测一个人在职业生涯中成功可能性的一种考评手段，它测评的是一个人在生活、学习和实践中积累形成的潜在职业能力。通过测量和评价，大学生能更清醒地认识自我，并对自身素质状况、发展潜力、个性特点等心理特征做出科学深入的了解，职业能力倾向测评不仅帮助大学生明确自己的职业生涯发展方向，协助大学生进行职业生涯探索，更好地做出职业生涯规划，而且对于一个急切求职择业的毕业生来说，可以缩小求职的选择面。

职业能力倾向测评主要包括普通能力倾向测验和特殊职业能力倾向测验。

普通能力倾向测验含有若干个分测验，可以同时测量受测者多方面的能力倾向，帮助受测者了解自己在未来的学业或职业上哪方面更能够取得成功。因此，普通能力倾向测验大多用于学生入学前的专业选择或就业前的职业辅导。

普通能力倾向测验具体包含下列 9 种能力倾向：

(1)G——智能倾向(Intelligence Aptitude)。智能是一般的学习能力。对说明、指导语和诸原理的理解能力，推理判断能力及迅速适应新环境的能力。

(2)V——言语能力倾向(Verbal Aptitude)。言语能力是对言语相互关系及文章和句子意义的理解能力，以及表达信息和自己想法的能力。

(3)N——数理能力倾向(Numerical Aptitude)。数理能力是准确、快速地进行数学运算和数字推理的能力。

(4)S——空间判断能力倾向(Spatial Aptitude)。空间判断能力是对立体图形以及平面图形与立体图形之间关系的理解能力。

(5)P——形状知觉能力倾向(Form Perception Aptitude)。形状知觉能力是对实物或图形的细微部分正确知觉的能力，即对图形的形状和阴影的细微差异、长度的细小差异进行辨别的能力。

(6)Q——书写知觉能力倾向(Clerical Perception Aptitude)。直观地比较、辨别词和数字，对字词、印刷符号、票据细微部分正确知觉的能力，以及发现错误或校正的能力。

(7)K——运动协调能力倾向(Motor Coordination Aptitude)。运动协调能力是正确而迅速地使眼和手或手指协调，并迅速完成作业的能力，以及正确而迅速地做出反应动作的能力，使手能跟随着眼所看到的东西迅速运动，进行正确控制的能力。

(8)F——手指灵巧度能力倾向(Finger Dexterity Aptitude)。手指灵巧度能力是快速而正确地活动手指，使手指能很好地操作细小东西的能力。

(9)M——手腕灵巧度能力倾向(Manual Dexterity Aptitude)。手腕灵巧度能力是随心所欲地灵巧地活动手腕的能力，即拿取、放置、调换、翻转物体时手的精巧运动和腕的自由运动能力。

下面是测量上述 9 种能力倾向的简易量表(表 5-1)，每种能力倾向都有 5 道试题。测验时，请仔细阅读每一道题，采用五级评分法对自己进行评定。

表 5-1　　职业普通能力倾向自我评定简易量表

测评项目	自我评定等级				
(一)智能倾向(G)	强(1)	较强(2)	一般(3)	较弱(4)	弱(5)
1. 快而容易地学习新内容					
2. 快而正确地解答数学题目					
3. 学习成绩总的来说处于					
4. 对文章的字、词、段落、篇章的理解、分析和综合运用的能力					
5. 对学习过的材料的记忆能力					
(二)言语倾向(V)	强(1)	较强(2)	一般(3)	较弱(4)	弱(5)
1. 善于表达自己的观点					
2. 阅读速度和理解能力					
3. 掌握词汇的程度					
4. 语文成绩					
5. 写作能力					
(三)数理能力倾向(N)	强(1)	较强(2)	一般(3)	较弱(4)	弱(5)
1. 做出精确的测量					
2. 笔算能力					
3. 口算能力					
4. 做算术应用题的能力					
5. 数学成绩					
(四)空间判断能力倾向(S)	强(1)	较强(2)	一般(3)	较弱(4)	弱(5)
1. 解答立体几何方面的习题					
2. 画三维的立体图案					
3. 看几何图形的立体感					
4. 想象盒子展开后的平面形状					
5. 想象三维的物体					
(五)形态知觉能力倾向(P)	强(1)	较强(2)	一般(3)	较弱(4)	弱(5)
1. 发现相似图形中的细微差别					
2. 识别物体的形状差异					
3. 注意物体的细节部分					
4. 观察物体的图案是否正确					
5. 对物体的细微描述					
(六)书写知觉能力倾向(Q)	强(1)	较强(2)	一般(3)	较弱(4)	弱(5)
1. 快而准确地抄写资料(如姓名、日期、电话号码)					
2. 发现错别字					
3. 发现计算错误					
4. 能很快查找编码卡片					
5. 自我控制能力(如较长时间抄写资料)					
(七)运动协调能力倾向(K)	强(1)	较强(2)	一般(3)	较弱(4)	弱(5)
1. 玩电子游戏					
2. 篮球、排球、足球一类的运动					
3. 乒乓球、羽毛球运动					

（续表）

测评项目	自我评定等级				
4. 打算盘					
5. 打字能力					
（八）手指灵巧度能力倾向（F）	强（1）	较强（2）	一般（3）	较弱（4）	弱（5）
1. 灵巧地使用很小的工具					
2. 穿针眼、编织等使用手指的活动					
3. 用手指做一件小工艺品					
4. 使用计算器的灵巧程度					
5. 弹琴					
（九）手腕灵巧度能力倾向（M）	强（1）	较强（2）	一般（3）	较弱（4）	弱（5）
1. 用手把东西分类					
2. 在推拉东西时手的灵活度					
3. 很快地削水果皮					
4. 灵活地使用手工工具					
5. 在绘画、雕刻等手工活动中手的灵活度					

普通能力倾向测验统计分数的方法如下：

第一，对每一类能力倾向计算总计次数。每一道题目分“强”“较强”“一般”“较弱”“弱”五个等级，供自评。每组 5 道题完成后，分别统计各等级被选择的次数总和，然后用公式计算该类的总计次数把“强”定为第一项，“较强”定为第二项，以此类推。第一项之和就是选“强”的次数和，公式如下：

总计次数＝（第一项之和×1）＋（第二项之和×2）＋（第三项之和×3）＋（第四项之和×4）＋（第五项之和×5）。

第二，计算每一类能力倾向的自评等级。公式为：自评等级＝总计次数/5

第三，将自评等级填入表 5-2。

表 5-2　　职业普通能力倾向自评等级统计表

职业能力倾向	自评等级	职业能力倾向	自评等级
G		Q	
V		K	
N		F	
S		M	
P			

根据结果，对照表 5-3，可以找出自己合适的职业（方格中加底线的数字所代表的职业能力倾向等级，表示此职业必须达到职业能力的最低水平）。

表 5-3　　职业对人的职业普通能力倾向的要求

职业类型	职业能力倾向								
	G	V	N	S	P	Q	K	F	M
生物学家	$\underline{1}$	$\underline{1}$	$\underline{1}$	$\underline{2}$	2	3	3	2	3
建筑师	$\underline{1}$	$\underline{1}$	$\underline{1}$	$\underline{1}$	$\underline{2}$	3	$\underline{3}$	$\underline{3}$	3
测量员	$\underline{2}$	2	$\underline{2}$	$\underline{2}$	$\underline{2}$	3	$\underline{3}$	$\underline{3}$	3

（续表）

职业类型	职业能力倾向								
	G	V	N	S	P	Q	K	F	M
测量辅导员	4	4	4	4	4	4	3	4	3
制图员	2	3	2	2	2	3	2	2	3
建筑和工程技术专家	2	2	2	2	2	3	3	3	3
建筑和工程技术人员	2	3	3	3	3	3	3	3	3
物理科学技术专家	2	2	2	2	3	3	3	3	3
物理科学技术人员	2	3	3	3	2	3	3	3	3
农业、生物、动物、植物学的技术专家	2	2	2	4	2	3	3	2	3
农业、生物、动物、植物学的技术人员	2	3	3	4	2	3	3	3	3
数学家和统计学家	1	1	1	3	3	2	4	4	4
系统分析和计算机程序编制者	2	2	2	2	3	3	4	4	4
经济学家	1	1	1	4	4	2	4	4	4
社会学家、人类学家	1	1	3	2	2	3	4	4	4
心理学家	1	1	2	2	2	3	4	4	4
历史学家	1	1	3	4	4	3	4	4	4
哲学家	1	1	4	3	3	3	4	4	4
政治学家	1	1	3	4	4	3	4	4	4
政治经济学家	2	2	2	3	3	3	3	3	3
社会工作者	2	2	3	4	4	3	4	4	4
社会服务助理人员	3	3	3	4	4	3	4	4	4
法官	1	1	3	4	3	3	4	4	4
律师	1	1	3	4	4	3	4	4	4
公证人	2	2	3	4	4	3	4	4	4
图书馆管理学家	2	2	3	3	4	2	3	4	4
图书馆、博物馆和档案管理员	3	3	3	2	2	4	3	2	3
职业指导者	2	2	3	4	4	3	4	4	4
大学教师	1	1	3	3	2	3	4	4	4
中学教师	2	2	3	4	3	3	4	4	4
小学和幼儿园教师	2	2	3	3	3	3	3	3	3
职业学校教师(职业课)	2	2	2	3	3	3	3	3	3
职业学校教师(普通课)	2	2	3	4	3	3	4	4	4
内科、外科、牙科医生	1	1	2	1	2	3	2	2	2
兽医学家	1	1	2	1	2	3	2	2	2
护士	2	2	3	3	3	3	3	3	3
护士助手	3	4	4	4	4	3	3	3	3
工业药剂师	1	1	1	3	2	3	3	3	3
医院药剂师	2	2	2	4	2	3	3	3	3
营养学家	2	2	2	3	3	3	4	4	4
作家和编辑	2	1	3	3	3	3	4	4	4
翻译人员	2	1	4	4	4	3	4	4	4
体育教练	2	2	2	4	4	3	4	4	4

（续表）

职业类型	职业能力倾向								
	G	V	N	S	P	Q	K	F	M
体育运动员	3	3	4	2	3	4	2	2	2
秘书	3	3	3	4	3	2	3	3	3
打字员	3	3	4	4	4	3	3	3	3
记账员	3	3	3	4	4	2	3	3	4
出纳员	3	3	3	4	4	2	3	3	4
统计员	3	3	2	4	3	2	3	3	4
电话接线员	3	3	4	4	4	3	3	3	3
一般办公室职员	3	4	3	4	4	3	3	4	4
商业经营管理人员	2	2	3	4	4	3	4	4	4
售货员	3	3	3	4	4	3	4	4	4
警察	3	3	3	4	3	3	3	4	3
门卫	4	4	5	4	4	4	4	4	4
厨师	4	4	4	4	3	4	3	3	3
招待员	3	3	4	4	4	4	3	4	3
理发师	3	3	4	4	2	4	3	3	3
导游	3	3	4	3	3	5	3	3	3
驾驶员	3	3	3	3	3	3	3	4	3
农民	3	4	4	4	4	4	4	4	4
动物饲养员	3	4	4	4	4	4	4	4	4
渔民	4	4	4	4	4	5	3	4	3
矿工	3	4	4	3	4	5	3	4	3
纺织工人	4	4	4	4	3	5	3	3	3
机床操作工	3	4	4	3	3	4	3	4	3
锻工	3	4	4	4	3	4	3	4	3
无线电修理工	3	3	3	3	2	4	3	3	3
细木工	3	3	3	3	3	4	3	4	4
家具木工	3	3	3	3	3	4	3	4	3
一般木工	3	4	4	3	4	4	3	4	3
电工	3	3	3	3	3	4	3	3	3
裁缝	3	3	4	3	3	4	3	2	3

（资料来源：陈社育. 大学生职业心理辅导[M]. 北京：北京出版社，2003）

四、根据职业的能力要求培养和发展个人能力

了解职业的能力要求具有重要的意义，因为能力是多种多样的，能力的发展和培养需要相当长的时间，而人的时间和精力是有限的，在大学生活中要将有限的时间花费在一些什么样的活动上，这在很大程度上取决于我们希望达到的职业生涯目标和它所要求的能力。只有明确了目标职业需要一些什么样的技能，我们才能够提早准备，明确自己需要重点发展哪些能力，并通过校内外的各种课程和实践活动来培养这些能力，从而有计划、有针对性地过

好大学生活，到求职应聘的时候才能够做到有信心、有实力。对大学生来说，重要的是要能够从能力的角度去看待职业和自己，并且在简历和面试中反映出自己与工作相关的能力。可以说，大学时代的学习绝不能局限于书本知识和应试的学习，而必须是培养和发展各方面能力的广义的学习。

（一）用人单位看重的能力

1. 学习能力

活到老，学到老。一个具备较高的学习能力的人，走到哪里都不会差。即便是从最基层开始做起，即便是从一无所知开始，他们都会潜心学习，默默进步。随着社会和经济的发展，行业在不断进步，企业也要持续发展，没有学习能力的企业迟早被行业所淘汰，没有学习能力的个人迟早也要被淘汰。

2. 实战经验

纸上得来终觉浅。不论理论知识多么扎实，都要落地，都要在实战中接受检验。一个具有丰富实战经验的员工可以为企业节省很多时间成本和物质成本，进而创造更高的价值。所以，作为应聘者，一定要注意培养自己的实战经验。在业余时间多参加社会实践。

3. 应变能力

在现实工作中难免会发生各种突发事件。一个人的应变能力越强，处理问题的能力也就越强。要有意识地培养自己的应变能力，遇到一件事情多问自己几个为什么，多想几个解决方案，久而久之，你的应变能力就会得到大幅度提升。

4. 逻辑能力

一个逻辑思维能力强的人，往往思维是很严谨的，他们极富条理性，做事严谨认真，会给人以信赖感。这是老板们非常喜欢重用的人才。

5. 清晰的职业诉求

应聘者要有清晰的职业生涯规划，对自己的职业发展之路有清晰的认识，知道自己的优势和劣势，长处和缺点。只有这样才能有针对性地不断提升自己，也才能最终达到发展目标。对企业而言，这样的员工也是最好的合作伙伴。

6. 团队协作能力

对任何一个企业而言，团队精神都是必不可少的，是招聘时一定要考察的。一个和尚挑水喝，三个和尚没水喝。没有哪个企业希望自己的员工各自为战，因为那是对企业最大的破坏。

7. 人际交往能力

无论你有多大的本事，人际交往能力都是在职场中立足的根本。因为你需要跟客户、领导、同事、下属……各种各样的人打交道，如果人际交往能力不强，将寸步难行。

8. 表达能力

良好的表达能力是职场生存必需的，是人际沟通和交流的前提。在平时就应该锻炼自己的表达能力，不论是口头表达还是书面表达，都应该有意识地练习。多跟不同的人沟通，多读书，多看时事新闻，增强自己的知识储备，这些都能成为人际沟通中的话题和谈资。

9. 抗压能力

天下没有免费的午餐。在这个竞争日益激烈的社会中，不论在什么公司，都会面临工作压力。如果一个人不具备抗压能力，就无法适应职场，也难以承担重任。强大的抗压能力是面试官和老板们非常看重的。

（二）能力与职业的匹配

不同的人有不同的能力，不同的职业类型对能力有不同的要求，在择业时，我们不仅要清楚自己的能力类型，还需要了解想从事的职业类型对能力的要求。在前一章节中，我们已经选出了自己感兴趣的职业，但我们是否具备从事这些职业的能力呢？你能做出判断吗？不同的职业中需要的可迁移能力的程度是不同的，你哪些可迁移能力高，并且可以应用到感兴趣的职业中？如果你同时具备从事该职业需要的专业知识，那么你就基本上具备了从事该职业的能力，我们可以运用“具备的可迁移能力＋专业知识”从感兴趣的职业中选出自己有能力从事的职业。

五、大学生应如何提升自我竞争力

大学生提升自我竞争力需要方法和策略。

首先，掌握专业知识是基础。大学是学习专业知识的黄金时期，深入学习你的专业课程就像是打下坚实的基础。不仅要在课堂上认真听讲，还要通过阅读、实验等多种方式深化理解。就像是建房子，坚实的地基是必不可少的。

其次，发展多元技能也很重要。在现代社会，单一技能已经不足以应对复杂多变的职场环境。比如，学习一门外语、掌握一项技术技能或者发展良好的沟通能力，都可以让你在众多竞争者中脱颖而出。这就像是给你的“职业工具箱”增添新工具，让你应对各种挑战更加得心应手。

同时，积极参与实践活动也是提升竞争力的有效途径。无论是实习、志愿服务还是校园社团活动，这些经历都能让你的简历更加丰富，也能帮助你了解职场环境和工作流程。这就像是在模拟赛中提前感受比赛氛围，为未来的正式比赛做好准备。

此外，建立良好的人际关系网络也非常关键。大学是建立广泛社交网络的好时机，这些关系将来可能会成为职场上的宝贵资源。这就像是在爬山时系上安全绳，既是安全保障，也可能是攀登的助力。

最后，培养良好的自我管理能力。包括时间管理、情绪控制和目标设定等，这些自我管理的技能对于未来的职业生涯至关重要。这就像是马拉松选手的体能和心理训练，不仅要跑得远，还要跑得稳。

微课

做自己最擅长的

综上所述，大学生提升自我竞争力需要多方面的努力，打牢专业知识基础，发展多元技能，积极参与实践活动，建立广泛的人际关系网络，以及培养良好的自我管理能力。这样的准备，就像是给自己的未来职业生涯装备上了全套装备，让你在未来的职场竞争中更有底气。

拓展阅读

学历代表过去，能力才决定未来

学历"查三代"现象由来已久，根深蒂固。从终身学习和个体成长的角度讲，"第一学历"仅仅代表人生学习、奋斗过程的一个节点。在求职升迁、选人用人、积分落户时过分强调"第一学历"，甚至以"第一学历"为前置条件和门槛约束时，难免陷入以偏概全、一叶障目的境地。这种以一纸文凭论高低的做法，实质上是用人单位简化管理、僵化操作、量化评价的具体体现。

对个人而言，"第一学历歧视"是对人的偏见和标签化，不利于激发个体终身学习的动力，不利于优秀人才在组织体系中脱颖而出，甚至可能造成对知识价值与教育功能的信任危机。学历只是阶段性学习成果的认证，并不能完整反映整个人生的知识储备。"第一学历歧视"把人向上的追求与进取定格在求学的学校上，无异于以人生的第一步，且对未来无从知晓、无从把握的第一步来判定人的命运。

从社会公平与正义的角度看，"第一学历歧视"现象所反映的就业歧视、升学歧视，严重影响了教育结果公平，造成了社会整体福祉的净损失和人力资本的负效应，不利于释放人力资源红利和活力。因"第一学历歧视"而剥夺就业和学习机会，显然违背了平等就业权。

学历并不是人才成长的唯一路径，一个人的成长终归要靠能力。从小学、初中、高中、大学到研究生，每一个阶段的学历文凭仅代表个体在特定教育机构的学习经历，仅仅是反映个体综合能力与素质水平的一个方面。

学历代表过去，而能力才决定未来。在我国加快建设学习型社会、努力实现更高质量和更充分就业的进程中，急需建立起以能力、贡献为导向的人才选拔与评价机制，共同营造尊重人才的氛围，努力形成不拘一格用好人才的局面。

（资料来源：澎湃新闻·澎湃号，2024.01.08）

实践活动

活动一：夸夸自己

1. 请在 5 分钟内尽可能多地写下自己所拥有的能力。与你的同伴分享，看看谁写得多。大家写的内容一样吗？有什么不同？

____

____

____

____

2. 汇总大家所写的能力，可以将它们分类吗？可以分为几类？

____

____

____

____

活动二:评估自己的能力

在下列选项中,在你喜欢使用(即使不擅长)的能力前面画+,然后再次浏览并在你擅长的能力前画 V。在你从未使用过的能力前画○,最后,在你想要得到和发展的能力前画×。

完成所有步骤后,再看一下画 V 和×的选项,这些是能自我激励或是你偏爱的能力,代表了你有这方面的优势或是你最感兴趣的领域。如果你尽可能地在工作中用到这些能力,并且寻找更多的机会使用它们,你就能在工作中获得更多的乐趣和满意度。

+你喜欢使用的能力　　×你想要得到和发展的能力

V 你擅长的能力　　○你从未使用过的能力

文书技能

____检验	____评估	____整理文件	____发展	____提高
____记录	____校对	____计算机应用	____介绍	____跟从
____记账	____打字	____写	____索引	____安排
____系统化	____制表	____影印	____合作	____分类
____补偿	____组织	____采购	____人事管理	____解决问题

技术技能

____财务	____评估	____计算	____调整	____校准	____观察
____核查	____制图	____设计	____编档	____检验	____调整
____处理问题	____创造	____细化	____重组	____回顾	____校正
____合成	____结构化	____解决	____精练	____修订	____规格化

公众关系技能

____计划	____实施	____通知	____咨询	____写作	____研究
____代表	____协商	____合作	____交流	____促进	____说服
____托管	____娱乐	____调停	____表演	____签署	____招聘
____演示	____创造	____处理问题			

销售技能

____联络	____劝告	____回顾	____检查	____通知	____促进
____定位	____影响	____说服	____对比	____区分	____代表
____询问	____结账	____成本计算	____协商	____交流	____计算

(资料来源:周纯江,朱蕾,郁君平.梦想树:大学生职业生涯规划[M].大连:大连理工大学出版社,2019)

活动三:你有哪些知识技能

对下面的经历进行分析,尽可能全面地列出你所掌握的知识技能,再从中分别挑选出你自己感觉比较精通的和你在工作中应用或希望应用的知识技能,最后排列出对你来说最重要的五项知识技能。

1.在学校课程中学到的知识技能:

____

____

2. 在工作中(包括兼职和暑期实践)中学到的知识技能：

____

____

3. 在课外培训、辅导、研讨班中学到的知识技能：

____

____

4. 在专业会议中学到的知识技能：

____

____

5. 在志愿者工作中学到的知识技能：

____

____

6. 在业余爱好、休闲活动、社团活动、家庭职责中学到的知识技能：

____

____

7. 在阅读、看电视、听收音机时学到的知识技能：

____

____

8. 请同学帮你回忆你在校内外学习过的专业知识(无论程度与结果)：

____

____

项目六
澄清职业价值观，锚定工作意义

知识目标

1. 了解价值观与职业价值观的定义和意义；
2. 初步了解澄清职业价值观的方法。

能力目标

1. 能够探索个人职业价值观；
2. 能够澄清个人职业价值观。

素质目标

1. 处理好职业价值观的排序与取舍；
2. 澄清个人职业价值观，锚定个人未来工作的意义。

案例导入

从头再来

48 岁的李女士毕业于某专科学校，有多年外资企业人事行政管理经验，在一家知名企业一直担任高级管理人员，管理团队中 10% 为外籍员工，她还担任了所在商务楼党支部书记等职。由于企业架构调整等客观原因，2023 年 3 月，李女士离职了。离职后的她一度比较迷茫，在网上看到和原来差不多的岗位，大都有年龄限制。投递其他没有年龄限制的岗位，又普遍是辅助性岗位，与自己的心理预期有很大的差距。

李女士工作能力强，又有多年的管理经验，但是她年龄大，学历不过硬，同时，她一直在外资企业，对其他国企、民企等职场环境和岗位内容不了解。像李女士这样的大龄失业群体普遍存在求职时年龄受限制的问题，他们也认为自己找不到工作是因为年龄大了，有很多岗位自己可以做，却因为年龄太大而被拒之门外。李女士在求职受挫之后，开始动摇信心，认为自己只能从事辅助性的岗位，产生了不自信的求职心态。面对这样的境况，李女士应该如何应对呢？

李女士有年龄的劣势，但也有很多优势，需要通过分析她的职业价值观，找到她的职业锚，才能进行客观、全面的分析。找到她求职的核心关键点，了解职业特质、职业兴趣，从而找到适合的工作岗位。可见，职业价值观体现了一个人对职业的认识和态度及对职业目标的追求和向往。

（资料来源：盛立军.大学生职业发展与就业指导[M].北京：北京理工大学出版社，2023）

任务一 价值观与职业生涯

一、价值观的定义

价值观是指一个人对周围的客观事物（包括人、事、物）的意义、重要性的总评价和总看法。价值观一方面表现为价值取向、价值追求，凝结为一定的价值目标；另一方面表现为价值尺度和准则，成为人们判断事物有无价值及价值大小的评价标准。

从内容方面看，价值观就是关于价值的概念。价值实际上就是我们平常说的“好坏”意义，包含善恶、美丑、利弊、得失、优劣、有用无用、应该不应该等。凡是需要用“好坏”判断的，就属于价值的问题。价值观是关于价值、价值关系的整体的、根本的看法、观点和态度，是人的一种自觉意识。价值观存在于价值观念之中，通过价值观念表现出来，但它是价值观念的内核，是最基本的价值观念。因此，价值观念与价值观实质是具体与一般的关系。

从形式方面看，构成价值观所特有的思想、观念、精神形式，主要是指人们头脑中的信念、信仰、思想系统。价值观不同于知识、理论和科学系统，它主要不是表明人们“知道什么，懂得什么，会做什么”，而是表明人们究竟“相信什么，想要什么，坚持追求和实现什么”，是人们在知识的基础上进行价值选择的内心定位、定向系统。

从来源和基础方面看，任何人的价值观都不是凭空产生和改变的，归根到底它反映了人的社会存在，即生存方式、生活条件和实践经历等特征。

从功能方面看，价值观最重要的功能就是成为人们心中的评价标准系统。人们用这样的天平和尺子去称量、评判一切，从而得出自己的态度和选择，对于个人来说，价值观就是他们的理想、信念和精神支柱。

二、价值观的特征

价值观是因人而异的。由于每个人的先天条件和后天环境不同，人生经历也不尽相同，每个人价值观的形成会受到不同的影响，因此，每个人都有自己的价值观和价值观体系。在同样的客观条件下，具有不同价值观和价值观体系的人，其动机模式不同，产生的行为也不同。

价值观是相对稳定的，是人们思想认识的深层基础，它形成了人们的世界观和人生观。价值观是随着人们认知能力的发展，在环境、教育的影响下，逐步培养而成的。人们的价值观一旦形成，便是相对稳定的，具有持久性。

价值观在特定的环境下又是可以改变的。由于环境的改变、经验的积累、知识的增长，人们的价值观有可能发生变化。

三、价值观的功能

价值观对人们自身行为的导向和调节具有非常重要的功能。价值观决定人的自我认识，它直接影响和决定一个人的理想、信念、生活目标和追求方向。正如亚当·史密斯所说，价值观就像“一只看不见的手”，它在不知不觉中决定了我们选择以什么样的方式度过一生。

价值观的功能主要表现在以下三个方面：

其一，价值观具有行为导向功能。价值观是人们行为方式、生活道德选择的最根本动机之一。价值观对人的行为和生活发挥着重要的导向作用。比如，对于金钱的概念。那些“拜金主义者”总是把金钱本身当作生活最为重要的因素，因此在利益的诱惑下丧失道德、迷失自我、唯利是图。而有些人则把金钱仅仅看作证明自己能力的一种方式，这些人就普遍不会成为守财奴。他们获得金钱以后，往往从事慈善或者社会公益事业。马克思·韦伯深入探讨了这一问题。在他看来，人们对工作的选择，对人生的谋划，都受到价值观的深刻影响。

其二，价值观具有道德定向功能。价值观是关于是非对错和价值大小衡量的评价体系。价值观一旦建立，人们就形成了在道德层面的定向标准。那些与自己价值观相吻合的行为、语言和事件将得到内心的认同和支持。反之，则会受到内心深处的反对、谴责。这种定向功能既是对外的，也是对内的。对外表现为对于他人行为或者社会事件的褒贬评判，对内则表现为对于自我行为的反省。一旦自己的行为与价值观相违背，就会出现理性的不安或者失衡。那些被认为理所当然的行为必然是与自我价值观相一致的行为。

其三，价值观具有认知反映功能。价值观能够反映主体对于世界、对于社会的认识和理解。价值观作为一种内心的价值和评判体系，能够综合地反映出个体的认知程度和能力。价值观无疑是对个体认知的提炼和概括，是个体认知的核心内容。在通常情况下，对于外部世界正确的认知，能够帮助人们形成积极上进的价值观；而对于外部世界认知的不足与偏离，则可能让人们建立不正确或者错误的价值观。现代社会呈现价值多元的趋势，各种文化现象的出现，各种思想的碰撞和交融，使得人们对于世界、价值的认识更为复杂。人们的生活方式不拘一格，价值的表达方式前所未有地丰富。从个体层面而言，价值观的差异越来越大。

四、价值观与职业生涯

古人云：鱼，我所欲也；熊掌，亦我所欲也。人的欲望往往有多个，在不能同时兼得的情况下，必须做出选择。同样，在职业选择与职业活动中，我们经常会面临各种选择。这时候，职业价值观就会指引我们选择出自己认为最重要的东西。

马斯洛需求层次理论提出，人有五个层次的需求：生理需求、安全需求、爱和归属感、尊重需求，以及自我实现需求。按马斯洛的理论，人类的需求是分层次的，由低到高，如图 6-1 所示。每一层次的需求与满足，将决定个体人格发展的境界或程度。

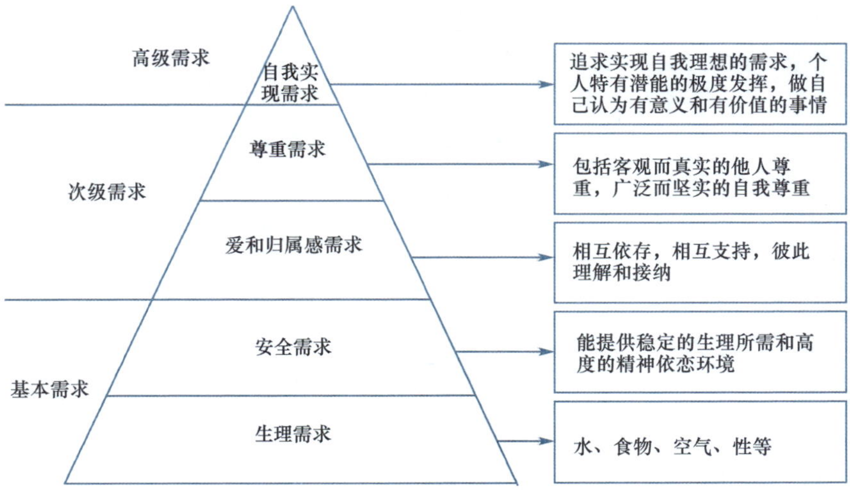

图 6-1　马斯洛需求层次理论

马斯洛认为，只有低层次的需求被满足以后，个人才能够更好地满足更高层次的需求。这些需求体现在我们的生活中，就成为我们的价值观，它们具有强大的驱动力。赫兹伯格的激励理论认为，员工的工作满意度取决于内、外部激励因素之间的平衡。外部激励因素包括工作条件、工资待遇等，内部激励因素包括人际关系感受、支持、认可、成就感等。

微课

价值观与职业发展

拓展阅读

坚守志愿，用敬业的态度求发展

陆涛毕业于青年教育专业。毕业后参加了国家西部计划的大学生志愿服务。其间陆涛严格要求自己，认真做好服务单位布置的各项工作，深入乡村，走进群众，对西藏的认识从陌生到熟悉，从肤浅到深入。

进藏不足两个月，他就被抽调到县“谋跨越、奔小康”主题教育活动驻乡工作组，在驻乡村的一个多月时间里，他深入农牧民群众之中，同吃同住，努力克服高原反应，走遍了全乡七个行政村，了解农牧区群众生产生活的基本情况，对他们以后的发展思路、家庭人口情况、致富目标等进行调查摸底；他跟随其他同志深入田间地头，向农牧民宣传党的基本政治理论和指导思想，宣传党在农牧区的基本政策和措施，使农牧民从思想上接受了一次真正的洗礼，逐步摆脱了“等、靠、要”的思想。他协助工作组其他成员，最终为全乡每一户农牧民制订了详细的发展计划，在农牧民群众中产生了很大的反响。

作为负责马乡青年中心建设的志愿者，他积极努力工作，在中心成立后，成功地为青年举办各类技能培训数十次，培训青年三百多人次；举办文艺会演十多个场次，观众近千人，极大地丰富了马乡农牧民群众的精神文化生活。他还利用周末和节假日参加北京志愿者义务支教团在社会孤儿院开展的支教活动，为孤儿院的数十名孤儿教授汉语，并多次将孤儿带到家中，希望能带给他们亲人般的温暖。

两年的志愿服务虽然短暂，但对一个人的影响却是深远的，用陆涛的话讲：志愿者的经历，将作为一种人生的财富使他终身受益。志愿者是蜡烛，虽然燃烧了自己，却给世界带来了光明，自己的人生也因此得到了升华；志愿者是春蚕，虽然吐丝自缚，却给人们带来美丽，使人们免受寒冷，从而实现了自己的价值；志愿者是灯塔，虽然孤独耸立于茫茫大海，却给航海者指明了方向，成为希望的象征。他自豪，因为是一名志愿者；他骄傲，因为志愿者的旗帜上有他耕耘的足迹，他愿做一名终生的志愿者，用一生的奋斗去诠释志愿者的誓言。

在忘我的工作中，陆涛的工作能力迅速提高。他又被抽调到县里"两建"领导小组办公室，在两个月的机关作风建设活动中，他工作积极主动，富有成效，出色地完成了县委的要求。之后，陆涛又经历了一系列的岗位，最后被调入拉萨市政府工作。十多年过去了，在周围同事的眼里，陆涛俨然已经成为一个西藏人。他也愿意为西藏的发展尽自己所能，扎根西藏，继续服务西藏人民。

（资料来源：朱玉华.高职院校大学生职业生涯与发展规划[M].北京：现代教育出版社，2019）

任务二　澄清职业价值观

一、职业价值观的定义

"职业价值观"这一术语最早见于20世纪50年代舒伯的职业发展理论。舒伯认为职业价值观就是一种工作目的的表达，是个人对其工作赞同与尊重的渴望。

职业价值观是价值观的重要组成部分，是个体对职业所持有的相对稳定的个性倾向，它的形成和发展是个人长期生活经验积淀的结果。在个人职业生涯发展中，职业价值观是指导个人完成职业规划与设计的灵魂所在。

每种职业都有各自的特性。不同的人对职业特性可能有不同的评价和取向，这就是所谓的职业价值观，也叫择业观。作为人们对待职业的一种信念和态度，职业价值观体现了一个人真正想从工作中得到什么，决定了人们的职业期望，影响着人们对职业方向和职业目标的选择。

二、职业价值观的类型

职业价值观是人生目标和人生态度在职业选择方面的具体表现。每个人的职业价值观不同，因而对某一职业的评价和取向也不同。

职业专家通过大量的调查，把职业价值观分为9类，9类职业价值观的特点及相适应的职业类型见表6-1。

表6-1　　9类职业价值观的特点及相适应的职业类型

职业价值观	特点	适合职业类型
自由型	不受别人指使，凭自己的能力拥有自己的小"城堡"，不愿受人干涉，想充分施展本领	室内装饰专家、图书管理专家、摄影师、音乐教师、作家、演员、记者、诗人、作曲家、编剧、雕刻家、漫画家等
小康型	追求虚荣，优越感强，渴望能有社会地位和名誉，希望常常受到众人尊敬，欲望得不到满足时，由于过于强烈的自我意识，有时反而很自卑	记账员、会计、银行出纳、法庭速记员、成本估算员、税务员、核算员、打字员、办公室职员、统计员、计算机操作员等

（续表）

职业价值观	特点	适合职业类型
支配型	有野心，敢于竞争和冒险，追求权力或财富，且视此为无比快乐	推销员、进货员、商品批发员、旅馆经理、饭店经理、广告宣传员、调度员、律师、政治家、零售商等
自我实现型	不关心平常的幸福，一心一意想发挥个性，追求真理，不考虑收入、地位及他人对自己的看法，尽力挖掘自己的潜力，施展自己的本领，并视此为有意义的生活	气象学者、生物学者、天文学家、药剂师、动物学者、化学家、科学期刊编辑、地质学家、植物学者、物理学者、数学家、实验员、科研人员、科技工作者等
志愿型	富有同情心，把他人的痛苦视为自己的痛苦，不愿做表面上哗众取宠的事，把默默帮助不幸的人视为无比快乐的事情	社会学者、导游、福利机构工作者、咨询人员、社会工作者、社会科学教师、护士等
技术型	认为立足社会的根本在于一技之长，因此钻研一门技术，认为靠本事吃饭既可靠又稳当	木匠、农民、工程师、飞机机械师、野生动物专家、自动化技师、机械工、电工、火车司机、公共汽车司机、机械制图员等
经济型	认为世界上的各种关系都建立在金钱的基础上，包括人与人之间的关系，甚至父母与子女之间的爱也带有金钱的烙印，这种类型的人确信金钱可以买到世界上所有的幸福	商人等
合作型	人际关系比较好，认为朋友是最大的财富	公关人员、推销人员、秘书等
享受型	喜欢安逸的生活，不愿从事具有任何挑战性的工作	无固定职业类型

（资料来源：周纯江，朱蕾，郁君平. 梦想树：大学生职业生涯规划[M]. 大连：大连理工大学出版社，2018）

三、职业价值观澄清的阶段及步骤

在做出职业选择的过程中，学生需要仔细觉察自己决策时的价值观。根据瑞兹的理论，职业价值观的澄清可按选择、珍视、行动三个阶段，七个步骤来进行操作。职业价值观澄清的阶段及步骤见表 6-2。

表 6-2　　职业价值观澄清的阶段及步骤

阶段	步骤
选择（Choosing）	1. 自由地选择 2. 从不同的情境中选择 3. 经过考虑后才选择
珍视（Prizing）	4. 重视和珍惜自己的选择 5. 公开表示自己的选择
行动（Acting）	6. 采取行动 7. 反复实施

（资料来源：周纯江，朱蕾，郁君平. 梦想树：大学生职业生涯规划[M]. 大连：大连理工大学出版社，2018）

（一）三个阶段说明

1. 选择

在选择一个职位之前，你是否会考虑其他可能的选择？在选择一个职位之前，你是否会考察一个职位带来的结果？你是否会独立于外界的压力选择一个职位，保持感受、思考和行动的一致？

2. 珍视

你对一个职业有强烈的感觉并珍惜它吗？你会在公共场合提到这个珍视的职位，必要的时候会很确定地肯定它吗？

3. 行动

你会用行动来支持你的感受和信念吗？你是否始终如一地根据你的感受和信念来行动？

回答这些问题的过程就是职业价值观澄清的过程。如果对于一个职位，你能对上述所有问题给出一个肯定的答案，那么你确实认为它有价值。如果对其中一些问题的答案是否定的，那么在是与否之间是你的价值标准，按照这个标准，其中的某些东西是你认为有价值的，而另一些则不是。

（二）七个步骤说明

1. 自由地选择

经过自由选择后所产生的价值观，无论在有无权威的监视下，都能具有引导个人言行的效力。换言之，个人经过积极而自由选择后所得的价值观，被认为是其思想的中心。

2. 从不同的情境中选择

价值观的定义是基于个人所做选择的结果，当个人知觉没有选择余地时，价值观范畴所包含的内容就失去意义。开放愈多的选择途径，我们愈能发觉真正的价值观所在。

3. 经过考虑后才选择

个人对各种不同途径的后果，加以深思熟虑，并予以衡量比较后所做的选择，才是理智的选择。

4. 重视和珍惜自己的选择

对于我们乐意选择、决定的价值观，以它为荣，并加以重视和珍惜，这可以作为我们生活的准绳。

5. 公开表示自己的选择

愿意甚至是渴望在公共场合说出自己的价值观。

微课

个人价值观探索

6. 采取行动

根据自己的选择采取行动，在个人花费时间和精力做的事情上体现了价值观。

7. 反复实施

对于一直从事的事情，要形成固定的模式，并始终如一地根据感受和信念来做。

拓展阅读

以择业新观念打开就业新天地

高质量充分就业是实现国家繁荣富强、人民幸福美好生活的重要支柱。习近平总书记在中央政治局第十四次集体学习时强调，加强宣传教育，引导全社会牢固树立正确就业观，以择业新观念打开就业新天地。这一重要论述为实现更高质量和更充分就业指明了方向。

择业观是人生理想在职业选择上的具体体现，是一个人对职业目标的追求和向往。社会上不同的职业岗位，客观上确实存在着种种差异，择业者在专业特长、兴趣爱好等方面也存在差别，每个人都有着不同的择业预期和就业目标。随着产业转型升级的推进和社会分工的进一步细化，业态变化带动新职业不断涌现。在2022年7月新修订的国家职业"版图"中，职业被划分为8个大类、2 967个工种。与2015年版《中华人民共和国职业分类大典》相比，增加了法律事务及辅助人员等4个中类、数字技术工程技术人员等15个小类、碳汇计量评估师等155个职业。职业的变迁，既顺应了市场需求，又契合了创新、协调、绿色、开放、共享的新发展理念。职业"上新"，不仅提供了更多就业机会，也有助于更新择业观念、带动相关产业加速发展。

近几年，我国高校毕业生的择业观念悄然发生了变化。从积极的方面来看，新就业形态在大学生中的认同度日渐上升，平台企业、科技公司及现代服务业受到青睐。灵活就业由于就业弹性大、自主性较强，在高校毕业生中的接受度持续提高。同时，高校毕业生的择业心态更加求稳，对传统产业一线、城乡基层等岗位意愿不高，创业热情不足。调查数据显示，2024届求职毕业生中，47.7%希望进入国企工作，占比排名各类型企业之首；其次是国家机关，占比14.7%。两者合计比例超过了62%。慢就业、缓就业等现象突显，考研考公考国企的比例居高不下。在高校毕业生"就业难"的同时，重点领域、重点行业、城乡基层和中小微企业人才缺乏非常突出，"招工难""用工荒"现象长期存在。事实上，在我国劳动力市场中，"有活没人干"与"有人没活干"并存的悖论，成为高校毕业生结构性就业难的突出表现。

破解高校毕业生等青年群体的结构性就业难题，必须尽快树立择业新观念。选择职业，要了解社会的需求，这是每个人择业的基本出发点。一方面，随着新质生产力的发展，产业对创新型人才和技能型人才的需求快速增长。对于高校毕业生等青年群体来说，要保持平实之心，客观看待个人条件和社会需求，从实际出发选择职业和工作岗位。另一方面，不同的岗位能够提供不同的劳动体验、获得宝贵的实践经验。不管选择了什么职业，都要全力以赴地投入到工作中，真正做到干一行、爱一行、专一行、精一行。

以择业新观念打开就业新天地，需要政府、高校、企业、家庭及高校毕业生的共同努力。政府要加大宣传力度，大力弘扬正能量，积极引导高校毕业生树立新择业观念，为人岗相适、用人所长、人尽其才创造更好的制度基础；高校要积极开展择业新观念培养和劳动教育课程，加强校企对接，鼓励订单式培养模式，以市场需求为导向动态调整专业方向；企业要不断改善招人用人的环境，开拓更宽广的职业发展空间，增强企业的吸引力；家庭要从子女的健康成长和未来的职业发展出发，为他们营造勤奋向上的家庭氛围；高校毕业生要培养独立自主、热爱劳动的品质，勇于接受社会及职场的挑战，在努力工作中实现自我价值。

任何职业都不会埋没人才，也不会束缚人的创造力，关键在于对待职业的态度。以正确的择业观引导就业预期，科学把握就业方向和职业目标，方能为将来走上工作岗位后摆正工作态度、提升工作业绩打下坚实基础。

（资料来源：学习时报，2024.06.14）

任务三　锚定工作意义

职业价值观可能决定了工作投入度。工作枯燥无味、职业倦怠甚至频繁跳槽，貌似已经是很多职场打工人的常态，有些人把这归因于公司文化、氛围，归因于领导、同事，归因于薪资待遇性价比不匹配，也有些人把这归因于自身技能、工作态度问题。究其根本，还是底层的职业价值观不够清晰明确，导致外在的职业表现及状态总有“问题”，没有对自身职业价值观有足够的认知，不管外在形式怎么调整（换行业、换公司、换岗位等）都很难找到职业满足感。

一、为什么在职业选择中要考虑价值观

去电影院看《夺冠》的观众，也许是看重女排的拼搏精神，也许是好奇女排如何夺冠，也许是被电影的高评分吸引来的，也许只是为了陪伴家人……这些选择的因素背后就隐藏着不同的价值观。人们的职业选择同样要受价值观的影响。同时，企业在选拔人才时，也会考察应聘者的价值观。例如，在面试中，大学生经常会被问到以下问题：“为什么想要进入我们企业？”“你在 5 年内的职业发展规划是什么？”“你的薪酬要求是多少？”。这些问题考察了应聘者的期待和愿景、进取心和规划意识等，并考察了应聘者在找工作时看重的是什么。企业希望通过这些面试问题了解应聘者的价值观和企业的价值观是否相符。

二、准确自我定位

（一）准确把握自身优势

首先是明确自己的能力大小，给自己打打分，看看自己的优势和劣势各是什么，这就需要进行自我分析。通过对自己的分析，深入了解自身，根据过去的经验选择、推断未来可能的工作方向与机会，从而彻底解决“我能干什么”的问题。只有从自身实际出发，顺应社会潮流，有的放矢，才能马到成功。个体是不同的、有差异的，要找到自己与众不同的地方并充分发挥出来。定位，就是给自己亮出一个独特的招牌，让自己的才华更好地为招聘服务。

（二）努力发现自身不足

第一，性格的弱点。人无法避免与生俱来的弱点，必须正视，并尽量减少其对自己的影响。譬如，一个独立性强的人会很难与他人默契合作。而一个优柔寡断的人绝对难以担当组织管理者的重任。卡耐基说：“人性的弱点并不可怕，关键要有正确的认识，认真对待，尽量寻找弥补、克服的方法，使自我趋于完善。”

第二，经验与经历中所欠缺的方面。“人无完人，金无足赤。”由于自我经历的不同，环境的局限，每个人都无法避免一些经验上的欠缺，特别是面对招聘单位纷纷打出数年工作经验

条件的时候。有欠缺并不可怕，怕的是自己还没有认识到或没有认识到还一味地不懂装懂。正确的态度是：认真对待，善于发现，并努力克服不足。

（三）明确选择方向

通过自我分析和认识，毕业生要明确自己的职业方向，即弄清楚"我是谁""我喜欢什么""我能干什么""我最看重什么"等问题，这是个人职业生涯规划的核心内容。职业方向直接决定着一个人的职业发展，职业方向的选择应按照职业生涯规划的原则，结合自身特点来确定。

职业生活目标的确定，是个人理想的具体化和可操作化，是指可预想到的、有一定实现可能的最长目标。职业目标的选择并无定式可言，关键要根据自身的实际，选择适合自身发展、适应社会需要的职业。

如果你对明确自己的价值观还有困难，最好的方式就是畅想你的人生目标和理想的未来生活状态。闭上眼睛，就可以开始畅想了。对自己的认识分析一定要全面、客观、深刻，绝不回避缺点和短处。

三、确定职业价值观应处理好的几个关系

大学生在职业选择上经常会遇到困惑，这就需要对职业价值观各要素进行分析，正确处理职业价值观和不同要素的关系，从而澄清并真正"拥有"自己的价值观。

（一）处理好职业价值观与金钱的关系

金钱是一种成就的报酬，它是在确定职业价值观时首先要面对的问题。有些经济条件不太好的大学毕业生在求职时，将金钱作为首选价值观，从根本上讲这并没有错。但是对于一些人来说，拥有的知识、能力、经验和阅历还不足以使其一走上社会就获得大量金钱回报。怀有一夜暴富的心理是不正常的，更是危险的，容易被社会上的不法分子利用，甚至误入歧途。特别是面对严峻的就业形势，更应理性地降低对金钱的期望值，把眼光放远一些，尽可能地将自我成长和自我实现作为毕业求职时的首选价值观。

（二）处理好职业价值观与个人兴趣和特长的关系

职业价值观、个人兴趣和特长是人们在择业时需要考虑的最重要的三个因素。在确定职业价值观时，一定要考虑它是否与自己的兴趣和特长相适应。据调查，如果从事自己不喜欢的工作，有80%的人难以在他选择的职业上成功；而如果选择了自己喜欢的工作，则可以充分调动人的潜能，获得职业发展的原动力。此外，选择一项自己擅长的工作，也会事半功倍。

（三）处理好职业价值观的排序与取舍的问题

职业价值观的特性决定人们不会只有唯一的职业价值观，人性的本能也会驱使人们希望什么都能得到，但在现实生活中，鱼和熊掌是不可兼得的。然而，在职业选择中，很多人却不能理性对待。既然是选择，就要付出代价，只有舍，才能得。所以，要对自己的职业价值观进行排序，找出你认为最重要、次重要的方面，并提醒自己不可能什么都得到。否则就会患得患失，终其一生也不清楚自己到底想要什么，更谈不上职业生涯的成功和对社会的贡献了。

(四)处理好职业价值观中个人与社会的关系

人不能离开社会而独立存在,个人只有在工作中为社会做贡献才能实现自己的职业价值。当然,我们并不是说要忽略择业中的个人因素,只去尽社会责任,这样不但不利于个人,也是社会的损失。例如,让一个富有科学创造力但不善言辞的学者去从事普通的教师工作,可能使国家损失一项重大的发明,而社会不过多了一个也许并不出色的老师。

(五)处理好淡泊名利与追逐名利的关系

名利是人的欲望使然,欲望既可以使人成就大的事业,也可使人自我毁灭。以合理、合法、公正、公平的方式追名逐利,在一定程度上对个人、对社会都会有益,但它需要一定的度,该知足时则知足,该进取时则进取。

四、职业价值观对职业生涯的发展意义重大

在职业生涯规划中,我们常常需要做出这些选择:是要工作舒适轻松,还是要高标准的工资待遇;要成就一番事业,还是要安稳太平。当有矛盾冲突时,最终影响我们决策的是存在于内心的职业价值观。可见职业价值观对职业生涯的影响是高层的、深远的。

俗话说:“人各有志。”“志”字表现的就是一种具有明确的目的性、自觉性和坚定性的职业选择的态度和行为,对一个人职业目标和择业动机起着决定性的作用。但是由于个人的身体条件、年龄阅历、教育状况、家庭氛围、兴趣爱好等方面的不同,人们对各种职业有着不同的主观评价。

职业价值观决定了人们的职业期望,影响着人们对职业方向和职业目标的选择,决定着人们就业后的工作态度和劳动绩效水平,从而决定了人们的职业发展情况。哪种职业好?哪个岗位适合自己?内心对职业有怎样的预期和要求?从事某一项具体工作的目的是什么?这些问题都是职业价值观的具体表现。

微课

正确对待职业价值观

择业时如果有针对性地考虑这些方面的因素,认清自己在工作目的和价值方面最重视的因素,选择与自己职业价值观相近的最适合自己的工作环境和工作领域,将有助于激发今后的工作热情,获得事业的成功和个人的更好发展。

拓展阅读

你是想有钱,还是让自己值钱

很多人一辈子有两个追求:一个是有钱一个是值钱。值钱是个人价值的体现,比如你去找一份工作,人家给你开出百万年薪,那就表明你很值钱;如果人家每个月只给你开一千元工资,那就表明你还不够值钱。有钱和值钱是两个概念。有钱的人不一定值钱,比如我们常常会看到一些“富二代”腰缠万贯,但除了挥霍什么都不会,这样的人“分文不值”。

但值钱的人早晚会有钱,因为值钱的人都有足可夸耀的某种能力,凭借这种能力,他不仅可以安身立命,还能积累财富,这样的人甚至连存钱都不需要。比如一个著名的画家,他需要钱的时候只需画一幅画就行了。

所以人们常说，不要把自己变成“储钱罐”，因为没有人能够靠储钱变富；但一定要把自己变成“印钞机”，需要钱的时候可以随时靠能力去取。一个人与其有钱，不如让自己变得值钱。

值钱的人才能体会到什么叫成就感。对于一个追求有意义人生的人来说，成就感至关重要。成就感从哪儿来呢？来自自己付出努力之后得到的某种收获。收获越大，成就感就越大。如果一个人的钱是伸手向父母要来的，那无论有多少钱他都不会有成就感。如果一个人的钱是靠自己赚来的，那不管赚多少他都会有成就感，而且只要来路正，钱越多，成就感会越大。

有人说：把思想放入第二个人的脑袋之中，就像把钱从别人的口袋里掏出来一样困难。这句话是想说明一个人思想改造的困难，但同时也恰恰说明了赚钱有多么不容易。

所以，能够赚到钱的人都应该是有点能力的人，也就是值钱的人。如果一个人最初身无分文，经过自己的奋斗，最后功成名就，那么他的成就感就会油然而生。成就感是幸福的重要基石之一，从某种程度上说，一个人如果没有体会过奋斗所带来的成就感，那么他的人生幸福值也必定要打个折扣。一个人不断努力的过程就是让自己不断值钱的过程；值钱之前，是你求别人；值钱之后，是别人求你。值钱前后的这一转变叫作“价值转折”，也就是一个人的个人价值从量变到质变的过程。但需要特别指出的是，这里说的“别人求你”，不是因为你有权，而是因为你有能力。

（资料来源：中国新闻网，2012.03.09）

实践活动

活动一：生存的选择

活动目的：帮助学生了解自己的价值观。

活动时间：20 分钟。

活动要求：室内或者比较空旷的室外，准备纸、笔。

活动过程与方法：

资料：

假设地球将要发生核爆炸，世界将毁灭，科学家发明并创造了一个核保护装置，但是里面只可以供 7 个人避难，现在有 10 个人。分别是：

1. 小学教师	2. 怀孕的妇女	3. 足球运动员	4. 12 岁的小女孩
5. 优秀的警察	6. 著名的作家	7. 外科医生	8. 年长的和尚
9. 著名演员	10. 生病的老人		

操作：

1. 请写出自己的选择。

____

____

____

____

____

2. 在小组内呈现自己的选择并且陈述理由。

____

____

____

3. 在规定时间内,小组内讨论,并且最终达成统一选择。

____

____

____

思考与分享:

1. 最没有争议的是哪几个选择?

____

____

____

2. 意见分歧最大的有哪些选择?

____

____

____

3. 小组内是如何达成最后的统一的?

____

____

____

4. 在这个过程中,你有哪些感受?

____

____

____

活动二:疯狂动物城

如果你进入了动物城,你会是哪种动物?以下有16个选项,看看能不能找到最能代表自己的角色。

狮子、老虎、鹦鹉、猫头鹰、狗、熊猫、大猩猩、海豹、鬣狗、蛇、海豚、猫、狼、乌龟、大象、犀牛。动物类型说明见表5-5。

1. 如果选择一种动物代表现在的自己,我会选择(　　)。

因为:____

2. 如果选择一种动物代表理想的自己,我会选择(　　)。

因为:____

3. 对我来说,两者最大的区别是:

____

____

____

____

表 6-5　　动物类型说明

动物	类型	类型说明（仅供参考）
狮子	元帅型	极为有力的领导人和决策者，能明察一切事物中的各种可能性，喜欢发号施令，是天才的思想家，做事深谋远虑、策划周全，事事力求做好，生就一双锐眼，能够一针见血地发现问题并迅速找到改进方法
老虎	专家型	完美主义者，强烈要求自主，看重个人能力，对自己的创新思想坚定不移，并受其驱使去实现自己的目标。逻辑性强，有判断力，才华横溢，对人对己要求严格。在所有类型的人中，此类型是独立性最强的一类，喜欢我行我素。面对反对意见，他们通常多疑、霸道、毫不退让。对权威本身毫不在乎，但只要规章制度有利于自己的长远目标就能遵守
鹦鹉	发明型	好激动、健谈、聪明，是个多面手。总是孜孜以求地提高自己的能力。天生有创业心，爱钻研，机敏善变，适应能力强
猫头鹰	智力型	善于解决抽象问题。经纶满腹，时能闪现出创造的睿智火花。外表恬静，内心专注，总忙于分析问题。目光挑剔，独立性极高
狗	教育型	有爱心，对生活充满热情。往往对自己很挑剔。不过，由于自认为要为别人的感受负责，所以很少在公众场合发表批评意见。对行为的是非曲直明察秋毫，是社交高手
熊猫	作家型	极富创意，感情强烈、原则性强且具有良好的个人品德，善于独立进行创造性思考。即使面对怀疑，仍对自己的观点坚信不疑。看问题常常能入木三分
大猩猩	灵活型	热情奔放，满脑子新观念。乐观、率性、充满自信和创造性，能深刻认识到哪些事可为，哪些事不可为。对灵感推崇备至，是天生的发明家。不墨守成规，善于闯新路子
海豹	化解型	珍视内在和谐胜过一切。敏感、理想化、忠心耿耿，在个人价值方面有强烈的荣誉感。如果能献身自己认为值得的事业，便情绪高涨。在日常事务中，通常很灵活、有包容心，对内心忠诚的事业义无反顾。很少表露强烈的情感，常显得镇定自若、寡言少语。不过，一旦相熟，也会变得十分热情
鬣狗	挑战型	无忧无虑，属乐天派。活泼、随和、率性，喜欢安于现状，不愿从长计议，能够接受现实，一般心胸豁达、包容心强，喜欢玩实实在在的东西
蛇	冒险型	奉行实用主义，喜欢行动，不爱空谈。长于分析、敏于观察、好奇心强，只相信可靠确凿的事实。非常务实，能很好地利用一切可利用的资源，而且很会瞄准时机
海豚	表演型	生性爱玩、充满活力，用自己的陶醉来为别人增添乐趣。适应性强，平易随和，可以热情饱满地同时参加几项活动。不喜欢把自己的意志强加于人
猫	随和型	温柔、体贴、敏感，从不轻言非常个人化的理想及价值观。常通过行动而非语言来表达强烈的情感。有耐心、能屈能伸且十分随和，无意控制他人。从不妄加判断或寻求动机和意义
狼	监督型	能力强，喜欢出风头，办事风风火火。责任心强、诚心诚意、忠于职守。喜欢框架，能组织各种细节工作，能如期实现目标并力求高效
乌龟	传统型	一丝不苟、认真负责，而且明智豁达，是坚定不移的社会维护者。讲求实际、非常务实，总是对精确性和条理性孜孜以求，而且有极大的专注力。不论干什么，都能有条不紊地完成
大象	主人型	喜欢通过直接合作以切实帮助别人。尤其注重人际关系，因而通常很受别人欢迎，也喜欢迎合别人。态度认真，遇事果断，通常表达意见坚决
犀牛	保护者	忠心耿耿、一心一意、富有同情心，喜欢助人为乐。有很强的职业道德感，一旦觉得自己的行动确有帮助，便会担起重担

（资料来源：周纯江，朱蕾，郁君平. 梦想树：大学生职业生涯规划[M]. 大连：大连理工大学出版社，2018）

活动三：幸运大转盘

什么是“好”的工作？在充分收集信息的基础上，倾听自己内心的需求，了解自己的价值观，从而做出正确的职业选择。

如果你大学毕业后的去向由这个转盘或者抽签来决定，你希望它停在哪里(或者抽中什么)?

图 6-2　幸运大转盘

(资料来源：周纯江，朱蕾，郁君平. 梦想树：大学生职业生涯规划[M]. 大连：大连理工大学出版社，2018)

说明：

这个活动抽到的答案是什么并不重要，重要的是能否激发出你内心的答案。

真实的价值观

为了帮助你准确识别真实的价值观，请思考以下几个问题：

1. 想一想本周你所做的 10 个决定；考虑一下你如何花钱和打发时间，看了什么电视节目，在网络上搜索了什么，读了什么书，和谁在一起。

____

____

____

____

2. 在你回顾所做的决定时，注意有什么规律。

____

____

____

____

3. 比较所说的价值观与实际上选择的价值观有什么区别。

____

____

____

____

4. 在你做比较的时候，仔细思考任何细微的差异。

____

____

____

____

5. 调整你的决定以便更接近你的价值观，或是重新评估你认为对的价值观并确定它们确实反映在你的决定中。

____

____

____

____

活动四：价值观拍卖会

(1)每个团队成员拥有 1 000 元原始资金，全部资金汇总后以小组为单位进行拍卖，每次加价 100 元。每个小组挑选出一名竞拍员，只有指定的竞拍员举牌才有效。

(2)有如下价值观词条(指导老师也可以根据需要自行增删)：归属感，物质保障(如高收入)，稳定，创造性，多样性和变化性，乐趣，自由独立(时间，工作任务)，被认可，受尊重，能帮助他人，能发挥自己的才能，成就感，成功，名誉地位，有学习/发展/成长的机会，权力，有益于社会，挑战性，符合自己的道德观，工作环境，工作与生活平衡，家庭，朋友，健康，信仰，自由……

(3)每个团队成员先独立完成以下表单。

所列举的价值观当中，我所看重的五个分别是；

A ____________________，因为____________________；

B ____________________，因为____________________；

C ____________________，因为____________________；

D ____________________，因为____________________；

E ____________________，因为____________________。

(4)小组集体讨论，用自己小组的决策方式选出的本组想要购买的价值观先后顺序分别是：

A ____________________；

B ____________________；

C ____________________。

(5)拍卖结束后教师引导学生进行本环节分享。

①竞争会影响初衷吗？从想要什么到我想赢是怎样一个过程？

②成长过程中会有很多改变，迫于竞争会有屈服的时候吗？悦纳自己的同时是否偏离了自己的初衷？

③如何看待生涯中人的灵活性是一种智慧？

④你所在的小组有没有买到最想要的？你们执行的是什么拍卖策略？与自己习惯的行为方式有哪些相同之处？如果能达到最优化效果，你会怎么做？

⑤你所在的小组是怎么进行想要的价值观的购买排序的？如果碰到有组员认为那是他

所要的，你们小组是怎么处理的呢？小组集体商议出来的结果中，哪些是我支持要买的，因为什么？哪些是我不支持要买的，因为什么？

⑥组员决定想买的价值观并不是我喜欢的，我的做法或看法是：

□没关系啦，以大局为重，就牺牲自己吧。

□不管别人怎么说，我会坚持不把我手上的钱捐出去，因为那不是我真正想买的啊！而我有选择的权利。

□我会把我想买的告诉组员，并希望他们能体谅我，甚至帮我把它买下来。

⑦这个活动让我学到了什么？

(6)教师引导学生进行思考：

①生涯选择需要如何评估？

②团体中共同的价值观是怎么产生的，是妥协、争取，还是让步？

③团体中的竞争是否表现得更极端和充分？

④你为了竞争是否忘了自己的初心？

⑤小组集体商议的哪些策略是发展性的，哪些策略是伤害性的？

⑥每个人有没有得到自己最想要的东西？为什么？经验和问题是什么？我们在生活当中，又是怎样对待自己认为很重要的东西的？投入更多，还是被其他东西诱惑？这对你的学习生涯有什么启发？

⑦你得到了几项商品？手里有没有剩下钱？对于这样的状态你自己如何反思？这对你的学习生活有什么启发吗？

⑧是否关注到那些与我们价值观不同的人？你对他们怎么看？如果你的价值观和大多数人不同，你对自己怎么看？这些看法会怎样影响你？未来，你会如何面对这样的影响？

拍卖的规则需要事先向团队成员明确清楚，并且要提醒大家，拍卖的目的是体验选择的过程，要将小组的资金真正当作自己一生的时间、精力和资源去珍惜和对待，避免有些团队成员纯粹出于赢得游戏的角度去完成。引导团队成员澄清愿景、激发为目标而努力的动机。

（资料来源：罗陈娟. 职业生涯规划团体活动教程[M]. 北京：清华大学出版社，2023）

模块三

择世所需，顺势而为

03

项目七
鸟瞰职业环境，了解职业世界

知识目标

1. 了解职业环境包含的内容；
2. 掌握职业的分类。

能力目标

1. 掌握探索职业世界的方法；
2. 能够根据个人专业探索职业世界。

素质目标

1. 把握最新职场资讯，做好职业准备；
2. 了解职业发展形势，探索职业世界。

案例导入

徐飞一直以来都过着“不被定义”的人生，高考填报志愿的时候，父母建议他报考医学专业，父母的看法是医学专业虽然开始辛苦点，但越学越吃香，经得起时间的考验，最重要的是懂医的人对健康更敏感，能把自己照顾得更好。没想到父母的反复渗透并没有打动徐飞，他选了一个理工院校的计算机专业。初进大学时徐飞没少受到师兄师姐们的言传身教，“咱们这个专业就业率高，找工作不成问题”“咱们专业的毕业生能进入不错的企业做程序工程师”“深圳某某知名公司，一半的员工都是出自咱们学校”“用人单位对咱们毕业生的评价是踏实、有责任心，技术专业”。徐飞听来听去，都是些中规中矩的评价，难道学计算机就只能做程序员吗？徐飞内心一直有个声音在说着“不是这样的”，就是内心的这个声音引领着他“要多尝试”。他一入学就积极加入了学生会，参加了摄影、航模、话剧等好几个社团，但是，对于将来会从事什么职业，徐飞觉得自己还没有确定的答案。

对于职业的认知和思考，是徐飞等人要面临的现实问题，也是每个大学生需要询问自己，并在实践中不断验证的人生大事。因此需要了解职业的概念及分类，掌握职业探索的方法和内容，进而进行职业聚焦。

党的二十大报告强调，青年是民族的未来和希望，是国家的宝贵财富。在这个历史时期，青年学生要做到支持中国特色社会主义，坚定理想信念。要牢记初心使命，树立远大志向和崇高理想，勇于担当使命，在奋斗中实现自己的人生价值。提高综合素质，增强核心竞争力。要全面发展，注重知识和技能的结合，努力提高自身素质和文化水平，在获得专业技能的同时，也要具备人文素养、创新思维和高尚道德品质。树立辩证思维，发扬科学精神。要学会运用辩证思维的方法，善于分析问题，在实践中不断完善自己的思维方式。同时，要遵循科学真理，尊重科学规律，勇于探索创新，在科技创新中发挥自己的作用。关爱社会，积极参与公益事业。要树立社会责任意识，关注社会热点问题，积极参与公益事业和志愿者活动，为社会进步和人民福祉做出积极贡献。要发扬民族精神，增强文化自信，热爱中华文化，传承中华优秀传统文化，推动中华文化走向世界。

青年学生要时刻牢记使命，注重个人素质的提高，培养多元化的能力和远大的理想志向，不断完善自己的思维方式，在发展中也要关注社会，积极参与公共事务。首先就是学好专业知识，规划好自己的职业生涯。职业与每个人密切相关，是每个人工作和生活的重要部分，它不仅决定了人们经济收入的多少、社会声望的高低、生活质量的好坏，还直接影响了人们的思维方式、生活方式和社交范围。在当今社会，职业的分工多种多样，职业的性质千变万化。这些相互渗透又千差万别的职业组合在一起，形成了一个纷繁复杂的职业体系。大学生若要获得未来工作所需的各种职业素质和职业能力，找到理想职业，实现人生价值，必须把握职业的概念、特点、功能及分类等内容，还要理解专业和职业之间的关系。

（资料来源：史梅.赢在规划——大学生职业生涯规划与职业素质拓展[M].北京：科学出版社，2020）

任务一　鸟瞰职业环境

一、社会环境

每个人的生活、工作都在社会这个大环境中，因此人们的任何行为都会受到社会环境的影响。只有对社会环境进行分析并有了大体的把握后，个体才能更好地寻求自身的发展机会。社会环境分析是指对当前社会中的政治环境、经济环境、科技环境和文化环境等宏观因素进行分析。

（一）政治环境

政治环境包括政治制度和政策方针。首先，需要熟悉与职业生活有关的法律法规，如《中华人民共和国劳动合同法》《中华人民共和国就业促进法》等，若自身想要从事的行业、职业有特殊的法律法规，则更需要进行研究和理解；其次，需要了解国家和地方的政策方针，不同省、市对于人才引进和就业培养的政策方针都不同，因此，在进行政治环境分析时需要有侧重地对政策方针进行认真研究。

（二）经济环境

经济环境包括国家经济发展的水平和阶段、经济制度、国家财政收支情况、收入水平和国际贸易等宏观经济环境。随着全球经济一体化进程的加快和我国市场经济的高速发展，国家对人才有了更高、更严格的要求。因此，大学生要紧跟经济环境的变化，了解经济社会对于人才的具体新要求，并以此作为自己日常学习的目标，努力提升自身的知识和技术水平，以适应经济社会发展的需要。

（三）科技环境

科学技术的发展日新月异，对职业的发展有着非常重要的作用。历史上三次科技革命的发生，都为职业结构带来了巨大的变化和发展。随着我国科学技术水平的不断提高，许多新兴职业不断产生，同时，也使一些职业逐渐消亡。因此，大学生需要时刻关注科学技术的变化，尤其是那些与自身想要从事的行业有关的科学技术。

（四）文化环境

文化环境是一个国家从历史上传承下来并经过长期沉淀形成的环境，对人们的道德观念、价值观和行为习惯等有较大的影响。提及文化环境，很多人会觉得很抽象，但它实实在在影响着人们日常的点点滴滴，包括人们的职业生涯。因此，大学生在规划职业生涯时，要认清文化环境对自身的影响，对自己的价值观要有清晰的认识，做出符合自身状况的、科学合理的职业规划。

二、行业环境

对行业环境进行分析，也就是要分析行业的发展阶段和未来的发展趋势，以及该行业在国民经济发展中所占的地位，从而对行业有个全方位的了解。一般来说，可以通过以下七个方面来对行业环境进行分析：

（一）该行业的定义

想要从事某个行业，首先需要全面地了解该行业的定义。不同的人或行业组织对同一个行业的定义不尽相同，因此在了解行业定义时，应集“各家所长”，加深对该行业的了解。

（二）该行业目前的发展阶段与前景趋势

要明确该行业现在是处于萌芽期、快速上升发展期、平稳期，还是衰落期。一个行业的兴衰是有客观规律的，并不因人的意志而转移。对于那些处于衰落期的行业，大学生要考虑是否还值得入行及之后的转行问题。对于那些正处于萌芽或快速上升发展期的行业，则要对其前景及发展趋势做分析，结合其未来的发展，确立自身的未来发展目标和方向。

（三）该行业包括的领域

可以根据政府或行业协会对该行业的分类，明确该行业包含的具体领域范围，如房地产业包括房地产经营、房地产中介服务和物业管理等。

（四）该行业对人才的需求条件

了解该行业对人才的需求，如对哪些类型的人才需求量大，对哪些类型的人才需求已经达到饱和。这样，大学生才能更好地进行自己的职业选择。

(五)该行业具有代表性的企业和人物

对该行业领先的企业和杰出人物进行详细了解。这些企业和个人往往具有该行业突出的特点与优势,通过对他们的了解,进一步加深对该行业的总体把握。

(六)该行业的入行条件

入行条件是指一个职业在发展过程中总结出的对新人的入门要求,如具体的职业能力、相应的从业资格证书、某项特定的专业技能等。

(七)权威人士对该行业的分析和评估

可以查阅该行业所属领域权威人士对该行业的分析与评估报告,这类人士往往对该行业了解得比较透彻,看待行业的发展问题比普通人更具前瞻性,因此可以借鉴这些人士的分析,来完善自己对该行业环境的认识。

三、学校环境

学校环境指的是大学生在求学过程中所在学校的教育资源特点,以及自身专业的特点。简单来说,学校环境可分为校园文化和专业环境两个方面。

(一)校园文化

校园文化指的是校园整体的文化熏陶氛围,包括学校提倡的价值导向、宣扬的校风校纪和大学生之间自主形成的学习风气等。校园文化是一个学校的灵魂核心,它对外能展示学校形象,对内能塑造和培养学生的价值观。每个学校都有自己的培养侧重点,有其自身的发展特点,因此,对校园文化进行梳理,可以了解学校教育资源的侧重点,并充分利用这些师资、软硬件的优势,努力提高大学生自身的能力,将校园文化优势转为自身优势。

(二)专业环境

专业环境指的是所学专业对大学生职业发展的制约和影响。社会上对不同专业的人才需求量不同,目前随着我国经济水平和科学技术水平的快速发展,优秀的科学技术人才变得十分抢手,因此,诸如新能源制造、农业机械、电子信息、自动化等专业的学生就很受欢迎。

四、家庭环境

家庭环境的内容包括家人的职业、家庭经济情况及家庭人脉等。家庭环境对一个人的成长有着重大的影响,其产生的影响早于学校环境对个人的影响。因此,在做职业规划时,需要结合家庭的实际情况,考虑家庭成员提供的意见。对家庭环境的分析一般从以下四个方面来进行。

(一)家庭教育

俗话说:"父母是孩子的第一位老师。"家庭教育的方式和内容能影响孩子的性格与家庭的关系。如民主的教育方式,会让孩子从小得到充分的尊重,有很好的思考能力,并且家庭关系和睦,这类孩子长大后在做职业决策时,能较好地结合自身条件,并会充分考虑家人的意见。从小在溺爱中长大的孩子,会盲目自大,做出不切实际的职业生涯规划,并且很少考虑家人对自己职业发展的意见。

（二）家庭资源

家庭成员的人际关系网或社会资本，如就业机会、社会关系资源等，在一定程度上能影响大学生就业的心态和择业取向。家庭资源丰富，能增强大学生的就业信心，减少就业前期的择业成本，还可能增加就业机会和提高就业待遇。若一个家庭的资源较差，则大学生在前期的择业和工作搜寻上成本增多，就业时承担的压力相对较大。

（三）家庭经济状况

家庭经济状况在一定程度上影响着个人的职业决策行为。一个经济条件较好的家庭，可以减轻子女的家庭经济压力，子女可以选择继续读书深造或自由选择工作范围，而经济状况不好的家庭，其子女需要考虑现实需要来调整自己的职业发展路线，暂时选择一份收益较高的职业，来减轻家庭经济负担。

（四）家庭就业观念

家里长辈的择业观在一定程度上会影响子女的择业观，如父母希望子女从事稳定的职业，子女往往会选择当教师、考公务员等。

五、职业环境

职业环境和行业环境不同，行业是所有同种类型企业的集合，职业则指具体的工作岗位。一种行业可以有不同的职业划分。职业环境分析需要落实到求职者想要从事的某一个具体职业岗位上。

（一）职业环境分析的步骤

1. 分析该职业的社会需求、岗位竞争压力、薪资水平和未来职业发展道路等因素

如机动车驾驶员这一职业，由于社会的发展和生活水平的提高，开车几乎已经成为人人都会的技能，这两年虽然物流行业的迅猛发展带动了机动车驾驶员这一岗位的需求，但是其岗位增加的数量仍然赶不上求职者增加的数量，所以，对于机动车驾驶员这一职业来说，目前是处于供小于求的局面。

2. 具体落实到大学生求职者有意向的企业

例如，该企业的整体实力、企业文化、企业发展状况、企业对该职业的用人需求、薪资福利待遇等方面的内容。这样，才能明确自己是否适合该企业，了解进入该企业能获得多大的职业发展和提升空间，以及自己在该企业是否能够实现自我价值。

（二）职业环境的分析方法

1. 行业趋势分析

跟踪并分析相关行业的发展趋势，如技术进步、市场需求变化、行业规模和结构等。预测未来行业的增长潜力和就业机会。

2. 政策法规分析

研究政府发布的相关政策和法规，了解对特定职业或行业的影响，如职业资格认证、劳动保障、税收政策等。评估政策变化对就业市场可能产生的影响。

3. 供需分析

评估特定职业或行业的劳动力供需状况，包括在岗人数、离职率、新进员工需求等。分析不同地区、年龄段、学历层次的劳动力供需差异。

4. 薪酬与福利分析

研究特定职业或行业的薪酬水平和福利状况，了解市场薪酬趋势和行业特点。评估薪酬福利对员工流动和招聘的影响。

5. 职业发展路径分析

研究职业晋升路径和发展机会，了解不同职业的长期发展潜力。分析所需的技能和资质，为个人职业发展规划提供指导。

6. 教育和培训资源分析

评估教育培训机构提供的课程和项目，了解其对特定职业或行业的支持力度。分析培训资源对劳动力质量和就业竞争力的影响。

7. 就业市场调研

通过问卷调查、访谈、招聘网站等渠道收集就业市场信息。分析就业数据，了解行业就业趋势和热门岗位。

8. 案例研究

研究行业内成功的个人或企业案例，了解其成功经验和挑战。从案例中提炼规律和启示，为职业规划和发展提供参考。

通过以上方法，可以更好地了解职业就业环境，把握市场机遇，制定合理的职业发展策略和人才培养计划。

拓展阅读

七种非理性的职业生涯规划方法

美国的职业心理学家伍德曾整理出7种一般人常用的生涯规划方法。它们分别是：

1. 自然发生法

例如学生填写高考志愿时，没有仔细考虑自己的性格、兴趣等，只找到分数所能录取的学校、科系，便草草填写了学习的专业。

2. 目前趋势法

跟随现在市场的趋势，盲目地投入新兴的热门行业。

3. 最少努力法

选择最容易的科系或技术，但希望最好的结果。

4. 拜金主义法

选择报酬最好的职位，放弃自己的专业，选择钱多事少离家近的工作。

5. 刻板印象法

以性别、年龄、社会地位等刻板印象等来选择工作，比如女性较适合从事服务业，男性较适合搞政治、做工程师等。

6. 橱窗游走法

到各种工作场所，走马观花看一番，再选择最顺眼的工作。

7. 假手他人法

在思考自己未来时，不知不觉交给别人来决定。父母或家人：因为过去大小事情都是由他们一手包办的。朋友或同学：因为他们是你最好的朋友，不会害你。老师、相关专家或辅导员：因为他们是专家，应该有超人一等的见解。社会：因为你是社会的一分子，必须履行公民责任，造福社会和人类。

以上7种方法，通常被称为知识导向（Knowledge-oriented）、配合导向（Match-oriented）或人群导向（People oriented）的生涯规划方法。这些方法有一些帮助，但是也有很大的不足，存在盲目性，没有考虑个人的性格、兴趣、能力等是否适应，能否满足自己价值观等问题，最终可能出现职业不适应，职业中充满不幸福，得不到自己满意的职业生涯。

分析：正如米歇尔罗兹指出的，生涯规划有突破障碍、开发潜能和自我实现等3个积极目的。一个人最大的幸福，是能以自己选择的方式生活，择其所爱、爱其所择的结果，会使一个人以己为荣，并呈现出圆融、丰足、喜悦、智慧和充满创造力的气质。

（资料来源：张建军. 职业发展与就业指导[M]. 北京：北京理工大学出版社，2023）

任务二　了解职业世界

一、职业的概念及要素

所谓职业，就是人们为了谋生和发展而从事的相对稳定的、能获得一定收入或报酬的、专门类别的社会劳动。职业的产生和发展是人类文明的标志，是社会进步发展的表现，是社会劳动分工的结果，并随着社会劳动分工的深化而不断地变化。不同的职业通常意味着不同的职业发展机会和空间，决定着不同的生活方式、经济状况、文化水平、行为模式，同时，也反映一个人的权利和义务。不同的职业对从业人员的素质、能力和行为规范有不同的要求。

每种职业都独立存在于行业或组织中，如会计是一种职业，几乎任何行业和组织都有会计岗位，一般可分为总会计师、会计主管、出纳、稽核、工资核算、成本费用核算、总账、对外财务会计报告编制及档案管理等岗位。工作对象相同、操作流程和方法相似的若干工作种类或岗位可以看成一种职业。构成职业的要素包括以下几项：

（一）工作岗位

工作岗位就是人们从事工作的地方或位置称谓，它是构成职业的最基本要素，职业的其他要素都建立在这个基础上，没有岗位就没有职业。

（二）工作职责

工作职责就是组织规定的或约定俗成的工作任务，它是构成职业的内容要素，决定着职业的性质和种类。一般来说,组织是由岗位组成的,岗位是由组织设定的,至少是社会认可的,以组织或社会的名义给这个岗位规定的相应工作任务,称为工作职责。

(三)职业能力

职业能力是从事职业活动的必备条件,是人们所具备的知识、技术和技能素质的外化与体现,它构成职业的技术要素。职业能力不仅是指操作技能或动手能力,而且是指综合的、称职的就业能力,包括知识、技能、经验和态度等为完成职业任务所需的全部内容。

二、职业的特点

职业的特点反映了职业主体在长期的工作实践活动中所形成的与其他形式的活动相区别的本质属性。

(一)社会性

职业是社会分工的产物,每种职业都体现了社会分工的细化。社会成员在一定的社会职业岗位上为社会整体做贡献。职业的形式与内容都离不开社会的存在,受社会政治、经济、文化等因素的影响,还与社会制度和社会政策相关。不同的职业承担着不同的社会责任,不同的职业人应当了解自己承担的职业角色,完成自己的使命。

(二)经济性

职业活动最基本的目的是获得谋生的经济来源。获取经济收入、取得劳动报酬是职业活动区别于其他活动的重要标志之一。没有报酬的工作,不能称为职业。

(三)技术性

任何一个职业岗位都有相应的职责要求。要完成特定的职责,从业人员必须具有相应的专业知识和技能,如职业岗位要求任职者具有一定的学历、职业资格、专业技术技能、上岗培训经历和专业工作年限等。

(四)稳定性

职业的稳定性是相对的,即在职业的生命周期内是稳定的,但是随着社会的发展,会不断诞生新的职业,淘汰老的职业。

(五)群体性

职业的群体性表现在要有一定数量的从业人员共同工作,并且在共同工作中体现出协作关系,在共同工作中产生人际关系。这也是为什么在求职面试的时候,人力资源部经理要考察应聘者的团队合作精神和人际沟通能力。群体性是任何职业的基本特性。

三、职业的功能

职业的功能主要体现在以下两个方面:

(一)职业对个人的功能

人们通过职业生活进入一种社会环境,获得经济收入,借助职业平台使自己的才能得以施展,为社会做出贡献。因此,职业是个人和家庭生存的基础,可以满足个人多方面的需要,具备促进个人多方面的发展、满足个人的社会性需要、实现个人的社会价值等功能。

(二)职业对社会的功能

首先，体现社会分工：作为一种社会存在，职业的社会运动，包括个人改善职业的向上流动、与社会经济结构相联系的职业结构变动、不同职业阶层间的矛盾冲突及其解决等，构成人类社会存在和发展的丰富内容。其次，创造社会财富：人类的职业活动，创造出各种社会财富，为社会的存在和发展既提供了物质基础，也提供了精神食粮和精神动力。人们为了追求未来的“好职业”而进行各种投资，也成为推动社会发展的巨大动力。最后，维护社会稳定：职业是社会调控的手段，职业活动是人类活动的重要方式，“安居乐业”是人类的共同愿望。政府调控社会的重要目标之一，就是通过扩大就业规模，提高就业质量，促进充分就业。各国政府控制失业率，提高就业率，也是要维护社会稳定，促进社会发展。

四、职业的分类

职业分类是指国家采取一定的标准和方法，依据一定的分类原则，对从业人员所从事的各种专门化的社会职业所进行的全面、系统的划分与归类。职业分类是以工作性质的统一性为基本原则，对社会职业进行系统划分与归类。所谓工作性质，即一种职业区别于另一种职业的根本属性，一般通过职业活动的对象、从业方式等的不同予以体现。职业分类的目的是要将社会上纷繁复杂、数以万计的现行工作类型，划分成类系有别、规范统一、井然有序的层次或类别。

以两种代表示例：其一是国际标准职业分类。国际标准职业分类把职业由粗至细分为4个层次，包括8个大类，83个小类，284个细类，1 506个职业项目，总共列出职业1 881个。其中8个大类是：专家、技术人员及有关工作者；政府官员和企业经理；事务工作者和有关工作者；销售工作者；服务工作者；农业、牧业、林业工作者及渔民、猎人；生产和有关工作者、运输设备操作者和劳动者；不能按职业分类的劳动者。这种分类方法便于提高国际职业统计资料的可比性和国际交流。

其二是《加拿大职业分类词典》(*Canadian Classification and Dictionary of Occupations*，CCDO)的分类。它把分属于国民经济中主要行业的职业划分为23个主类，主类下分81个子类489个细类7 200多个职业。此种分类对每种职业都有定义，逐一说明了各种职业的内容及从业人员在普通教育程度、职业培训、能力倾向、兴趣、性格及体质等方面的要求，有较大的参考价值。

参照国际标准和方法，1986年，中国国家统计局和国家标准局首次颁布了中华人民共和国国家标准《职业分类与代码》(GB 6565—1986)，并启动了编制国家统一职业分类标准的宏大工程。这次颁布的《职业分类与代码》(GB 6565—1986)将全国职业分为8个大类63个中类303个小类。1992年，原国家劳动部会同国务院各行业部委组织编制了《中华人民共和国工种分类目录》，这个目录根据管理工作的需要，按照生产劳动的性质和工艺技术的特点，将当时我国近万个工种归并为分属46个大类的4 700多个工种，初步建立起行业齐全、层次分明、内容比较完整、结构比较合理的工种分类体系，为进一步做好职业分类工作奠定了坚实的基础。

《中华人民共和国职业分类大典》是我国第一部对职业进行科学分类的权威性文献。由于它的编制与国家标准《职业分类与代码》的修订同步进行，相互完全兼容，因此，它本身也就代表了国家标准。2022 年 11 月，新修订的《中华人民共和国职业分类大典(2022 年版)》正式发布，把我国职业由大到小、由粗到细划分为四个层次：大类(8 个)，中类(79 个)，小类(449 个)，细类(1 636 个)。细类为最小类别，即职业。8 个大类分别如下：

第一大类：党的机关、国家机关、群众团体和社会组织、企事业单位负责人，其中包括 6 个中类。

第二大类：专业技术人员，其中包括 11 个中类。

第三大类：办事人员和有关人员，其中包括 4 个中类。

第四大类：社会生产服务和生活服务人员，其中包括 15 个中类。

第五大类：农、林、牧、渔生产及辅助人员，其中包括 6 个中类。

第六大类：生产制造及有关人员，其中包括 32 个中类。

第七大类：军队人员，其中包括 4 个中类。

第八大类：不便分类的其他从业人员，其中包括 1 个中类。

这种分类方法符合我国国情，简明扼要，具有实用性，也符合我国的职业现状。高校毕业生与用人单位在就业市场进行双向选择，实际上是求职者选择职业和职业选择求职者的过程。对高校毕业生来说，不了解职业的种类和分类的依据，不了解职业对劳动者素质的不同要求，就很难做出正确的择业决策。

五、专业与职业的关系

在社会经济的各行各业中，有成千上万种职业。由于社会分工的不同，人们从事着不同的职业。很多大学生认为，现在所学的专业和以后找到的工作基本不对口。从某种程度上来说，专业对未来从事的工作的影响还是很大的。大学生在找工作时，最好还是以所学专业为基础，毕竟在学校里学到的知识技能都是和自身专业有关的，这在应聘与专业相关岗位时能增强自身的竞争力。即使不喜欢所学专业，在学校也要努力学好专业知识技能，不能完全放弃该专业，毕竟在毕业时，在没有任何工作经验的情况下，所学的专业就是社会与用人单位识别应聘者的标志。在学习专业知识的同时，要积极地培养与提高自身兴趣所在方面的知识和技能，规划好自己的职业生涯发展道路。

许多成功者现在所从事的职业并不是原来所学的专业，但要看他毕业后从事的第一份正式职业。因为学以致用是最符合经济效益的个人发展原则。大学生从事的第一份正式职业如果就是原来所学的专业，对提高个人发展效率有着非常重要的战略意义。

因此，可以总结出专业与职业一般是对应关系，但这并不代表学习某一专业就必须从事对应的职业。专业是指专门从事某种学业或职业，是一种专门的学问，是高等学校或中等专业学校所分的学业门类，是产业部门的各业务部分，也是一种物质或某种作业的作用范围；职业是指个人所从事的服务于社会并作为主要生活来源的工作。专业与职业之间互相包容，在职业中有各专业对应的岗位，在专业中学习的知识也能为对应职业提供专业知识。如果个人的职业发展在所学专业的领域中，专业与职业是对应的，所学知识往往能够对工作有一定的帮助。

六、选择最佳职业的方法

不论是立业还是成家，使用科学方法做选择的人的成功率会高于靠感觉选择的人的成功率。生涯规划的作用是锁定目标，学业规划和职业规划的作用是实现目标。大学生学好职业规划的知识以及学会应用非常重要。就业指导老师会运用专业测评工具让大学生了解自我，再通过培训帮助大学生做好求职准备；企业辅导老师会重点讲解关于面试的准备工作，帮助大学生更精准地找到适合自己的职业方向。大学生也可以运用以下几种方法来寻找适合自己的职业。

（一）充分理解所学专业与所选职业的关系

大学生要进入职场选择职业时，很重要的一个参考因素是专业是否对口。大学生求职时一般会先针对自己的专业选择职业，而同一个专业对应的职业有多种，因此，在求职前大学生需要了解不同职业之间工作内容的差别，需要运用什么样的专业知识。

（二）找到职业调研的具体方向

如果想了解感兴趣的职业对就业能力的要求，大学生需要列出哪些是自己感兴趣的职业，有效地收集信息，并对从业者进行调研，结合自身情况进行综合分析。专业、兴趣、能力、市场需求会影响大学生的职业选择。

大学生要了解一个职业可以从以下几个方面展开调研：

职业的具体工作性质（如行政、销售和生产制造等）。

职业类别对应的具体岗位的工作职责范围。

职业任职资格要求（如教育背景、执业资格认证和工作经验等）。

职业对从业者的综合素质要求（如性格特质、形象气质、沟通能力和兴趣爱好等）。

职业的综合福利待遇（如基本薪资、绩效奖金、弹性福利、五险一金、商业险和假期等）。

职业的发展空间（如不同岗位的晋升体系和内部转型机会等）。

全面、准确和有效地收集这些信息有助于大学生根据自己的实际水平做与意向职业的匹配度分析，对自己的求职定位和面试准备进行合理的计划和目标管理。

（三）获取职业信息

大学生可以通过多种渠道获取与职业相关的信息。推荐大学生通过以下 6 种途径获取职业信息。

1. 阅读与职业相关的专业书籍、资料

具体包括行业咨询报告，与行业、企业和所选职业相关的视频和音频资料、企业家人物传记等。

2. 利用与就业相关的网络渠道

具体包括校园论坛（就业网、校园网）、各大求职招聘网站，以及企业官网、公众号、短视频号等。

3. 通过他人推荐获得面试信息

具体包括导师推荐、学长学姐推荐、亲戚朋友推荐、企业内部员工推荐等。

4. 通过线下活动或者职场论坛活动获得了解职业的机会

具体包括企业组织的参观日、企业高管进校分享和校企联合活动等。

5. 请教专业人士或从业者

具体包括通过付费咨询职业规划师获取信息；通过访谈了解不同职业的工作内容和要求；通过不同平台与不同职业的从业者进行职业答疑和访谈交流，了解对方从事具体工作的职业发展和能力素养及待遇情况，并和对方介绍自己的背景、优势和需求，请对方帮助自己判断适合自己的职业机会；等等。

微课

职业环境探索

6. 参与企业实习

在寒暑假和在校学习期间，大学生可以在合理安排好学业的基础上，尝试一些专业对口的实习，通过实习认识更多优秀的职场人，体验职场生活。

拓展阅读

行业新风口？

调饮师、易货师、碳排放管理员……日前，我国陆续发布了多个新职业。在新技术的支撑下，经济快速发展，生活日新月异，一批新产业应运而生，反而拓展了就业空间。新技术在可能减少一批岗位需求的同时，也在创造更多新岗位。以最新的这批新职业为例，服务机器人应用技术员、集成电路工程技术员、智能硬件装调员、工业视觉系统运维员等都是数字化技术发展和变革催生出的新职业。新职业不仅数量多，而且每个新职业的"含金量"更高，前景更广阔。以服务机器人应用技术员为例，如今能自己坐电梯送餐的机器人、会做菜的机器人、会调咖啡的机器人等各种新型服务机器人频频出现，但每台服务机器人都需要经过技术员的安装、调试，才能适应工作场景，高效工作。服务机器人或许替代了一些体力劳动职位，却创造了知识含量更高、薪酬水平更高的新职位，带来了新的就业机会。新产业还让不少老手艺"摇身一变"，迎来新的春天。十几年前遍布街头的自行车修理匠，曾被认为是即将淘汰的职业。然而共享单车的出现，让自行车修理匠再次热起来，被各家共享单车企业招入麾下，成为重要岗位。在这个日新月异的大时代里，技术在革新、产业在升级、生活在改善、环境在变美……每一个变革都带来新的就业机会。酒店试睡师、微电影策划师、私人旅行策划师、云客服，这些新奇的职业，10 年前尚不存在，如今却是不少企业争相招聘的当红工种。在创新驱动发展战略的引领下，新经济蓬勃发展，使新职业涵盖了制造、餐饮、建筑、金融、环保、新兴服务等多个行业，又成为这些产业不断蝶变的推动力。未来 5 年，我国对供应链管理师的需求总量将达 600 万人左右，对农业经理人的需求总量达 150 万人左右，无人机驾驶员需求量近 100 万人，工业机器人系统运维员需求量 125 万人左右。

分析：在新旧动能加速转换的背景下，新职业的涌现速度比以往任何时候都更快，这就需要积极引导劳动者及时转变观念，学习新技能，跟上时代进步的步伐。职业的变迁，让我们看到变化中孕育的新机遇。

（资料来源：张建军．职业发展与就业指导[M]．北京：北京理工大学出版社，2023）

任务三　探索职业的方法和步骤

一、大学生进行职业探索的方法

大学生通常可以采用查阅、讨论、参观、实习和访谈的方法进行职业探索。

（一）查阅法

查阅法是通过浏览和查看互联网网络、报刊、书籍等途径探索目前的职业环境。在探索宏观职业环境时，可以通过查阅政府网站信息，尤其是各省市的毕业生就业信息网，这些网站往往包含职业所需的信息。此外，还可以通过查阅法在探索行业环境、组织环境、岗位环境时，一般按照下面的程序进行：

(1)将个人希望了解的职业方向或职业群，通过网络、书籍、期刊及有关声像资料，进行初步查阅。

(2)选定各种典型的职业，进一步对其入门所需的基本条件如学历、资格证书、身体条件等进行查阅。

(3)通过查阅，自己对做好职业工作所需要的技能、生理条件及个性特征有一个初步的认识，对该职业的生存环境及发展前途以及个人循此发展可能取得的职业成就等形成初步印象。

（二）讨论法

讨论法意味着与他人共享对职业的探索结果。当大学生对职业的特点不能很好地把握时，可以和周围人群一起讨论，比如和同学、朋友，甚至老师、父母进行讨论。个人的探索总有局限性，与别人一起讨论感兴趣的职业问题，共享职业探索成果，会互相消除一些不切实际的想法或前景暗淡的东西，而共同发现一些更好的东西、更多的前进道路。

（三）参观和实习法

参观是到相关职业现场短时间地观察、了解。通过观察，可以了解职业相应工作的性质、内容、职业环境及氛围，获得实实在在的职业感受。实习是到职业场所进行一定时间的打工、兼职或教学实习、实践。实习是一种比较全面地了解职业的方法。实习可以更真实地对职业的工作任务、工作要求、工作环境及个人的适应情况进行了解，可以了解工作的程序、报酬、奖罚、管理及升迁发展的信息，还可以通过与工作人员的实际接触，感受职业对人的影响及人职和谐情况。

（四）向行业内部人员请教

请行业内部人员现身说法，是直接了解行业及岗位的快捷途径。比如，一份工作平时非常忙碌，但从业者能大量、密集地学到新知识、新技能，那么，如果一个人非常喜欢接触新鲜事物，也不是很在意被工作占据太多时间，就可以选择做这一工作。反之，则不宜选择。

（五）社会实践

社会实践是一种很好的真正了解自己的方式。大学生应该通过不同的工作环境、不同的工作内容发现清晰的自我形象，同时注意自己的感受和反应；尽可能多地寻找和获得不同的生活经历，并把这些生活事件和经历结合起来，找到价值观、兴趣和技能之间的联系，用更复杂的方式思考自我。社会实践的另一个作用是帮助大学生不断改造自我，更快地实现社会化。

大学生可以通过查阅资料、讨论、参观实习、向行业内部人员请教以及社会实践等多种途径进行职业探索。这些方法可以帮助他们更全面地了解职业环境，发现自己的兴趣和优势，为未来的职业生涯规划打下坚实的基础。

二、收集职业信息的途径

收集职业信息是大学生求职和职业规划的重要步骤。以下是一些有效的途径：

（1）通过学校就业主管部门获得信息：学校作为学生学习和生活的场所，通常会有专门的就业指导部门，为学生提供就业信息和指导。

（2）通过各级毕业生就业指导机构获得信息：这些机构与毕业生和用人单位保持密切交流，能够提供最新的就业市场信息。

（3）通过社会各级人才市场获得信息：随着社会主义市场经济的发展，人才市场中介机构提供了丰富的就业信息，同时也为求职者提供了锻炼的机会。

（4）通过新闻媒体获得信息：报刊、广播、电视等新闻媒体经常刊登关于大学生就业的指导信息，帮助大学生了解就业需求。

（5）通过社会关系网获得信息：家长亲友、学校教师或导师、校友等社会关系网络可以提供宝贵的就业信息和建议。

（6）通过社会实践获得信息：参加社会实践和实习能够获得职业世界的第一手资料，也是获取就业信息的重要途径。

（7）通过计算机网络获得信息：互联网提供了丰富的就业信息和招聘平台，大学生可以通过网络人才交流获取广泛的就业机会。

（8）通过各种类型的“人才交流会”“供需见面会”获得信息：这些活动是求职者与用人单位直接交流的平台，有助于大学生更好地了解市场需求。

三、分析职业信息的步骤

收集到职业信息后，进行分析是关键的一步。以下是一些分析职业信息的步骤：

（1）确定信息来源的可靠性：确保所收集的信息来自可靠的来源，如官方就业网站、正规媒体等。

（2）信息的全面性：收集全面的信息，包括职位名称、工作内容、要求、对生活和健康的影响等。

(3)信息的及时性：及时反馈有价值的信息，避免错过就业机会。

(4)系统的分析：将收集到的各种相关信息进行加工筛选，形成一个客观反映用人单位和岗位的信息链。

(5)信息的实用性：分析信息对于自身求职的利用价值，根据自己的专业背景和职业兴趣进行筛选和匹配。

大学生通过多种途径收集职业信息，并且运用科学的方法进行分析，以便更好地为自己的职业规划和求职准备提供参考。

微课

转变中的职业世界

拓展阅读

走出去，去寻找更多可能

“原来可以有如此多的选择”

“我们在做学生就业工作时发现，现在‘就业慢’的现象较为普遍。究其原因，一是学生职业规划意识不足，准备不及时、不充分；二是视野不够宽阔，就业观念单一，追求稳定安逸，在考公、考编、考研的道路上一拖再拖、一战再战，耽误了求职的最佳时间。”基于一线学生就业存在的就业局限问题，辅导员孙德智在接受采访时如是判断。

解决“就业慢”问题，首先要引领大学生拥有更全面的职业认知，实践队师生走进与教育专业不直接相关的纪念馆，感受就业新可能。“这次深入参观和座谈一改我对讲解员职业的原有印象，原来如展馆讲解员这样的社会教育职业也需要饱含学术精神。”在实践队学生普布仓拉看来，在纪念馆做讲解员也是另一种形式的教育工作。“它需要借助现代教育理论，用深入浅出的方式讲述历史真相、警醒社会大众。”

踏入另一个与教育不直接关联的新闻宣传单位后，王晓程感到充满惊喜：“之前，我一直以为只有新闻专业才能进入报社，但了解了校友的新闻工作、聆听了新闻前辈们的分享后，我发现，教育学专业的未来就业不仅仅是考公和高校工作，还有更多领域可以挖掘。”

“刷公众号、找官方、看自媒体，这些了解行业职业的方法我都试过，但都不如亲眼见到收获得多。很多更重要的用人需求、更真实的职业状态、更新鲜的行业动态还需要走出校园、走进用人单位才能了解清楚。”即将步入毕业年级的本科生普布仓拉激动地和同行的伙伴说。

听闻同学们在踏入不同工作领域后的收获，实践队指导老师葛云丽感到十分欣慰：“未来，我们还是会多带学生走出来看看，看看世界发展，看看社会进步，看看有哪些新领域、新工作值得尝试。”

全国政协委员、上海科技馆馆长倪闽景，曾在某媒体采访中直言，大学生不应在就业时满脑子的“央国政”。结合实践队的实践走访，临近毕业求职的硕士生张依依表示被彻底点醒：“原来，我一直以为自己只能随波逐流去考公考编，找一个与自己专业关联不大的体制内工作，再或者把专业这一条路走到头，继续读博做学术。原来离开了象牙塔，我们还有那么多机会和舞台来发挥自己的专业特长！”实践活动中，麦可思数据（北京）有限公司数据挖掘中心总监王梦萍曾对来访师生表示，社科专业人才在数据产业中发挥着独特作用：“没有教育学专业理论知识和素养的支持，我们的数据挖掘与项目工作都难以发挥真正价值。”实践队成员感慨：“原来许多高新科技类企业也需要人文社科类专业学生的加入。”

除了硬专业还需软力量

“同学们从踏入学校起就要注意对自己和职业的探索，其中最关键的问题之一是发现自己身上天然的价值追求与职业本身天然蕴含的核心价值的匹配。比如做医生要求人更有人文关怀，记者职业则要求大家拥有铁肩担道义的社会关怀。”来到人民政协报社走访，从部门主任到一线记者，同学们被提醒：“不仅仅是文字好，做这个职业，要对参与推动社会发展有热望才能不负党和老百姓对这个职业的期待，也才能做好这个职业。”

实践走访过程中，科大讯飞北部招聘负责人胡容容对实践队师生表示，无论是管培生还是产品经理，都需要具备持续学习的坚毅精神和发现问题、提出问题、不断变革的创新精神。中国人民抗日战争纪念馆组织人事部副主任孟凡强表示，认真负责、勤勤恳恳、脚踏实地，是新入职员工快速成长、沉淀能力的不二法则。

如此看来，新时期大学生作为预备就业者，除了要提高自身的专业硬实力，还需要注重综合能力的全方位发展。这是对社会就业岗位需求的有力回应，也是青年大学生自我成长的全面完善。

“以前的我似乎陷入了一个误区，认为只要达到招聘启事上罗列的条件，就能够获得进入一个行业的敲门砖。”阿克美热在用人单位走访后坦诚地表示，自己对大学生核心素养的认识确有不足。此次实践调研，让阿克美热得以有机会与人力资源工作者和已经参加工作的前辈展开更深层次的交流，这也促使她对就业有了新认识：“‘能不能把一件事做好’很重要，但‘能不能坚持把每件事都做好’的态度更重要。”

“在科大讯飞的医疗产品研发工作对我而言不仅是一份工作，更是我对未来和生命的一份承诺。当职业化为事业时，每一天的付出都指向了一个更高的目标和一个更有意义的使命。”天津大学校友庞佳佳基于工作情况，与来访师生分享了“热爱”与“使命”对深耕事业的支撑力量，“它们成了我敬业的动力，让我在工作中找到了真正的幸福和价值。”

软力量中要有能力更有情怀。曾在山区驻守担任第一书记的辅导员江皓，在参与走访调研后结合自身基层工作的经验，向实践队师生分享道：“也许很多同学会觉得基层工作很枯燥，没什么意思。其实恰恰相反，当我们主动将‘小我’融入‘大我’，将自己的进步与国家的发展相联系时，就会发现最朴实的工作也能让你充满价值感和成就感。”

“这次参访，最让我印象深刻的是，不论是做偏公益性的教育工作，还是做偏市场化教育项目，前辈校友们都始终保持着教育人的情怀。”教育学专业硕士生赵文君表示，这和她在影视作品中看到人才就业时见异思迁的形象不一样，“原来离开舒适区到新世界，大学生们依旧能保持自己对专业的热爱，坚守着专业的使命与责任。”

促就业更反思人才培养

“‘不想离家远’‘不想去小城市’‘薪资要高’……当下，一些类似的求职要求，总是束缚住了大学生迈出校园、走向职场的脚步。”多年来从事就业工作的辅导员程岩在采访中表示，这次参访让作为教育人的我们更加相信，一定要在就业工作中引导大学生胸怀“国之大者”，厚植家国情怀。

目前正担任毕业年级辅导员的葛云丽老师对此深表认同：“通过参访实践，能让更多同学直观且深入地了解不同行业人的社会职责与坚守精神。这不仅是一次了解用人单位的调研活动，更是一堂生动活泼的思想政治教育课。”

如何从全面育人的角度为学生打开就业渠道？开展就业问题研究的高岳涵副教授在参与用人单位的实地走访调研后对该问题也有了新思考，“高素质综合型人才实现高质量就业离不开完善的人才培养体系。我们不仅注重学科理论和基础知识的教育，更加关心学生的综合能力、健全人格与理想信念的培育。”高岳涵表示，对用人单位的走访，让他更加清晰地感受到，职场更欢迎各方面全面发展的毕业生。“学生干部工作、实习实践和课外活动都是我们培养全面发展的综合型人才的优质平台，可以为学生未来的高质量就业打下更坚实的基础。”

实现高质量就业，一定要做好青年学生就业价值引导，坚定理想信念，增强时代责任感与使命感，向国家重点地区、重点行业、重点领域培养和输送优秀教育学专门人才，鼓励青年学生自觉到祖国需要的地方建功立业。

（资料来源：人民政协网，2023.08.30）

微课

探索职业世界的方法

实践活动

活动一：探索职业世界，规划未来蓝图

活动目的：帮助参与者了解不同职业的特点、要求和发展前景，增强职业规划意识，提高职业选择能力。

活动对象：大一及大二学生

活动流程：

1. 职业讲座

邀请来自不同行业的专业人士举办讲座，介绍他们的职业经历、工作内容、所需技能和职业发展路径。

2. 职业展览

设置展览区域，展示不同职业的相关信息，包括图片、文字介绍、工作工具和成果等。

3. 模拟面试

设置模拟面试环节，邀请企业人力资源专家担任面试官，让参与者体验面试过程，了解企业对人才的要求。

4. 职业体验

组织参与者到相关企业或单位进行短期的职业体验，亲身感受工作环境和工作内容。

5. 小组讨论与分享

组织参与者进行小组讨论，分享自己在活动中的收获和感受，交流对职业的理解和规划。

6. 专家指导

邀请职业规划专家进行现场指导，解答参与者在职业探索和规划过程中的疑问。

活动评估：

1. 参与者填写活动反馈问卷，评估活动的效果和满意度。

2. 组织参与者进行活动后的交流和分享，了解他们在职业规划方面的变化和进步。

活动宣传：

1. 在学校、社区、网络平台等发布活动通知和宣传海报。

2. 邀请相关人士和机构进行推荐和宣传。

活动预算：

1. 讲座嘉宾费用(　　)元

2. 展览布置费用(　　)元

3. 模拟面试材料费用(　　)元

4. 职业体验交通和餐饮费用(　　)元

5. 专家指导费用(　　)元

6. 宣传费用(　　)元

总预算：(　　)元

注意事项：

1. 确保活动的安全，特别是在职业体验环节。

2. 提前与相关企业和单位做好沟通和协调。

活动工作人员要做好组织和引导工作，确保活动顺利进行。

活动二：家族职业树

1. 了解职业可以从自己熟悉的人开始，首先请把家庭中亲属及他们的职业填在下面的家族职业树上。

2. 填完后请回答后面的问题。

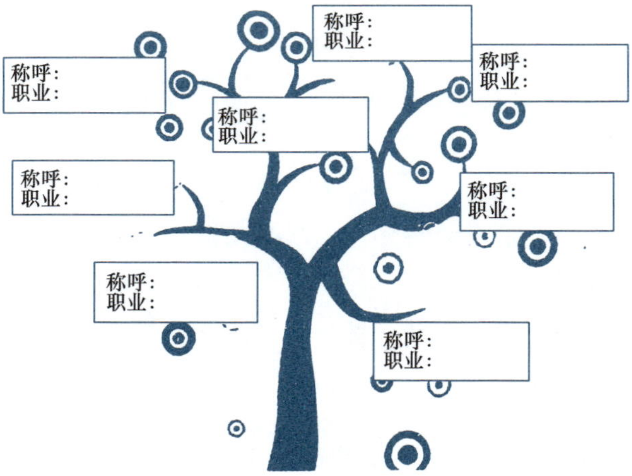

图 7-1　家庭职业树

我家族中最多人从事的职业：________________________________。

我想要从事这种职业吗？为什么？

爸爸如何形容他的职业？爸爸平时会提到哪些职业？他怎么说的？

爸爸的想法对我的影响：________________________________。

妈妈如何形容她的职业？妈妈平时会提到哪些职业？她怎么说的？

妈妈的想法对我的影响：________________________________。

家族中还有谁对职业的想法对我影响深刻？他们怎么说？

家族中对彼此的职业感到满意或羡慕的是什么？(例如：堂哥在医院当医生，不仅收入高，社会地位也高)

家族彼此羡慕的职业：______________________。

对他们的想法我觉得：______________________。

我觉得家人对我未来选择职业的影响：______________________。

我的家人最常提到有关职业的事：______________________。

对我的影响：______________________。

我绝不考虑的职业：______________________。

我考虑过的职业：______________________。

选择职业时，我还重视的条件：______________________。

活动三：职业博览会

1. 4～5人组成一个“职业资料专家小组”，每组选定1人为组长，1人负责记录，其他人为参谋，每组选定一个与同学专业、职业目标比较接近的具体职业或行业，并搜集相关资料。

2. 重新安排桌椅，以便开展“职业资料新闻发布会”。

3. 每组选1人进行5分钟左右的“职业资料发布”演示(最好用PPT等多媒体手段)，内容包括职业的工作内容、对应聘人员的要求等。

4. 演示完毕，全体组员到前台接受其他同学的咨询，时间为5分钟左右。

5. 其他各组同学就准备的职业资料情况、演示现场和咨询反映进行打分。

6. 讨论：

(1)如何才能收集到正确、完整的职业资料，都有哪些搜集职业信息的渠道？

(2)各组介绍的职业中，哪个或者哪些吸引你，理由是什么？

(资料来源：盛立军. 大学生职业发展与就业指导[M]. 北京：北京理工大学出版社，2023)

项目八
规划职业生涯，框定职业未来

知识目标

1. 掌握制定职业生涯规划的原则与步骤；
2. 掌握职业生涯规划书的基本内容与撰写要求。

能力目标

1. 能够确定职业生涯目标，做出职业生涯决策并进行评估和调整；
2. 能够撰写符合自身实际的职业生涯规划书。

素质目标

1. 自觉树立职业生涯规划意识；
2. 制定合理的发展路径，实现个人的职业目标和梦想。

案例导入

目标的重要性

1984年，在国际马拉松邀请赛中，一位名不见经传的选手出人意料地夺得了世界冠军。两年后的同个比赛中，他再次夺冠。当记者问他是如何取得如此惊人的成绩时，他说是凭智慧战胜对手。当时很多人不理解所谓“智慧”为何。

十年后，他在自传中揭晓了谜底。原来在每次比赛之前，他都会乘车把比赛路线仔细地看一遍，并把沿途比较醒目的标志画下来，比如第一个标志是学校；第二个标志是一棵大树；第三个标志是一座红房子……这样一直画到赛程的终点。比赛开始后，他奋力地向第一个目标冲去，等到达第一个目标后，又以同样的速度冲向第二个目标。四十多公里的赛程，就是被他这样分解成几个小目标跑完的。

他写道，自己并非一开始就懂得这个道理，也曾经直接把目标定在四十多公里外终点线的那面旗帜上，结果跑到十几公里时就疲惫不堪，也被前面那段遥远的路程给吓倒了。一个人的职业生涯如同马拉松比赛，也需要设定好目标。那么，即将步入职场的你们知道职业生涯目标有哪些作用吗？要如何制定合适的职业生涯目标呢？

（资料来源：孟繁兴，郭禹辰，许诺．大学生职业生涯规划[M]．4版．大连：大连理工大学出版社，2023）

任务一 职业生涯规划的基本原则与意义

一、制定职业生涯规划的基本原则

（一）择己所爱

从事一项你所喜欢的工作，工作本身就能给你一种满足感，你的职业生涯也会从此妙趣横生。兴趣是最好的老师，是成功之母。调查表明，兴趣与成功概率有着明显的相关性。在设计自己的职业生涯时，务必注意：考虑自己的特点，珍惜自己的兴趣，选择所爱，选择自己所喜欢的职业。

（二）择己所长

任何职业都要求从业者掌握一定的技能，具备一定的能力条件。而一个人一生中不能将所有技能全都掌握。所以你必须在进行职业选择时择己所长，从而有利于发挥自己的优势。运用比较优势原理充分分析别人与自己，尽量选择冲突较少的优势行业。

（三）择世所需

社会的需求不断演化着，旧的需求不断消失，新的需求不断产生。新的职业也不断产生。所以在设计自己的职业生涯时，一定要分析社会需求，择世所需。最重要的是，目光要长远，能够准确预测未来行业或者职业发展方向，再做出选择。不仅仅有社会需求，并且这个需求要长久。

（四）择己所利

职业是个人谋生的手段，其目的在于追求个人幸福。所以在择业时，首先考虑的是自己的预期收益——个人幸福最大化。明智的选择是在由收入、社会地位、成就感和工作付出等变量组成的函数中找出一个最大值。这就是选择职业生涯中的收益最大化原则。

二、职业生涯规划的重要作用

（一）正确认识自我，坚定职业目标

中国有句古训："志当存高远。"这是勉励青少年在人生刚刚起步时就要树立宏图大志。无论做什么事，首先要确立目标，才会有清晰的前进方向和充足的动力及热情。怎样设定人生目标并通过努力达到目标？这就需要对自己的职业生涯做出合理规划，这是迈向成功的第一步。

有许多同学对自己不大了解，没有清晰地认识到自身的优势和劣势，在职业选择过程中，具有较大的盲目性，不切实际。这极易导致奋斗目标模糊、易变。通过有效的职业生涯

规划，学生能认识到自身的个性特质、现有和潜在的资源优势，并进行对比分析，着力培养职业所需的特质，树立适合自身情况的职业发展目标和职业理想，从而规划自己的学习，指导自己的实践，制订合理的行动计划，并为获得理想的职业而去做各种准备。

(二)充分了解社会，提升个人竞争力

物竞天择，适者生存。当今社会处在变革的时代，到处充满着激烈的竞争。要想在这场激烈的竞争中脱颖而出，立于不败之地，职业生涯规划是最强大的武器和法宝。生活在象牙塔内的大学生们，常常因缺乏对社会和外部职业世界的了解，而不能适时、合理地调整职业目标和行动计划，进而在职业竞争中处于劣势。

在职业生涯规划的过程中，同学们需要不断地获取外部信息，包括职业、组织、社会等多方面的信息。获得的外部信息越多，心理上的准备也就越充分，在规划自己未来发展的时候，就能够根据社会的需要并结合眼前利益和长远发展，有的放矢。

(三)实现自我价值，成就美好人生

马斯洛的需求理论指出，人的需要是由低级向高级层次推进的，即生理需求—安全需求—友爱和归属的需求—受尊重的需求—自我实现的需求。所有这些需求必须通过职业活动来实现。也就是说，同学们可以通过一份适合的职业来获得生理、安全、友爱、归属、受尊重的需求，但更需要的是通过从事一份职业来发挥自己的潜力，实现自我价值。不过仅仅有一份工作，并不能保证同学们能实现所有的需求。社会的快速变迁和竞争的不断加剧，令许多即将踏入社会的大学生手忙脚乱，不知何去何从。有效的解决方法只有一个，那就是进行职业生涯规划。正确的职业生涯规划，能为实现自我价值创造机会，并扬长补短，最终迈向成功。

三、职业生涯规划的步骤

(一)自我评估

自我评估就是对自己做全面分析。在职业生涯规划这个过程中，自我评估是不可缺少的步骤，是职业生涯规划的基础，关系到职业生涯的成功与否。

在自我评估中，要通过科学的认知方法和手段，对自己的职业价值观、职业兴趣、能力、气质类型、性格等进行全面分析，清楚自己的优势与特长、劣势与不足。同时，自我评估要客观、冷静，不能以点代面，既要看到自己的优点，又要敢于面对自己的缺点。只有这样，才能避免职业生涯规划的盲目性，使职业生涯规划高度适宜。

回答以下问题，也许可以帮助你更清楚地了解自己。

(1)你现在的年龄是多大?

(2)你在工作方面有什么需要?哪种需要占主流?是追求有更多的发展机会还是追求能取得更多的收入?是追求工作的舒适，还是追求竞争中成功的成就感?什么样的工作能满足你的这种需要?

(3)你的兴趣爱好是什么?你是喜欢与人还是与事物打交道?是喜欢管理工作还是技术工作?

(4)你有什么样的特殊能力?这些能力比较适合什么样的工作?

(5)你的性格属于哪种类型?这种类型适合干什么样的工作?

(6)你的专业是什么？这个专业与哪些工作对口？

(7)家庭对你的职业生涯有怎样的影响？如何避免负面影响，利用正面的因素？

(8)你的人际关系如何？求职时能用上哪些？

(二)职业环境分析

在制定个人的职业生涯规划时，要对职业环境进行分析，分析环境条件的特点、环境发展变化情况、自己与环境的关系、自己在这个环境中的位置、环境对自身的要求、环境给自身带来的利弊等，以此来确定职业机会的大小。

(三)确定职业生涯目标

确立目标是制定职业生涯规划的关键，有效的职业生涯规划需要切实可行的目标，以便排除不必要的干扰，全心致力于目标的实现。确立一个什么样的职业目标，要根据主客观条件来选择。

(四)明确职业生涯路线

职业生涯路线指一个人选定职业后选择从什么途径去实现自己的职业目标。发展路线不同，对个人的要求也不一样，即使在同一个职业，也分为不同的岗位。有的人适合搞行政，可以向这个方向努力，从而成为一名优秀的管理者；有的人适合搞研究，专心钻研可以在技术或学术上有重大突破；有的人适合经营，可以遨游商海。如果一个人错误地选择了与自身不相符合的职业生涯路线，那么，他在职业生涯中必定遭遇许多坎坷，能否成功也是一个很大的问题。

(五)制订行动计划与措施

这里所指的行动主要指落实目标的具体措施，主要包括教育、培训、实践等方面的措施。例如，在职业素质方面，你计划学习哪些知识？掌握哪些技能？开发哪些潜能？你将采取怎样的措施？计划用多长时间达到目标？这些计划要特别具体、可行性强，以便于定时检查。一旦有了明确的计划和措施之后，就要按照各个阶段的目标，拟定执行步骤并付诸实施。

(六)反馈与修正

由于社会环境的变化以及其他不确定因素的存在，我们原来的职业生涯规划与实际情况肯定会存在一定的偏差。尤其在现代职业领域，只有变化才是永恒的主题。影响职业生涯规划的因素很多。有的变化因素是可以预测的，而有些则是难以预料的。这就需要我们对职业生涯目标和生涯规划进行必要的调整。此时，职业生涯的评估和反馈会给我们带来收获。评估与反馈过程是个人对自己不断认识的过程，也是对社会不断认识的过程，是使职业生涯更加有效的手段。

拓展阅读

做好职业规划促进大学生高质量就业

2024 年 5 月，吸引 952 万名大学生、3 707 名就业指导教师参与的首届全国大学生职业规划大赛总决赛在上海火热进行。大赛以“筑梦青春志在四方、规划启航职引未来”为主题，以立德树人、就业育人为主线，努力打造强化生涯教育的大课堂、促进人才供需对接的大平台、服务毕业生就业的大市场，更好地实现了以赛促学、以赛促教、以赛促就的目标。

从报道中可以看出，职业规划中的真实案例鲜活生动，依托赛事脱颖而出、引人深思，具有很强的教育意义。参赛学生的职业规划案例可借鉴、可推广，通过朋辈示范作用，赛事带动和引领了广大学生在赛中学、在看中学、在学中做，唤醒了他们开展职业规划的意识，坚定了他们在各行各业挺膺担当的理想。同时，职业规划大赛设置得比较科学合理，课程教学赛道汇聚了各高校生涯规划与就业指导课程建设的先进做法。一线就业指导教师也围绕本土化、校本化课程建设经验等进行详细介绍，并对教学指导情境进行了现场模拟，展现了较高的专业水平。

从效果上看，职业规划大赛为各高校扎实做好大学生职业规划工作做了良好示范，促使高校紧密结合国情社情、校情学情，更有针对性地推动就业教育与专业教育、思政教育深度融合，加大学生实习实践力度，最终帮助大学生顺利就业，乃至实现高质量就业。

客观来看，职业规划对于促进大学生就业具有极其重要的意义，关乎大学生的职业起步，为他们的长远发展奠定了坚实基础。高校帮助大学生做好职业规划，要把握好系统化与个性化、本土化与国际化两对关系，从而帮助大学生更高质量更加充分就业。具体来说，在系统化与个性化开展职业规划教育方面，需要明确学生职业规划是系统化工程，需要构建全员、全程、全方位的职业规划和就业指导体系，即从课堂教学到校外实践、从新生入校到毕业生离校、从学生家长到社会各界，利用大数据、人工智能等技术手段开展学生职业规划活动教学，对学生就业意向与就业质量进行动态跟踪和分析，为学生提供更优质的职业规划和就业指导服务。

新时代新征程，大学生及高校就业指导教师借助职业规划大赛的东风，交流大学生职业规划的现状与需求，总结积极做法与经验，能极大提升职业规划教育的含金量。各高校多在系统与个性化、本土与国际化两个维度、四个方向上持续发力，把握职业规划的热潮，凝聚各方合力，推动全社会共同支持高校毕业生就业，从长远来看必将助力大学生在一线工作岗位上增长才干，在与祖国共发展的征途中彰显青年担当。

（资料来源：中国教育报，2024.04.24）

任务二　职业生涯目标与决策

有规划的人生叫蓝图，没有规划的人生叫拼图。没有目标的人总为有目标的人去完成目标。可见为自己确定职业生涯目标是大学生求职走向成功的重要一步。

一、职业生涯目标的定义

职业生涯目标是一个人在选定职业领域内未来时点上所要达到的具体目标，是关于自己职业理想的具体化。它代表着一个人的理想追求，指引着人的行动方向。职业生涯目标一般建立在个人评估、组织评估和环境评估的基础上。

俗话说："一切成就的起点是渴望。"职业目标在很大程度上体现着一个人对职业发展方向和职业成就的渴望。如果没有职业发展目标，那么即便有再高的个人素质、再清晰的环境认知也容易失去奋斗的航向。大学生职业生涯目标是指大学生根据社会期望和自身发展的需要确立的自我奋斗目标和发展方向，它既是大学生自我发展的触发点，也是大学生自我发展中的核心问题。

二、职业生涯目标的意义

有一句谚语："对一艘盲目航行的船来说，任何方向的风都是逆风。"目标是一个人行动的依据，没有目标，奋斗的热忱便无的放矢。因此，大学生职业生涯目标的确定与执行具有十分重要的意义。

第一，职业生涯目标可以提高人生的价值。如果认为自己的目标不重要，那么为达到此目标所付出的努力就显得没有什么价值。如果认为自己的目标很重要，情况恰好相反。只有把目标建立在自己的理想之上，才会有实现目标的强烈欲望和价值感，才会全力以赴地向自己的目标前进，最后收获成功的果实。

第二，实现职业生涯目标的过程充满了积极体验。目标是一个人努力的方向和依据，也是一种鞭策和鼓励。随着子目标一个个地实现，自己不断体验到成就感和满足感，这些积极的情绪促使自己更积极地投入到实现下一个子目标的工作中。另外，子目标的不断实现以及最终目标的不断接近会使自己对从事的活动有更深入、更透彻的了解，有助于自己更好地进行自我评估，并对目标进行动态调整。

第三，职业生涯目标有助于大学生更好地把握当下。目标对当下工作具有指导的意义，现在所做的应当是实现未来目标的一个步骤。职业目标能引导我们在正确的时间做正确的事情，为未来的目标及自我价值的实现打下坚实基础。

第四，职业生涯目标有助于职业理想的达成。树立正确、坚定的职业生涯目标是达成职业理想的前提。人生的职业理想正是在实现一个个阶段职业发展目标的基础上完成的。

三、确定职业生涯目标的原则

（一）目标的设立要完整

一个人的发展离不开六个方面：认知发展、生理发展、身体发展、社会发展、情绪发展和人格发展。唯有认知、生理、身体、社会、情绪、人格均衡发展的人才是一个健全的人，因此，职业生涯规划要涵盖以上内容。

（二）目标的设立要清楚

目标的设立一定要清楚，可以量化，不能是功成名就之类的模糊表达，也不能只是对美好生活、幸福日子的憧憬，应该是一件件具体的事情。

（三）目标的设立要合理

设立的目标必须合理，不实际的目标只会导致压力和挫折。目标定下来后也并非不可更改，随着对目标的了解，可对目标进行弹性调整。比如，打算一年内取得计算机三级证书，学习后发现考试的内容比预期多，那么可以调整计划在两年内取得。

（四）SMART 原则

目标管理的 SMART 原则是在《管理实践》(1954)中被提出的。

S(Specific):用具体、明确的语言清楚地说明要达成的行为标准,不能含混不清,同时要注意使用正面语言。

M(Measurable):目标应该是可以量化的、能度量的。

A(Attainable):目标可达成,目标不要太多,太多目标等于没有目标。

R(Relevant):上一级目标与分目标之间,以及分目标与各个活动之间应紧密相连。

T(Time-bounded):每个目标都有明确的期限。

时间目标的 SMART 分解:按照目标制定的分解原则,制定职业目标时需要兼顾长期目标、中期目标和短期目标的要求,以协调不同时段目标间的相互关系,确保目标切实可行。表 8-1 列出了在毕业前的半年、一个月和一天的时间内的就业准备目标,进行 SMART 分解示例。

表 8-1 就业准备目标 SMART 分解

目标	目标分解	SMART 原则
目标 1:本学期找到对口工作(一个学期内)	一个学期内	T
	多参加线上、线下招聘会	S/R
	多与专业老师、辅导员老师、毕业学长联系争取内推机会	S/R
	收集线下招聘信息及线上招聘渠道	A/M
	每周去一次老师办公室,打听工作机会和毕业学长就业去向	T/A/M
目标 2:8 月份完成就业调研(一个月内)	一个月时间	T
	前三周走访 3 家设计公司	S/M/R/T
	对每家公司 1~2 位 HR 进行采访	A/M/R
	每次半小时,了解公司用人需求	A/M/R
	最后一周完成 2 000 字调研报告	S/T
目标 3:调整职业生涯规划内容(一天内)	今晚 18:30—20:00	T
	到图书馆自习室	S
	整理工作信息、分析调整就业方向相关内容	S/A/M
	提高找到专业对口工作可行性	A/M

四、确定职业生涯目标的步骤

(一)分析自己的起点

分析自己的起点就是在明晰自己所处的位置的基础上,写下自己拥有的技术、能力、特长、兴趣与爱好,分析自己现在所处的境况和条件。

(二)制定未来的发展目标

你想干什么?想成为什么样的人?想取得什么成就?把它分解成长期目标,再把长期目标分解成中期目标,最后把中期目标分解成短期和日常目标,并利用职业生涯目标确定的一般原则或 SMART 原则评价制定的目标是否合适。

(三)确定实现目标的具体期限

分析目标之间的内在联系、逻辑关系及前后顺序,将长期目标拆分为多个子目标后,制定每个子目标实现的期限。用期限衡量目标的进展,可以激发前进的动力。

（四）锁定实现目标过程中的“障碍”，找出跨越障碍的方法

目标实现过程中难免遇到障碍，跨越障碍的过程就是缩短自己与目标之间距离的过程。对可能遇到的障碍进行预期并做好解决障碍的预案，将有助于目标顺利推进。

（五）制订实现目标的计划

一旦确定了目标和实现目标（解决障碍）的方法，就要制订每年、每月、每周，甚至每天的计划，形成目标分解一览表，从而明确地指导行动。

（六）按期评估与考核

在目标实现过程中，要注意对目标进行评估与考核，注意纠正在计划实施过程中的偏差，并根据当下社会、行业环境对目标进行必要的调整。

五、职业生涯目标的分解

目标分解是个体根据自己观念、知识、能力等与实现职业目标所需素质的差距，将职业生涯的远大目标分解为有时间规定的长、中、短期子目标，直至将目标分解为某确定日期可以采取的具体步骤。目标分解是将目标清晰化、具体化的过程，是将目标量化成可操作的实施方案的有效手段。目标分解帮助我们在现实环境和美好愿望之间建立起拾级而上的通道，一直细分到今天干什么、明天干什么。

（一）按照时间分解

按照时间，可将职业目标分解为长期目标、中期目标、短期目标和近期目标。

长期目标一般为6～10年的目标，它通常不是很具体，可能会随着形势的变化而变化，其主要特征是：符合自己的价值观和信念，既有可能实现又具有挑战性；和社会发展需求相结合；实现时间可以明确规定，也可根据现实条件灵活变动。

中期目标一般为3～5年的目标，它相对于长期目标要具体一些，并且服务于长期目标，其主要特征是：与长期目标保持一致；对目标实现的可能性做出评估；基本符合自己的价值观，个人对此充满信心等。

短期目标一般为1～2年的目标，是对长期目标和中期目标的进一步具体化、现实化和可操作化，是最清楚的目标。短期目标又分为年目标、月目标、周目标、日目标，其主要特征是：可操作；服从于中期目标；明确规定具体的完成时间；对实现目标有把握等。

近期目标一般为1年以内或数月的目标，即对短期目标加以细化。比如，每天做什么，如何安排好一天的学习生活。日常目标要具有可操作性、可控性，并讲究人性化，力求容易实现。如坚持跑步、锻炼身体、增强体质等，为顺利完成大学生活创造条件。

我们可以制订职业目标计划，比如：

今后10年，希望自己成为什么样子？有什么样的事业？要过上什么样的生活？自己家庭与健康水平如何？自己将获得什么样的社会地位？把它们仔细想清楚，一条一条地计划好，记录在案。

制订出五年计划：制订出五年计划的目的是将十年大计分阶段实施。并将计划进一步细化，将目标进一步分解。

制订出三年计划：俗话说，五年计划看头三年。因此，三年计划要比五年计划更具体、更

详细。

制订出明年计划:制订出明年的计划以及实现计划的步骤、方法与时间表。计划要具体、切实可行。如果从现在开始制定目标,则应单独制订出今年的计划。

下月计划:包括计划做的工作、应完成的任务、质和量方面的要求、财务上的收支、计划学习的新知识和有关信息、计划结识的新朋友等。

下周计划:下周计划包括下周要做的事情。重点在于具体、详细、切实可行。每周末提前制订好下周的计划。

明日计划:明天要做哪几件事?哪几件事是最重要的,非做不可的?把它们挑选出来,去做最重要的三至五件事,按事情轻重缓急,先后顺序排列好,明日按计划去做。

(二)按照性质分解

职业生涯目标按照性质可以分解为外职业生涯目标和内职业生涯目标。其中,外职业生涯目标侧重于职业过程的外在标记,一般是具体的,包括工作单位、工作职务、工作内容、工作环境、工作地点、工作收入、福利待遇、声望和职位等。例如,在30岁时成为某世界500强企业的销售总监,三年内完成创业初期所需的资金积累。内职业生涯目标则侧重在职业生涯过程中的知识、经验的积累,能力的提高和内心的感受。通常,内职业生涯目标的发展带动外职业生涯目标的发展,外职业生涯目标的实现可以促进内职业生涯目标的达成。

个体在分解自己的职业生涯目标时,外职业生涯目标与内职业生涯目标应该是并进的,且重点考虑内职业生涯目标的内容。目标分解,要兼顾内、外职业生涯目标与长、中、短期目标两个维度的交叉并用。

(三)目标整合

目标整合是处理不同目标相互关系的有效方法。如果只看到目标之间的排斥性,就会在不同目标之间做出排他性的选择;但如果能看到目标之间的因果关系和互补性,就会积极地进行不同目标的组合。

1. 时间上的整合

(1)目标并进。目标并进是指同时着手实现两个先行的工作目标;或者建立和实现与目前工作内容不直接相关的职业生涯预备目标。例如,目标并进可以理解为在做好本职工作的同时学习另外一种专业知识,为未来转岗或升职做好准备。

(2)目标连续。目标连续是指目标之间的先后连续性,即先实现一个目标再实现另一个目标。一般而言,短期目标是实现长期目标的支持条件。目标的期限是相对的,随着时间的推移,长期目标变为中期目标,中期目标变为短期目标,短期目标变为近期目标。只有完成好每一个近期目标才能实现最终目标。一个职业生涯的阶段目标是在某个阶段时间内想要达到的明确结果。阶段目标与最终目标相关联,阶段目标更明确,彼此之间也具有连续性。例如,一名会计专业学生为自己设计的获得职业资格的目标:会计上岗证—初级会计师—中级会计师。

2. 功能上的整合

(1)因果关系整合。有些目标之间存在着比较明显的因果关系。例如,工作能力提升—职务晋升—收入增加。通常内职业生涯目标是原因,外职业生涯目标是结果。例如,单位给小王提供 4 500 元月薪，而他给自己确定的经济目标是每月 6 000 元。要实现这个目标有两种途径：一种是通过优异的业绩使自己在职务上得到提升；另一种则是职称有所提升。这两种途径的必要条件都是能力的提升。要想提升自己的能力，就必须掌握新的知识、树立新的观念，并且于实践中锻炼发展，即实现内、外职业生涯目标的有机组合。

(2)互补关系整合。一名毕业生的职业生涯规划是在成为一名优秀的人力资源经理的同时，还能获得人力资源管理在职硕士学位，这两个目标之间存在着直接的互补关系。多年的从业经历可以为读研提供联系实际的经验基础，而读研期间所学的知识可以为实际的管理工作提供理论支持和方法论指导。

(3)全方位整合。目标的全方位整合可以超越狭隘的职业生涯范围，将全部的人生活动联系协调起来。职业生涯不是人生的全部，任何一个人都不能离开家庭和休闲娱乐，完美的职业生涯规划不应把生活中的其他内容排斥在外。

六、确定具体的职业生涯目标

确定具体目标的前提是进行差距分析，也就是将自己的现状与达成职业生涯目标所需条件对照，找出其中的差距。这样设计出的目标才具有针对性和可行性，是实现生涯目标的具体施工图。实现目标的过程，实际上就是缩小差距的过程。差距分析包括以下几个步骤：

第一步：找出差距，包括思想观念上的差距、知识的差距、心理素质的差距、能力的差距等。

第二步：找出缩小差距的方法，包括学习、教育培训、与有经验的人交流讨论、实践锻炼等。

第三步：寻找实现途径，包括选修相关课程、从网络上查询相关资料、了解教育培训方面的信息、给专家发邮件、与老师交谈、兼职等。

第四步：制订实践计划，将可能的实现途径列入自己的目标计划内，越详细越具体越好。

第五步：具体行动，如果不能付诸行动，就算制定了再好的职业目标也无济于事。在确定了职业生涯目标以后，具体行动就成了关键。可以采用 FIRST 方法帮助自己更高效地贯彻执行行动计划。

专注(Focus)；必须明确自己最重要的目标，专注是成功的第一前提。在行动过程中，可能会有各种扰乱方向的事情出现，随时有走向岔路的危险，因此保持专注十分必要。

执行(Implement)：按照短期计划，每天进步一点点，达到一定的熟练度或找到一些技巧后，可以逐渐提高任务的难度与标准，尝试不断冲破舒适区。

反思(Reflect)：经常思考行动的执行过程，提炼心得与经验，从而提高目标实现的效率。

寻求反馈(Seek feedback)：寻求他人的反馈与帮助，不要总是一个人摸索。一个人多多少少会存在盲点，多与人沟通交流，借助他人的“慧眼”可以帮自己发现更深层的问题。

延续(Transfer)：将自己的经验与心得不断转移到下一个步骤，成功贵在坚持。当正确行动已形成习惯时，成功可能就像惯性一样接踵而至。

第六步：计划执行的激励策略

(1)在未来的一个月内，每天对自己完成的事情加以赞扬。

(2)在未来的半年内，每个月对自己月目标的执行情况予以赞扬。

(3)在未来的一年内,回顾自己达成的目标,同时指出兴奋期、疲劳期、寂寞期、收获期,感谢自己的坚持和努力。

(4)赞扬和感谢要针对具体的事情,越具体越好,还可以给自己奖励,如送自己一份礼物、吃一顿大餐等。

七、职业生涯决策的方法

职业生涯是一个持久而漫长的旅程,成功不会一蹴而就。为了在未来职场上取得成功,每个人都需要制定职业生涯规划并持续不断地付出努力和学习。大学生可以通过对确定的职业生涯目标进行具体的实施来规划职业生涯,完成目标到行动的过程。

(一)决策树分析法

决策树(Decision Tree)是在已知各种情况发生概率的基础上,直观运用概率分析,评价项目风险,判断其可行性的决策分析方法。决策树一般是自上而下生成的,每个决策或事件(自然状态)都可能引出两个或多个事件,从而导致不同的结果。将这种决策分支画成的图形很像一棵树的枝干,故称决策树。

决策树由决策节点、状态节点、方案枝和概率枝构成,如图 8-1 所示。方块节点称为决策节点,由节点引出若干条细枝,每条细枝代表一个方案,即方案枝;圆形节点称为状态节点,由状态节点引出若干条细枝,表示不同的自然状态,即概率枝。每条概率枝代表一种自然状态。在每条细枝上标明客观状态内容及其出现概率。在概率枝的末梢标明该方案在自然状态下所能达到的结果。决策由左向右,由简到繁展开,组成一个树状网络图。

如果决策问题只要求做一次决策,就是单级决策问题。如果决策问题要求分几次做出决策,即为多级决策问题,在决策树中就会有多个决策节点。对于多级决策问题,处理问题的思路与单级决策问题基本上是相似的。因为下一级的决策问题一旦解决,这个决策节点的作用就同状态节点一样了。所以,处理多级决策问题时只要从最末一级的决策开始往上逐级递推就可以了。根据各方案分支的损益期望值和各方案的初始投资情况,对各方案分支决定取舍,称为剪枝。

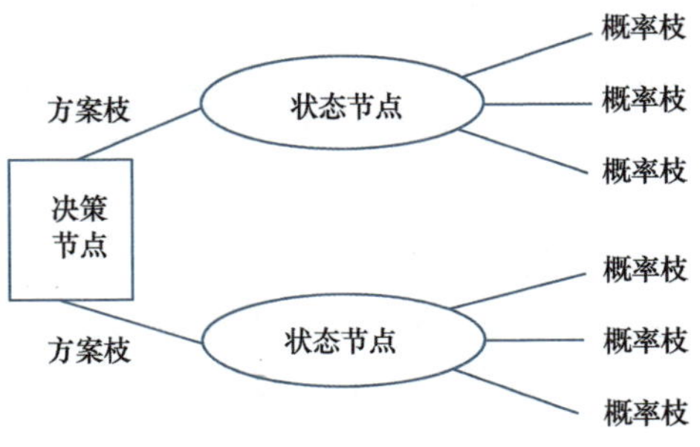

图 8-1　决策树要素

(资料来源:孟繁兴,郭禹辰,许诺. 大学生职业生涯规划[M]. 4 版. 大连:大连理工大学出版社,2023)

决策树分析法由以下四个步骤组成:

(1)明确所要处理的决策问题是几级决策问题,明确各级决策之间的逻辑关系以及各级决策各有几种方案,明确各级决策所面临的几种自然状态及发生概率。决策树分析法的流程如图 8-2 所示。

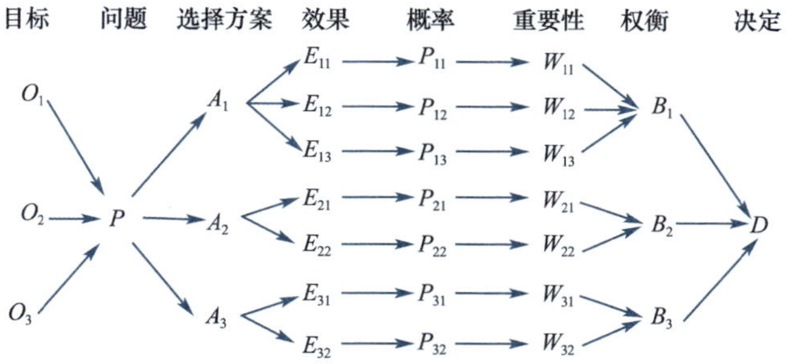

图 8-2　决策树分析法的流程

(资料来源:孟繁兴,郭禹辰,许诺.大学生职业生涯规划[M].4 版.大连:大连理工大学出版社,2023)

(2)画出决策树。画时应注意各类节点的层次关系,并将决策方案在某种自然状态下的损益值标于决策树相应的末端位置。

(3)从右向左计算各节点的期望值。遇到决策节点时应先视为单级决策问题进行决策。经过取舍,剪枝后再参加下一级的决策。

(4)逐级剪枝,完成所有决策节点的剪枝工作,进而完成整个决策问题。对于单级决策问题,最后得到的是一个决策方案;对于多级决策问题,最后得到的是一个由若干个相关决策组成的决策组合。

(二)SWOT 分析法

SMOT 分析法(SMOT Analysis)最早是用于制定企业中长期发展战略的方法。近年来,SWOT 分析法常常作为生涯决策分析方法被用来评估个体的技能、能力、兴趣,分析个体的优缺点及个体所感兴趣的不同职业道路的机会和挑战所在。SWOT 是四个英文单词的首字母的组合,其中,S 代表优势(Strength)、W 代表劣势(Weakness)、O 代表机会(Opportunity)、T 代表威胁(Threat)。每个人都可以通过 SWOT 分析法,认识自己的优势和劣势及自己有哪些生涯发展机会等。大学生职业生涯决策 SWOT 矩阵见表 8-2。

表 8-2　大学生职业生涯决策 SWOT 矩阵

内部因素	优势(S):指个体可以控制,并可利用的内在积极因素	劣势(W):指个体可以控制,并可以努力改善的内在消极因素
	• 教育背景; • 丰富的专业知识和技能; • 实践经验; • 特定的可转移技巧(如沟通、团队合作、领导能力等); • 人格特质(如职业道德、自我约束、承受工作压力的能力、创造性、乐观等); • ……	• 缺乏工作经验; • 学习成绩差,专业不对口; • 对自我和对挫折的认识不足; • 较差的领导能力、人际交往能力、沟通能力和团队合作能力; • 负面的人格特征(如缺乏自律、害羞、情绪化等); • ……

（续表）

外部因素	机会(O)：指个体不可以控制，但是可以利用的外部积极因素	威胁(T)：指个体不可以控制，但是可以使其弱化的外部消极因素
	• 就业机会增加； • 再教育机会增加； • 专业领域急需人才或专业发展带来的机会； • 由提高自我认知及设置更多具体的工作目标带来的机遇； • 地理位置的优势； • ……	• 就业机会减少； • 具有丰富技能、经验、知识的竞争者； • 名校毕业的竞争者； • 由于缺少培训、再学习而造成的职业发展障碍； • 专业领域发展有限； • 薪酬过低； • ……

（资料来源：孟繁兴，郭禹辰，许诺. 大学生职业生涯规划[M]. 4 版. 大连：大连理工大学出版社，2023）

在完成 SWOT 矩阵中的内部因素和外部因素分析之后，可以清楚地看到自己的竞争力和发展机遇，从而能够制定出恰当的职业生涯目标与计划。同时，SWOT 矩阵分析还能帮助个体清晰地认识到自己的不足和外在威胁，从而制定出相应的应对策略，发挥优势，克服劣势，利用机会，化解威胁。运用系统分析方法，将排列的各种环境因素相互匹配起来加以组合，就可以得出一系列适合自己的应对策略。内部环境、外部环境的 SWOT 对策矩阵见表 8-3。

表 8-3　　内部环境、外部环境的 SWOT 对策矩阵

		内部环境	
		优势(S)	劣势(W)
外部环境	机会(O)	S-O 对策：利用这些	W-O 对策：改进这些
	威胁(T)	S-T 对策：注意这些	W-T 对策：消除这些

（资料来源：孟繁兴，郭禹辰，许诺. 大学生职业生涯规划[M]. 4 版. 大连：大连理工大学出版社，2023）

S-O 对策：着重考虑优势因素和机会因素，目的在于通过努力使这两种因素趋于最大。比如，英语基础好，将来从事外贸工作，就可以继续加强这个方面的优势，让它成为各项素质中最具有竞争力的因素。

W-O 对策：着重考虑劣势因素和机会因素，目的是努力使劣势趋于最小，机会趋于最大。比如，虽然毕业学校一般，专业偏冷，但目前就业市场上对复合型人才需求比较旺盛，只要自己综合素质足够好，劣势因素的影响就没有那么大。

S-T 对策：着重考虑优势因素和威胁因素，目的是努力使优势因素趋于最大，威胁因素趋于最小。也就是说，要利用自身优势条件将外部威胁对个体职业发展造成的不利影响降到最低。例如，应届毕业生因为缺乏工作经验，往往被一些大型企业拒之门外，但如果自己不仅具备丰富的专业知识，还能表现出良好的沟通、团队合作能力，具有创造性且敢于展示，就极有可能被企业破格录用。

W-T 对策：着重考虑劣势因素和威胁因素，目的是努力使这些因素都趋于最小。比如，觉得自己社交能力不强，但未来所希望从事的职业又要求具有良好的社交及团队合作能力，就要多参加社团、社会活动来弥补自己的劣势以应对职业要求。

（三）CASVE 循环

CASVE 循环是一个循环往复的过程，一般包含以下 5 个阶段：

1. 沟通阶段

这个阶段是一个识别问题的存在并意识到自己需要做出选择的过程。通过对自己的内部和外部的信息沟通发现问题信号。其中，内部沟通包括情绪信号和身体信号，前者如不满、厌烦、焦虑、失望，后者如头痛、胃部疾病等；外部沟通包括亲朋好友的建议、专业的热门程度、就业形势的变化等信息。这个阶段可以从认知和情绪两个方面体会理想情境与现实情况之间的差距给自己带来的不平衡感，分析问题的根源，探索成因，从而启动一个 CASVE 循环。

2. 分析阶段

这个阶段是在对自我了解的基础上，采用相应的职业决策知识找到自己的现实状态和理想状态之间的差距的过程。好的决策者会花时间去思考、观察、研究，完善自我认知，尤其是自己的兴趣、价值观和技能领域，还要不断了解职业领域、学习领域、工作组织和行业类型等各种选择信息。总之，决策者应尽可能了解在沟通阶段体会到的不平衡感的所有构成因素。一般来说，对自己就业选择的准确理解可以让个人的职业决策更为有效。

3. 综合阶段

这个阶段是先扩大再缩小自己的职业选择清单，形成可能选项的过程。扩大选择清单是为了避免错过潜在的恰当选择；再将选择的数量减少至一个足够小的列表，这样可避免恰当的选择在最后被其他信息淹没。该阶段分为两个步骤：第一步，扩大或细化，尽可能扩展可选择清单，可运用头脑风暴法等，避免定式思维；第二步，缩小或综合，把选择清单缩减至 3～5 个选项，可用排除择优法。

4. 评估阶段

这个阶段是围绕少数几个就业选择，将其进行先后次序排列的过程。首先，评估每一种选择对自己和他人的影响，从对自己和他人的代价和益处两个方面进行考察；然后，对综合阶段得出的几种选项进行排序，从而做出最佳选择。

5. 执行阶段

此阶段是从完成决策到就业的执行转换过程，包括形成手段与目标的联系，确定一系列逻辑步骤以达到目标，以及将计划付诸行动。执行的第一步是为找工作做好准备，包括撰写简历、求职信和掌握面试技能。在得到工作机会之后，应及时给予接受或拒绝的明确回应。

CASVE 循环是一个自身不断循环的过程，在执行阶段之后，又回到沟通阶段，确定做出的选择是否恰当，现实状态与理想状态间的差距是否消除，决策者的不平衡感是否解除。

八、职业生涯决策评估

（一）评估的意义

1. 评估可以检测职业生涯目标是否得当

一是因为社会的发展日新月异，职业要求越来越高；二是因为相当一部分大学生对自己评价过高，造成职业规划与现实情况的偏差较大。这也正是刚毕业大学生频繁跳槽的主要原因之一。因此，要定期对职业生涯目标进行评估。

2. 评估可以检测职业生涯策略是否得当

在完成自己的职业生涯决策之后，需要在职业生涯规划实施过程中不断自省，定期对实际效果进行检验，以便及时调整职业生涯规划，确保制定的策略和计划符合自己的实际发展情况与现实工作要求。

（二）自我评估

职业生涯评估通过评估个体在性格、意志、知识水平、技术能力、工作经历与经验等方面的优势与劣势，为制定未来的职业目标和职业路线提供依据。职业生涯评估可以每年进行一次，例如，在年初制订该年具体计划，逐月修订，将具体计划按照年、月、周细分，并做好总结工作，积极修正、核查策略和计划，保证目标有效实施。在特殊情况下，如职业变更时期，可以随时评估并进行相应调整，酌情缩短规划周期，做到事事有计划。职业生涯评估的内容包括以下几个方面：

1. 质量评估

质量评估即自身条件与外界要求的契合度，目前做的职业生涯规划质量到底如何，是否有必要重新进行决策，这些都是个体即使已经做出了职业决策，仍然需要经常思考的问题。下面列举了 7 条标准来评估职业生涯决策的质量。

下面，请回答你是否达到了这 7 条标准。如果你不能够有信心地对这些问题(尤其是前 3 个问题)说“是”，那你就有理由怀疑自己的决策质量。如果你的回答均为“是”，说明决策的质量比较高。如果很多问题的回答都是“否”，说明自己的决策质量存在较大问题，这些问题也指示出自己该从哪些方面入手提升决策质量。

(1)你是否使用了一系列方法(6 种以上)来找出多种可能的职业选择(15 个以上)？

(2)你是否已经仔细了解并研究了缩减后列表上的职业选择(10 个或更多)，包括它们所体现的价值及它们所要求的技能？

(3)你是否对每种职业前景的正面和负面后果都进行了仔细的考虑和衡量？

(4)你是否广泛收集了新的信息来帮助自己评价和衡量各种职业选择？

(5)你是否实事求是地将有关职业选择的新信息或专家意见考虑在内，哪怕这些信息或意见并不支持你所倾向的职业？

(6)在做出最后决定之前，你是否重新审视了职业前景的正面和负面后果，包括那些你认为自己恐怕不能接受的职业？

(7)你是否已经做出详细的计划来实施自己的首要职业选择(比如，获得必要的教育、投递简历)？是否还有另外的选择计划？在你的第一位选择牵涉的风险太大时能否用一个新的职业目标来代替它？

2. 目标评估

目标评估即评估是否需要重新选择职业。假如一直无法找到自己期望的工作机会，那么应当根据现实情况重新选择职业生涯目标。如果一直无法适应或胜任自己的工作，在工作中得不到发展和成长，甚至长期压抑，那么也需要考虑调整职业生涯规划。

3. 机会评估

机会评估即评估周围环境是否允许完成职业目标。随着经济社会的飞速发展，工作环境也在不断发生变化。需要定期重新评估或循环评估外界环境的特点和环境中对自己有利或不利的条件因素，以实现自我职业生涯规划与环境的匹配。

4. 路径评估

路径评估即评估是否需要调整发展方向。在出现更适合自身发展和职业生涯发展的机会且原定发展方向缺少前景的情况下，就需要考虑、尝试调整职业发展方向。

5. 其他因素评估

其他因素评估即评估身体状况、家庭情况、经济条件、意外情况等内外部条件。如果家庭需要更多的照顾，就要考虑是否应转移一部分工作精力到家庭里，甚至暂停工作；如果身体条件不允许，也需要放低对自己的职业要求。

（三）外部评估

外部评估，即职业生涯反馈，是指沟通双方就期望得到的沟通信息进行的信息回流和循环。职业生涯反馈本质上是对职业生涯规划再认识的过程，除了通过自省的方式获得反馈信息，也可以借助他人反馈获得相关信息，从而对自己的职业生涯有更客观的理解。

职业生涯 360°反馈（360 Degree Feedback）是由英特尔公司首先提出并投入使用的，是目前在企业考评中被广泛运用的一种反馈方法。360°反馈，既注重结果考核，又强调过程评价。评价者不仅包括被评价者的上级主管，还包括其他与之密切接触的人员（如同事、下属、客户等），也包括自己（可以参照上一部分内容进行）。

实施 360°反馈评价的重点在于做好他人评议，做深自我评价，做实评价反馈。一般在实施过程中，需要向上级主管、同事、下属、客户等多方人士收集意见，并汇总分析。如果有需要，也可以采用调查法进行：第一步，发放调查问卷；第二步，填写调查问卷（一般做匿名处理）；第三步，处理数据，并撰写反馈报告；第四步，制订与反馈个人能力发展计划；第五步，根据计划落实能力发展目标。

（四）职业生涯评估应注意的问题

1. 抓住最重要的目标

在一段职业期内经常同时存在几个目标，但其中总是有一个最重要的目标。可以通过优先排序，重点评估那些可能达到核心目标的主要策略的执行效果。如果不找出重点，不分轻重缓急，很可能造成每一个目标都达不到预期效果的窘况。

2. 留意最新的需求

在漫长的职业生涯中，周围环境和自身条件都处于变化之中，要善于发现最新的趋势和潮流，对新的变化和需求做出有效的应对。此外，随着工作和人生阅历的增长，自身的需求也可能发生变化，可能从刚入职时注重学习和成长机会，到后来注重晋升和自我价值实现。这时候，就要根据自身需求调整职业规划。

3. 关注自己的弱点

“木桶理论”形象地说明了一个人的短板会直接影响职业生涯的质量。在评估过程中，既要看到自己的长处，也要了解自己的短处，并想办法弥补自己的缺点。在校学习期间，要尽力全面发展，有意识地弥补短处；就职期间，要充分发挥长板优势，人前展示全能，私下提高不足。

九、职业生涯阶段管理

（一）个人职业生涯早期阶段管理

大学生毕业后正处于职业生涯的早期阶段。这一时期是一个人从学校走进社会、由学生变为雇员的过程，也是逐渐组织化和社会化的过程。一系列角色和身份的变化，必然要经历一个适应过程。在这一阶段，个人的组织化及个人与组织的相互接纳是个人和组织共同面临的重要管理任务。在做好职业生涯早期阶段的自我管理时需要做到以下几方面：

1. 掌握现代技能，学会如何工作

一是弄清岗位职责，明确工作任务；二是克服依赖心理，学会自主地开展工作；三是培养工作兴趣，拓展知识面。

2. 建立良好的人际关系，学会与人相处

新员工要尊重上司、老员工，尽快学会与他们愉快相处，这有助于迅速适应组织人际氛围和工作环境。同时，对人要彬彬有礼，远离“办公室政治”，不要散布流言蜚语，学会用建设性的方式来解决工作冲突，逐渐明确个人在组织中的位置。在组织内发展人际关系很重要，但也要避免“拉帮结派”。

3. 尽快适应工作环境

刚入职的一些日子可能是最艰难的，因为新入职者要面对新面孔、记住新信息、调整新节奏。这段时间需要额外努力，要勤勉工作，主动承担，多听多问多学习，要敢于主动出击，建立新环境的社交网络。刚入职时犯错误是不可避免的，领导通常也不会要求新员工做事十全十美。因此，在犯错时，不要灰心，要及时沟通，勇于认错，避免下次再犯同样的错误。

4. 培养决策能力，学会如何做选择

为此，一方面要善于搜集相关的信息，并对这些信息进行正确的分析和评价，充分利用信息来提高决策质量；另一方面，要在实际决策过程中，避免犹豫不决或优柔寡断，需要有主见地、适时地、果断地做出决策。此外，做出决策后还需要有效地实施职业决策，克服计划实施过程中所遇到的种种困难。

（二）个人职业生涯中期阶段管理

职业生涯中期是个人生命运行中任务最重、压力最大，但最能取得事业成功的时期。这个阶段有两种表现形式：一是获得晋升进入更高一层的管理或技术职位；二是薪资福利增加，在选定的职业岗位上成为稳定的贡献者。在进行职业生涯中期阶段的自我管理时需要注意以下几点：

1. 积极面对并主动解决职业问题

此阶段，个体不仅要面对人到中年的生命周期变化，同时还需要担负起该阶段个人职业

生涯的特定管理与开发任务，承担新的职业角色，积极面对并努力克服职业生涯中期发生的职业问题。

2. 保持积极进取的精神和乐观的心态

相当数量的中年员工会面临职业中期危机以及来自家庭的各种问题，工作热情降低，业绩开始走下坡路。此时，如果能够正确控制自己的情绪，正视客观现实，正确控制情绪，保持积极、进取、乐观的心态，积极寻找解决矛盾的新方案、新方法，那么，中期阶段的职业危机很可能成为新的机会，还可能实现职业发展的新跨越。

3. 面临新的职业与职业角色选择决策

此阶段的个体已经工作了较长的时间，积累了许多能力和经验，但也面临着职业角色的新选择，可能常发生职业流动。此时需要重新审视自己的生活目标和价值观，视情况调整原来的职业决策。

4. 担负起指导新人、言传身教的责任

随着个人职业生涯发展及职业锚的稳固，个人的工作经验日益丰富。这个时期的个体，不论其是否担任正式的管理角色，都不可避免地要肩负起言传身教的良师责任，给年轻人以监督、教导和支持。

5. 维持职业、家庭和自我发展的平衡

此阶段的个体具有多重社会角色，如何平衡多个角色的要求至关重要。要完成这一任务，可以从两个方面入手：一是自我重估，包括重估自己的职业锚和贡献区；二是对今后的人生进行重新定位，决定家庭、生活和自我发展三者的运作模式，求得三者之间的平衡。

（三）个人职业生涯后期阶段管理

这个时期的工作者的年龄一般是从 50 岁到临近退休。这一阶段，个体的工作、生活和心态都发生了变化，如家庭情况的变化，逐渐产生了对家的依赖感，温馨的家庭成为职业生涯后期阶段的一大需求。在进行职业生涯后期阶段的自我管理时需要注意以下几点：

1. 学会接受和发展新角色

在这一阶段，要勇敢地面对和坦然接受生理机能衰退及其导致的竞争力、进取心下降的客观事实，另辟蹊径，寻求适合自己的新的职业角色，以发挥个人的专长与优势，如作为顾问提供咨询等。

2. 学会接受权利、责任和地位的下降

首先，要从思想上认识和接受“长江后浪推前浪”这一必然规律；其次，将重心逐渐从工作转移到个人活动和家庭生活方面，寻找新的满足点；最后，回顾自己的整个职业生涯，做好退休准备。

微课

工作、岗位、职业与事业

拓展阅读

谈谈自我效能感是如何实现你的目标的

为什么大多数人跳不出“下决心—放弃—再下决心—再放弃”的恶性循环模式？美国心

理学家班杜拉认为，人们是否会实现计划，取决于他们认为自己实际上能够实现这些改变的能力有多大，这就是著名的自我效能感。

每个人都有许多愿望，希望明天的生活更加美好——变漂亮、变健康、有更多的钱花、工作更顺心如意……难道这些都只能是一场白日梦？不，不要轻易就说你永远做不到。

日常生活中，我们经常会听到身边有人在不停高喊类似"我要锻炼"或"我要攒钱"的口号，以及他们对此无能为力的抱怨声。其实，他们也很清楚，只要自己坚持做出一点改变，生活就会变得更加美好，但却陷入"下决心—放弃—再下决心—再放弃"的恶性循环之中，只能在原地踏步不前，好像改变自己真的要比登天还难。

有统计数据发现：目前全世界每天有数百万人在为戒烟或减肥而努力，而尽管其中的许多人能做到几星期不吸烟，或者真的减轻几公斤体重，但是，最终只有一小部分人能够永久地改掉吸烟的不良习惯或恢复正常体形。

对此，新行为主义大师阿尔伯特·班杜拉是这样解释的，那些少数的成功者坚持到底的关键，在于他们对实现目标的自我效能感比一般人高得多，他们相信自己有达到目标的能力。而其他吸烟者不能戒烟的原因，就是他们认为自己根本戒不掉烟。实际上，人们只有在确认自己能做到时，才能坚持不懈地去克服吸烟的冲动。简单地说，"相信某件事会发生"与"相信自己能让某件事发生"，二者之间存在着巨大的差异。

对于这种由于自我效能感不足导致的毅力缺乏，言语说服往往又是最没有效果的方法。这时候，与其强调应该去做什么，有多重要，还不如帮助他们体验一下成功的感觉，哪怕只是很小的一点点。他们可以稍微修正一下自己的计划，用一系列较小的、较具体的目标来过渡，最终可能就完全是另外一个结果。

（资料来源：邰葆清.大学生职业发展与就业指导[M].2版.北京：中国铁道出版社，2023）

任务三　撰写职业生涯规划书

一、职业生涯规划书撰写要求

（一）资料翔实，步骤完整

收集资料有多种途径，可以考虑使用职业规划测评系统的测评资料，可以通过生涯人物访谈、从报纸图书中摘抄、上网下载等方式获取资料，要尽可能注明资料的出处，并多运用图表数据来说明问题，以提高资料来源的可信度和说服力。这一阶段的步骤主要分为以下四步：

第一步，分析需求、条件及目标设定。

第二步，分析阻碍和可行性研究。

第三步，设计方案和提升（改变）计划。

第四步，制订详细的实施计划和措施。

（二）论证有限，分析精准

要了解有关的测评理论及知识，认真审视并思考自己的测评报告，对照自我认识与测评结果的异同，分析与测评结果形成差异的原因，从而确定自我评估结果，达到“知己”；要厘清自己所处的地理环境（包括居住的地方、喜欢的地方、亲朋的意见等），明确自己的最大兴趣、最喜欢与之共事的人的类型、最重视的价值与目标、最喜欢的工作条件，通过目前的环境评估（社会影响、家庭影响、学校因素、就业形势等）和当前社会环境分析（组织环境分析、技术的发展、经济的兴衰、政策法规的影响等）来确定自己的职业方向，做到有理有据、层层深入。

（三）言简意赅，结构严谨

语言朴实简洁，用词精练准确，行文流畅，条理清楚，这是最基本的写作要求。撰写时还应该密切注意整篇文章的结构和重心所在。

职业生涯规划书一般包含对职业规划的认识、对自我的剖析、对所学专业的认识、对职业方向的探索及确定目标并制订计划这五个方面的内容。在对这些内容进行分析阐述时，必须紧紧围绕职业目标这条主线展开，从而体现文章论述的逻辑性和连贯性，要将重点放在自我评估、环境评估、目标实施上。职业生涯规划是对自己将来的规划，这个规划只有建立在对自我和职业的充分认识的基础上才能体现出它的科学性和可行性。

（四）目标明确，科学合理

撰写职业生涯规划书应围绕论述的中心展开，职业生涯目标不能过于理想化，应择己所爱、择己所长、择世所需、择己所利。职业生涯规划书撰写是否成功，在很大程度上取决于有无正确、适当、切实可行的目标。

（五）有据可依，措施具体

目标分解、实现路径选择要有理论依据，而且备用路径之间要有内在联系性。目标组合要注意时间上的并进、连续，功能上的因果、互补作用，全方位的组合要涵盖职业生涯。家庭生活、个人事务等方面。

（六）格式清晰，图文并茂

大学生职业生涯规划书的撰写要体现完整性、层次性。完整性即不能缺少职业生涯规划书内容中的任何一部分；层次性即格式清晰，每部分内容安排得体，分析翔实，有凭有据，逻辑性强，文字配合图表共同阐述问题，这样会使内容更具有说服力，加深感性认识，便于理解。

二、职业生涯规划书撰写步骤

撰写一份完整的职业生涯规划书应当包括自我分析、职业环境分析、职业定位、职业生涯规划设计与实施和反馈调整五个步骤。

（一）自我分析

职业生涯规划是一个动态过程，其最基础的工作首先是要知己，即要客观、全面地认清自我，充分了解自己的职业兴趣、能力结构、职业价值观、行为风格、优势与劣势等，进行自我评估。自我分析是职业生涯规划的基础，也是能否获得可行的规划方案的前提。只有正确地认识自己，知道自己想要干什么、能干什么，了解个人的优势与劣势、个人职业发展目标的设定及设定的原因、达到目标可能得到的助力与遭遇的阻力、达到目标所需要的教育与培训等，才能准确进行职业定位，才能选定适合自己发展的职业生涯路线。要做到客观认识自我，至少需要了解以下五个方面：

(1)职业兴趣。即喜欢干什么。

(2)适合干什么。即个人特质，包括个人的能力、气质和性格特征。

(3)最看重什么职业价值观。即进行职业锚类型分析。

(4)人与岗位是否匹配。即岗位的胜任力特征如何，与个人条件是否匹配。

(5)个人现状如何。即当前个人具备的有利条件和不利条件是什么。

(二)职业环境分析

充分了解与认识相关的外部环境，评估环境因素对自己职业生涯发展的影响，分析环境条件的特点和发展变化情况，把握外部环境因素的优势和限制，扬长避短，才能找到适合的发展方向。如果缺乏对外部环境的了解和分析，个人的职业生涯规划只能成为“水中月，镜中花”。职业环境分析主要包括社会政治环境、经济环境和组织(企业)环境的分析，即评估和分析社会的需求，本专业、本行业的地位，形势及发展趋势，企业与组织的需求，家庭的期望，技术的发展和经济的走向，以及组织在职业生涯选择与规划等方面的员工政策等。

(三)职业定位

职业定位就是要选择一种职业类型，为职业与自己的潜能及主客观条件谋求最佳匹配，职业定位是自我定位和社会定位的统一，只有在了解自己和职业的基础上才能够给自己做准确定位。良好的职业定位是以自己的最佳才能、最优性格、最大兴趣、最有利的环境等信息为依据的，也就是说，要充分考虑第一步自我分析和第二步职业环境分析的结果。进行职业定位应注意如下四点：

(1)依据客观现实，考虑个人与社会、单位的关系。

(2)树立辩证发展观，要摸清当前职业与未来发展的关系，选择条件更合适、更符合自己特长、更感兴趣、经过努力能很快胜任、有发展前景的职业。

(3)扬长避短，权衡个人能力，寻找能够发挥个人所长的职业。

(4)审时度势、及时调整。

(四)职业生涯规划设计与实施

1. 确定职业目标

职业生涯规划的核心是制定自己的职业目标。制定个人职业生涯规划的最终目的就是实现自己的职业目标，职业目标的选择正确与否，直接关系到人生事业的成功与失败。职业生涯规划中所确立的目标，应该是可预想到的，有一定实现可能的目标，包括人生目标、长期目标、中期目标和短期目标。人生目标是个人的最终理想，短期目标一般是指时间为1～2年的目标，中期目标一般是指时间为3～5年的目标，长期目标一般是指时间为6～10年的目标。目标确立的方法通常是先结合自身条件和现实环境选择最适合自己发展的人生目标和长期目标，然后通过目标分解，分为切合职业生涯各发展阶段实际情况的中期目标、短期目标。人生目标和长期目标需要个人经过长期的艰苦努力和不懈奋斗才有可能实现，确立时要立足现实、慎重选择、全面考虑，使之既有现实性又有前瞻性。短期目标更具体，对人的影响也更直接，是长远目标的组成部分。

2. 设计与实施

有效的职业生涯设计需要有确实能够执行的职业生涯策略方案，实现职业目标要由具体的行为措施来保证，要制定周详的行动方案，制定行动方案是指把目标转化成具体的方案和措施。这一过程中比较重要的行动方案有职业生涯发展路线的选择、相应的工作、教育和培训计划的制订等。

职业目标确定后，向哪一条路线发展，就是职业生涯发展路线的选择：是向行政管理路线发展，还是向专业技术路线发展，或者是向市场营销路线发展，或先走技术路线，再转向行政管理路线，在具体的岗位方面也需要做出选择，是行政管理、市场营销、技术研发，还是服务支持。

（五）反馈调整

职业生涯规划是一个动态的变化过程。影响职业生涯规划的因素很多，有些因素是可以预测的，有些因素是难以预测的。当今社会处于激烈的变化过程中，职业生涯规划难以预见个人发展将要遭遇的种种现实状况，因此原定职业生涯目标在策略实施过程中往往会出现偏差。成功的职业生涯规划需要时时审视内外部环境的变化，在实施中检验自己的方案，及时诊断职业生涯规划各环节出现的问题，根据反馈的情况，及时反省、修正规划目标并调整规划方案。

三、大学期间的生涯管理

对于大学生活，每个同学会有不同理解和任务安排，按照年级来划分，不同年级各有侧重。

（一）大学一年级

大学一年级为探索期，重在认识自我，了解专业及进行初步的职业探索。

这一时期大学生刚刚入学，需要适应大学的学习生活，而一些从前很少接触的问题也会渐渐地浮现出来：我是怎样的人？我所学的专业将来能做什么？我在就业方面有哪些需求？……这也是行动的开端。大学一年级，要通过参加课程学习、学生活动、社会实践、志愿服务、竞赛测评、人物访谈、查阅资料等方式，尽可能地探索个人兴趣、性格、能力、价值观等特征，深入了解所学专业的特点、核心课程，应用领域和发展前景等内容，养成良好的学习习惯，主动接触和收集不同行业、不同职业信息，掌握不同职业对人才的要求。

（二）大学二年级

大学二年级为拓展期，重在发现个人发展的多种可能，形成有效的学习方法，拓展职业世界信息。

经过大学一年级的适应和探索，大学生对自己、专业，职业世界有了初步理解，形成了一整套学习、实践、工作及与他人互动的模式。例如，喜欢从事与人打交道较多的社团活动、喜欢在实验室进行实验操作、喜欢参与公众演讲等，多尝试不同的发展模式，为未来职业发展创造更多可能。

掌握学习方法、形成学习习惯是应对未来不确定因素的重要法宝，要努力形成一套适合自己的学习方法，例如，了解自己的学习效率曲线、习惯的学习环境、常用的学习工具和形式等。可以向身边的榜样请教,观察他们的有效学习方法,再拿来为我所用。

继续丰富和拓展兴趣的职业库,在查阅资料、人物访谈等间接方式的基础上,通过实习实践、调研、志愿服务等形式,增强对职业世界的直观体验,掌握一手资料信息,初步形成职业选择意向。

(三)大学三年级

大学三年级上学期为评估期,重在对自我认识、职业世界进行全面评估,盘点学习成果,确定就业方向。

这一学期可以说是大学学习成果的重要总结阶段。通过两年的学习实践可以问问自己:究竟是一个怎样的自己?我所感兴趣的职业方向在哪里?能力水平是否满足目标的要求?哪些实例可以证明我所具备的能力?我对人对事的态度、行为模式和习惯方式是什么?我所看重或期待的状态是怎样的?毕业后我将走向何方?

这一阶段也是开启求职之路前最关键的环节。在招聘会上,时常会看到目光茫然的毕业生,他们只关注招聘信息、简历撰写、面试技巧等程序性内容,却忽视了对大学期间学习实践的全面回顾和总结,既缺乏自我认识,又缺少职业信息。即将踏上的毕业之路,不论直接就业、继续升学深造,还是自主创业,对毕业生都有哪些要求?自己是否已经具备这些能力?还有哪些不足需要继续努力或改进?

只有重新审视好自己,明确职业世界对人才的要求,客观理性地评估入学以来的收获和不足,才能制定出切合实际的就业目标和行动计划,为下一阶段工作做好准备。

大学三年级下学期为行动期,重在确定就业目标,准备求职材料,参加应聘,成功就业。

大学三年级下学期是毕业生就业的重要阶段。求职的同学此时应通过各种渠道,进一步收集和深入分析目标单位招聘信息,提前准备好简历、推荐信、成绩单、资格证书、获奖证明等求职资料,积极参加校园招聘会和各类面试。

求职过程既是大学学习成果的综合检验,又是发现自身不足和差距的机会。求职可能经历挫败,但也只是暂时的失败,它能促使我们重新认识自己,适时地调整认知。

四、常见问题分析

1. 认识自我的内容不够全面

大部分学生只分析了个人的兴趣、爱好、特长、性格、价值观、个人的优缺点和个人的健康,没有谈到个人的情商。情商(Emotional Quotient,EQ)又称情绪智力,是近年来心理学家提出的与智力和智商相对应的概念。它主要是指人在情绪、情感,意志耐受挫折等方面的品质。以往认为,一个人能否在一生中取得成就,智力水平是最重要的,即智商越高,取得成就的可能性就越大。但现在心理学家普遍认为,情商水平的高低对一个人能否取得成功也有着重大的影响作用,有时甚至要超过智力水平。美国哈佛大学心理学家丹尼尔·戈尔曼最早提出了"情商"的概念,他指出:"真正决定一个人是否成功的关键,是情商而不是智商。"他认为,情商包括以下几个方面的内容,一是认识自身的情绪。因为只有认识自己,才能成为自己生活的主宰。二是能妥善管理自己的情绪,即能调控自己。三是自我激励,它能够使人走出生命中的低潮,重新出发。四是认清他人的情绪,这是与他人正常交往、实现顺利沟通的基础。五是人际关系的管理,即领导和管理能力。

情商水平不像智力水平那样可以用分数较准确地表示出来，它只能根据个人的综合表现进行判断。情商水平高的人具有如下的特点：社交能力强，外向而愉快，不易陷入恐惧或伤感，对事业较投入，为人正直，富有同情心，情感生活较丰富但不逾矩，无论是独处还是与许多人在一起都能怡然自得。

2. 内容关联度不大

例如，有人谈到兴趣爱好是旅游，但职业选择却是与旅游相差甚远的职业，如做大学教师，诸如此类的兴趣还有打篮球、打羽毛球、听音乐、看电视、上网、书法、跳舞、定向越野、绘画、文艺等。另外，多数人将自己的社会实践活动不加分别地列上去，而且没有任何评价，这些与未来职业没有实质上的关联。如未来职业是教授，社会实践是参加销售电话卡、书籍等；未来职业是总经理，社会实践是家教。

正确的做法应该是，兴趣、社会实践经验和能力的展示应与未来职业有一定的关联度，而且要认真地分析它们对未来职业有何帮助。如果没有，就没有必要列出来。有了职业生涯规划，学生的社会实践就不会盲目而是有所选择。如果未来职业目标是房地产销售经理，那么社会实践就选择与房地产销售有关的活动。

3. 计划可操作性不强

计划应分为总体计划和阶段性计划，总体计划是指一生总的职业目标。阶段性计划至少是两大部分：一部分是在大学期间；另一部分是大学毕业后。大学期间的计划应该具体详细，既要有年计划，也要有学期计划；既要有月计划，也要有周计划，最好每天都要有计划，每天除了常规的上课外，还应有自己的读书计划，双休日怎样度过，如何安排勤工俭学与学习的时间，寒假准备去哪家企业调研，暑假准备去哪家公司参加社会实践活动等。

计划中应包括提高学习和工作效率所采用的措施，如计划学习的专业知识、掌握的职业技能、提高的就业能力、开发潜能的方法、如何提高自己的情商、如何坚持计划、如何应对遇到的挫折等相应措施。

4. 重考证，轻实践

大多数学生特别强调英语四、六级证书，商务英语证，计算机等级证书，计算机软件工程师证书等，但是很少提到与职业相关的社会实践，社会实践对在校大学生非常重要，通过寒暑假期参加社会实践才能知道自己所学是不是将来职业所需，自己能不能胜任工作。这对今后的大学生活有极大的指导作用。

拓展阅读

职业生涯规划的方法

职业生涯设计的目的，绝不只是帮助个人按照自己的资历条件找到一份工作，达到和实现个人目标，更重要的是帮助个人真正了解自己，为自己订下事业大计，筹划未来，进一步详尽估量主、客观条件和内外环境优势和限制，在“衡外情、量己力”的情形下，设计出符合自己特点的合理而又可行的职业生涯发展方向。因此，职业生涯规划要求个体根据自身的兴趣、特点，将自己定位在一个最能发挥自己的位置，选择最适合自己能力的职业，因此，制定职业生涯规划需要科学的方法，要根据自己职业生涯规划实际所处的不同认知阶段，选择不同方法和途径来解决问题。

职业生涯规划的方法可采用五个“W”的思考模式，这是一种简单而有效的方法。从问自己是谁开始，然后顺着问下去，共有五个问题：

第一个问题“我是谁?”，对自己进行一次深刻的反思，有一个比较清醒的认识，优点和缺点都应该一一列出来。

第二个问题“我想干什么?”，是对自己职业发展的一个心理趋向的检查。每个人在不同阶段的兴趣和目标并不完全一致，有时甚至是完全对立的。但随着年龄和经历的增长而逐渐固定，并最终锁定自己的终身理想。

第三个问题“我能干什么?”，则是对自己能力与潜力的全面总结，一个人职业的定位最根本的还要归结于个体的能力，而人职业发展空间的大小则取决于自己的潜力。对于一个人潜力的了解应该从几个方面着手去认识，如对事的兴趣、做事的韧劲、临事的判断力以及知识结构是否全面，是否及时更新等。

第四个问题“环境支持或允许我干什么?”，“环境支持”在客观方面包括本地的各种状态比如经济发展、人事政策、企业制度、职业空间等，人为主观方面包括同事关系、领导态度、亲戚关系等，两方面的因素应该综合起来看。有时我们在职业选择时常常忽视主观方面的东西，没有将一切有利于自己发展的因素调动起来，从而影响了自己的职业切入点。

明晰了前面四个问题，就会从各个问题中找到对实现有关职业目标有利和不利的条件，列出不利条件最少的、自己想做而且又能够做的职业目标，那么第五个问题有关“自己最终的职业目标是什么”自然就有了一个清楚明了的框架。最后，将自我职业生涯规划列出来，建立形成个人发展规划书档案，通过系统的学习、培训，实现就业理想目标：选择一个什么样的单位，预测自我在单位内的职务提升步骤，个人如何从低到高逐级而上。例如从技术员做起为例，在此基础上努力熟悉业务领域、提高能力，最终达到技术工程师的理想生涯目标；预测工作范围的变化情况，不同工作对自己的要求及应对措施；预测可能出现的竞争，如何相处与应对，分析自我提高的可靠途径；如果发展过程中出现偏差，如果工作不适应或被解聘，如何改变职业方向。每过一段时间，要审视内在和外在环境的变化，并且及时调整自己制定的生涯规划。

【小案例】 小麦中职毕业后到某房地产公司任职，他对销售工作有着浓厚的兴趣，从任职楼盘销售员开始，他就发挥所长，虚心好学，主动沟通，热情待客，认真做好本职工作。入职一年，小麦即考取了房地产中介资格证书，入职仅两年，已成为店铺的销售冠军，第三年升任分店经理，随后，他利用业余时间参加培训，先后考取了人力资源管理师、高级人力资源管理师，现成为年薪30万以上的大区域高级经理。

【案例点评】 小麦在职场如鱼得水，得益于他了解自身的兴趣与能力，注重自身的发展规划。入职初期，即重视有针对性的“充电”，通过考取一系列资格证书，打开职场发展的金钥匙。

我们从中看到，求职者对自己的性格、气质、能力应有全面而深刻的了解。初涉职场，应选择能与自己爱好与兴趣一致的职位，以利于锻炼自己，发挥自身的潜能，最终实现自己近期或中期的目标。

请同学们想一想，你在未来职业生涯中，要考取哪些相关的职业资格证书呢?

（资料来源：广州市人力资源和社会保障局，2022.05.24）

实践活动

活动一：摘桃

路边有一片桃园，假如你可以进入桃园摘桃子，但只许前进不许后退，只能摘一次，要摘一个最大的，你会怎么办？

A. 对视野内的桃子进行比较，形成一个大概的标准，再根据这个标准选择最大的桃子。

B. "我感觉这个大！"就摘这个了。

C. "去问看桃园的人，让他告诉我什么样的最大！"或者问旁边的人什么样的最大。

D. 先别管了，走到最后再说吧。

E. 稍微比较，迅速摘一个。

根据你的选择，看看你的决策风格特征。

A. 理智。强调综合全面地收集信息、理智地思考和冷静地判断分析。

B. 直觉。以自我判断为导向，在信息有限时能够快速做出决策，发现错误时能迅速改变决策。

C. 依赖。倾向采用他人建议与支援，往往不能承担自己做决策的责任。

D. 回避。拖延不果断，倾向于不考虑未来的方向，不知道自己的目标，也不思考，也不寻求帮助。

E. 自发。不能容忍决策的不确定性以及由此带来的焦虑情绪，具有强烈的及时性，对快速做决策的过程有兴趣。

总的说来，理智、直觉和自发这三种风格比较积极主动，而依赖和回避则比较消极被动。不同的决策风格都有其优劣之处，都可以在某种程度上满足决策者的需要，重要的是识别自身的决策风格，并有针对性地进行调整。

进行科学决策，必须了解个人的决策风格，每个人的生涯形态都是独特的。职业决策的牵动，以及决策与决策间彼此的关联与环环相扣，构成了个人独特的职业决策风格。

通过熟悉和了解决策的过程，理解职业决策的重要性，掌握决策的方法，了解自己的决策风格与决策方式，掌握科学的决策方式。

活动二：结构性自传

写一份你的结构性自传，范例如下：

1. 个人资料

姓名________ 电话________ 年龄________ 地址________

2. 父母和重要的他人

父亲________ 职业________ 影响________________

母亲________ 职业________ 影响________________

他人________ 职业________ 影响________________

他人________ 职业________ 影响________________

他人________ 职业________ 影响________________

他人________ 职业________ 影响________________

他人________ 职业________ 影响________________

3. 现在和以前读过的学校或接受过的培训

日期	学校名称/地点	学过的最佳科目、成绩、技能

4. 从你最近的经验开始回顾工作(兼职、实习、志愿者)经历

日期	工作名称/地点	工作中的成就、技能

5. 业余和休闲活动:兴趣爱好、俱乐部、社团、运动等(包括从这些活动中获得的满足感和获得的技能)

6. 童年兴趣

7. 生活角色

个人角色,例如儿子或女儿、兄弟姐妹;教育角色,如学生、社团成员;职业角色,如兼职工作、志愿者等。写出每种角色带来的满足感和你学到的技能。

日期	角色	角色带来的满足感和学到的技能

8. 自我评估

成就(包括任何你已提及的和你随意能够想到的新成就)

为获得该成就而运用的技能及从中培养的能力

该成就中体现出来的价值观(从该成就中你获得了哪些满足感?)

9. 写下你近期的三个生涯目标,并尝试计划未来 5～10 年希望达到的目标

模块四

适应职场，走向成功

04

项目九
实习实践百宝箱

知识目标

1. 了解实习实践的类型和作用；
2. 掌握适应企业文化的方法。

能力目标

1. 能够通过实习实践提升个人能力；
2. 能够通过专业实习提升就业能力。

素质目标

1. 积极参加社会实践活动，能独立应对工作中的常见问题；
2. 树立正确的职业道德与职业精神。

案例导入

合力破解实习之困

在高等院校大三、大四学生的实习高峰期，大学生实习问题再次成为媒体关注的议题。在社交平台上，有很多段子流行。“一个月开三千并不能招来一个正式工，但开个实习证明就有两个免费的实习生。”由于实习竞争激烈，很多大学生甚至愿意付费实习。

之所以出现如此局面或乱象，究其原因有以下三个方面。第一，从根本上来说，是社会供求关系变化的直接结果。第二，缺乏专业的实习信息渠道。传统的实习信息渠道主要靠人际关系的“口耳相传”。网络社会兴起之后，虽然渠道拓宽了，但是网络实习信息质量参差不齐，缺乏专业的、有引导作用的实习信息渠道。第三，大学生对实习存在一定的认知偏差。一些人认为，实习没有用，仅仅是为了完成自己的“毕业实习鉴定表”。而另一些人则认为所有的实习都有用，为了不断刷新自己的简历而实习。

实习作为人才培养的重要环节，是深化课堂教学的重要环节，也是学生了解社会、接触生产实际、提升实践能力的重要途径。可以说，对于即将毕业的大学生来说，实习是重要的“第二课堂”。如何治理实习市场乱象，满足大学生实习诉求，需要多方合力。

国家要健全完善高等学校学生实习方面的法律法规和政策，并明确各级政府的相关职能职责。比如，制定最低实习工资标准保障实习生权益，制定政策激励企业提供实习平台的积极性。

高等院校要拓宽服务内涵，充分利用就业指导服务平台引导大学生顺利进行实习。学校要主动与用人单位建立互惠共赢的关系，进一步搭建校企合作平台，让学生实习有更多选择性；同时，学校要重视职业生涯规划课程的落实，组建专业的就业服务导师团队，为大学生实习提供专业指导与帮助。用人单位须增强社会责任感，要遵循国家和政府制定的法规与政策，落实企业主体责任，切实保障实习生的合法权益。

大学生也要重视实习在培养自身综合素质方面的作用。要重视实习对于自身实践能力、社会交往能力和创新能力培养的作用。在实习之前尽量明确好自己未来的发展方向，选择与自己专业对口的实习单位，做自己职业生涯规划与个人成长的第一责任人。

（资料来源：中国教育报，2023.04.13）

任务一　我的实习我重视

一、校园实践

大学生活丰富多彩，在校园内就有很多值得关注的实践机会。首先，一起来认识和选择校园学生组织。校园学生组织包括学生会、学生社团和各类功能性团体，是校园文化的重要组成部分，在弘扬大学精神、人文精神等方面起着举足轻重的作用。校园学生组织为大学生提供了锻炼的机会，有助于其在大学里找到自己的定位，发挥自己的才智。同时，校园学生组织还有利于大学生个性的发展和团队意识的培养，为有专业特长的大学生提供成长的平台。

（一）可供选择的校园学生组织

学生会是在大学党委和上级学联领导下、校团委指导下，广大大学生实行“自我教育、自我管理、自我服务、自我完善、自我发展、自我监督”的学生组织，是大学生自我管理的机构，代表和维护广大大学生的利益，发挥大学和大学生之间的纽带作用。学生会具有严格的组织架构、管理体系，在校内外开展一系列有广泛影响力的品牌活动，是一所大学历史最久、人数最多、影响最大的学生组织。

学生社团也被称为兴趣社团，是指校园内具有相近兴趣爱好的大学生自愿成立并按照有关章程开展活动、接受有关部门领导和管理的学生组织。大学生加入学生社团的目的应是增长知识、锻炼能力、丰富和活跃课余文化生活。学生社团要接受校团委的管理，需要发起的大学生提出申请，一般经校团委审批通过后方可正式注册。

各类功能性团体是指大学各职能部门、院系为了完成某些工作所聘请的勤工助学学生组成的团体，一般会以某个学生社团的名义注册，主要职能是完成管理部门交付的各类工作任务。

(二)选择校园学生组织的原则

校园学生组织是大学校园文化的重要载体,在大学生的成长成才中发挥着独特的作用。它凭借丰富多彩的社团活动和“热情、团结、自由、兴趣”的社团精神受到大学生的喜爱,并成为校园生活的热点。校园学生组织不仅是一个平台,还是一群志同道合的青年广结益友的地方。大学生选择校园学生组织的时候应该把握以下原则:

1. 不影响学业

无论何时,学习都是大学生的本业。大学里面很多的评选评奖是跟大学生的学习成绩挂钩的,大学生的学习成绩可能是其加分项或一票否决项。

2. 与个人生涯发展规划相结合

大学生应尽量选择和自己的职业目标和方向一致的组织类型。学生社团一般分为学术、文娱、体育、实践、公益等类型。大学生如果毕业后想考研,可以加入学术类的社团,开展学习研究、学术活动,以提升自己的学业成绩;如果毕业后想留学,可以加入实践、公益类的社团,开展社会实践、志愿服务等活动,以增加获得国(境)外大学 Offer(录取通知书)的机会;如果毕业后想就业可以根据自己的就业特征、能力特长等情况,选择加入各类实践类社团等。

3. 平衡发展兴趣和提升能力的关系

要处理好发展兴趣和提升能力的关系,尽量将两者融合。如果在一个校园学生组织中不能实现这两个目标,大学生可以适当选择几个校园学生组织,但考虑到一个人的时间、精力有限,也最好不要加入超过 5 个校园学生组织。

(三)参与校园科技竞赛活动

校园科技竞赛活动包含学科竞赛活动和课外学术科技竞赛活动。校园科技竞赛活动对于加强大学第二课堂建设,推动人才培养模式与实践教学改革,激励大学生主动学习、拓展知识面,营造创新创业教育的良好氛围,培养大学生的创新精神、协作精神、实践能力和创业能力具有重要作用。学科竞赛是指围绕某一学科或在某一专业范围内开展的、以拓展大学生专业知识为目的的竞赛。课外学术科技竞赛是指竞赛内容涵盖或涉及多个学科的、具有一定创新性和竞赛性质的科技活动。相比学科竞赛,课外学术科技竞赛更加综合。

根据历史沿革、学科布局、专业结构,各个大学在学科竞赛的侧重点有一定差别。重要的学科竞赛一般包括全国赛、省级赛和校园赛几个层次,例如:

全国大学生职业规划大赛

中国国际大学生创新大赛

“挑战杯”全国大学生课外学术科技作品竞赛

“创青春”全国大学生创业大赛

全国大学生节能减排社会实践与科技竞赛

全国大学生机器人大赛

全国大学生智能汽车竞赛

国际大学生程序设计竞赛

越来越多的大学生关注和参与各类课内外的竞赛活动,锻炼自己的能力。

（四）担任学生干部

大学生在学生会、班级、团委、学院和社团担任学生干部，可以在服务同学的同时，增强自己的管理、组织能力，提升综合素质。大学生应以服务同学、提升能力、满足兴趣为目的，在保证学习的基础上，学有余力而参与学生工作，在工作中注意结合自己的职业生涯规划，有计划地培养自己的职业能力，丰富自己的社会阅历，建立自己的职业人际关系网。

二、专业实习

大学生专业实习是高等教育实践教学环节的重要组成部分。高质量的专业实习不仅能帮助大学生初步掌握本学科或本专业领域内的实践技能和管理知识，而且能促进课堂理论学习和实践能力培养的有机结合。

（一）专业实习对就业的促进作用

很多用人单位非常关注大学生的专业实习内容。通过专业实习，大学生完成从学到用的转变，在未来的职业发展中实现知行合一。

1. 增强大学生的职业适应力

大学生步入职场后，会有一段时间的适应期。专业实习能够帮助大学生尽快适应从高校学生到职场人的身份转变，从思想和态度上尽快融入职场，从而取得良好的表现，获得更多升职和进步的机会。专业实习有以上作用，主要原因在于：一是大学生专业实习单位会以职场人的标准来要求大学生，能够使大学生从心态上提前适应职业环境，尽量减少大学生对职场环境的陌生感；二是通过在实习单位与人沟通和交流，大学生从思维和观念上逐步从校园向职场转变，能够从一名职场人的角度去思考问题；三是通过专业实习，大学生在待人处世的风格和行为上逐步适应职场的要求，减少了进入职场后所需要的学习和适应时间。

2. 锻炼并提升综合能力和素质

大学生在专业实习的过程中，要承担一定的工作，与实习单位的领导、员工及客户进行交流，有机会锻炼和提升自己的写作能力、表达能力和逻辑思维能力。同时，大学生在实习过程中要参与活动及开展工作，可以锻炼组织能力和协调能力，能够培养良好的时间管理能力。这些综合能力和素质对大学求职就业而言至关重要。专业实习可以有效提升大学生的综合能力和素质，从而有效提升其就业能力。

3. 帮助大学生养成良好的习惯

大学生拥有很多自由掌控的时间，但缺乏来自教师和家庭的监督，自控能力不强的大学生容易养成诸如睡懒觉、上课迟到、做事虎头蛇尾、不注重仪表及个人卫生等不良行为习惯，这些不良习惯在大学生的求职就业过程中会产生负面影响，不利于大学生的顺利就业。专业实习在帮助大学生养成健康良好的思维习惯和行为习惯方面发挥着积极的作用，能够帮助大学生在毕业求职就业过程中少走弯路，顺利就业。

4. 有效促进大学生学习专业知识

大学生在专业实习的过程中，有机会将自己在课堂上所学到的理论知识应用到实际的生产和经营实践中，能够切身感受到课堂所学专业理论知识的实际作用和价值，增强专业认同感。在这个过程中，大学生也能够深刻体会到自己的知识储备与职业要求之间的差距，从而激励自己在日后更加勤奋刻苦地学习专业知识，对自己的专业学习起到很好的促进作用。扎实的专业知识储备将为大学生的顺利求职与就业奠定良好的基础。

5. 帮助大学生明确奋斗目标

在学业与就业压力下，大学生容易产生迷茫的情绪，不知道自己今后的出路和奋斗方向，而专业实习给了大学生接触社会、了解社会的机会。在专业实习过程中，大学生通过承担一定的工作，能更好地认识自己，正确全面地看待自己的优点和缺点。同时，大学生能够更加清晰地了解职场对求职者能力和素质的要求，从而在今后的学习中，更加有针对性地提高自己的素质和技能，以在毕业后顺利实现自己的职业目标。

（二）通过专业实习提升就业能力

通过专业实习，大学生可以近距离地接触专业对口的工作岗位，为未来的就业做好准备。

1. 如何找到实习机会

（1）利用亲友资源

大学生可以尝试绘制一张家族职业树，看看亲戚朋友所从事的职业中是否有自己感兴趣或和自己的专业相关的，请他们帮忙引荐。这样做一方面可以提高就业成功率，另一方面还可以和这些亲戚朋友请教一些实习的注意事项，以便自己在实习时可以学到更多的东西。

（2）利用校友、老师资源

也有些大学生是通过主动拜托老师或积极联系学长学姐找到实习和工作的机会的。老师桃李满天下，在专业领域有很多资源优势。学长学姐也是非常重要的资源，即使他们不能直接推荐工作或实习机会，他们的职场经验也是值得借鉴和学习的。

（3）利用讲座、会议活动的机会

一般情况下，每学期都有学界名人、行业专家到学校开设讲座，学校承办的一些高水平的学术交流活动也会出现行业专家、学界名流的身影。大学生根据自己的专业情况、兴趣爱好或职业目标有选择地听取讲座，或作为志愿工作人员服务会议活动，就有机会认识他们。大学生可以做好讲座或活动主题的资料收集、整理工作，精心准备两个问题，主动向专家请教，争取深入交流。

（4）利用社交网站或专业性论坛

大学生可以在知乎、微博、豆瓣、简书等公开的平台上发表自己对一些专业热点问题的见解，或在一些专业人士的文章下发表评论。但是，这要求大学生具有一定的文字功底，并且对专业问题有比较深刻的认识。

（5）利用实习生资源

大学生可以和已经在实习或实习过的同学认真交流，汲取他们寻找实习机会的经验。如果他们在实习单位得到上级的赏识，而实习单位又缺人，他们推荐的朋友也有更大的机会进入该单位实习。

（6）利用学校就业机构资源

各大高校都有就业机构，并且大多建有就业网站，大学生多关注其中的校园招聘信息，就会发现很多可以直接利用的机会。就业机构工作人员也会有许多相关的资源，大学生可以礼貌询问，快速发现一些可能的就业机会。

(7)参加招聘会或借助招聘网站等

政府相关部门举办的人才招聘会，各高校、院系组织的招聘会等都是可以直接利用的渠道。另外，类似中华英才网、智联招聘、前程无忧、赶集网等网站上也有很多实习机会。

对于大学生来说，少空想、多尝试，在实际工作中认清自己的兴趣、性格、能力、优势和劣势，迷茫自然渐渐消退，未来终会渐渐清晰。

2. 如何有效地进行专业实习

技能的形成是一个从不会到会、从不熟练到熟练、从初级到中级再到高级的循序渐进的过程。因此，专业实习也讲究循序渐进。

(1)抓住校内实训的机会练技能

校内实训一般是在“边教边学、边学边做”中实现教学和实训，能够有效培养和提升大学生的基本技能。积极进行专业技能的集训，在真实或模拟的生产环境中完成生产与实训任务，能够让大学生更好地掌握综合操作技能，进而具备校外顶岗实习能力。现在一些应用型大学或职业院校有订单式人才培养模式，大学生要利用好这样的机会，实现零距离就业。校内生产性实训基地引入企业真实的工作情景、文化氛围和管理模块，有助于大学生职业素质和职业道德的形成，为他们顺利走上工作岗位和可持续发展奠定基础。

(2)抓住顶岗实习的机会长本事

在岗位上磨炼，可以使理论知识在实践操作中融会贯通，实践技能在理论知识的指导下有效提升，进而提升大学生的职业能力和职业素养。实习生既是高校的学生，又是实习单位的员工，应该接受学校与实习单位的双重管理，同理，实习生也有权得到学校和实习单位的双重指导。一方面，实习生要按照学校关于顶岗实习的制度设计，带着学习任务或设计项目进入实习单位，有目标、有步骤地完成既定的实习模块的学习任务；另一方面，实习生还要遵循实习单位对岗位员工的实际要求，包括工作纪律、工作任务、工作标准等方面的要求。

(3)抓住毕业实习的机会找工作

毕业实习是高校学生在完成专业基本课程后、进入职场前的一次重要的演练。它对学生综合运用知识、提升应用能力和综合素质、培养职业意识、提升就业能力等具有重要的作用。如果大学生在实习时表现优秀，实习单位会希望其留下来工作。有的大学生在毕业之后并不会选择实习单位作为就业单位，即便如此，实习中积累的工作经验同样会提升其在未来职场的就业能力和适应力。

大学生通过实习可以提前接触工作，知道自己还有哪些不足，哪些是学校不会教而自己需要学习的。大学生通过实习会更明确职业方向，在面临就业选择时就不会感到很迷茫。

三、校外实践

(一)大学生社会实践

大学生社会实践是指大学生在高校结合其培养目标，以大学为依托、以社会为舞台，开展的接触社会、了解社会、服务社会，并从中接受教育、培养综合素质的一系列有组织、有计划活动的总称。社会实践是大学生了解社会、了解国情、增长才干、奉献社会的重要渠道。通过社会实践，大学生可以更加密切地接触社会、增强社会责任感。

社会实践在内容上可以划分为公益服务型实践、职业发展型实践和社会调查研究3个大类。

1. 公益服务型实践

公益服务型实践等同于志愿服务，是指大学生为增进邻里、社区、社会的福祉而进行的非营利、不支酬、非职业化的行为。其特点是“易操作，有收获”。

根据服务的内容和对象，公益服务型实践可分为社会服务(扶贫济困、扶弱助残等服务，支教宣讲，公共场所及大型活动服务)与生产劳动(工农业生产活动、环卫清洁公益劳动)、“三下乡”活动和“四进社区”活动等类型。

2. 职业发展型实践

职业发展型实践是指大学生为了提升自身职业素养，结合自身专业学习开展的一系列参观、实验、发明、实习等理论联系实际的、参与式的认识和实践活动，其特点是“知职业，促学习”。

职业发展型实践与时代人才需求和学生个人发展规划紧密结合，一般包括学习参观(除学校教学计划外，大学生自主安排深入企事业单位生产一线的学习、参观、体验等实践活动)、科技发明、挂职锻炼和预就业实习等类型。

3. 社会调查研究

社会调查研究是指大学生运用科学的方法，系统、直接地收集有关社会现象的真实情况，并对所得资料进行整理、分析，科学地阐明社会的状况及其变动规律的认识活动。社会调查研究不是为了调查而调查，大学生需要掌握系统的社会调查方法体系。没有创新意义、重复前人已有的调查、采用不科学的方法的调查都毫无价值和意义。

(二)职前实习

职前实习是大学生了解职业世界的有效途径之一。很多大学毕业生在参加工作一段时间后通常会产生这样的困惑：运用自身学习的专业知识不能充分处理工作中面临的各种问题；目前的工作跟自己大学所学的专业不对口，感觉发展前景不好等。出现这种困惑的原因是大学生在学习期间没有充分认识自己的专业和相关行业，往往临近毕业才开始考虑工作问题。要想深入认知自身专业和相关行业，仅仅在校园中学习理论知识是不够的，要积极到职业层面进行实践。大学生利用职前实习结合生涯人物访谈，可以促进专业所学与社会实际需求相结合，有助于进一步深入、全面、多方位了解所学专业。

1. 职前实习是提升职业素质的有效途径

当前很多大学生存在理论知识较丰富，但是实际工作能力不足的问题，这造成了当前大学生求职与企业招聘之间不匹配。大学生要不断提升自身的职业素质，进一步满足社会发展的需求。适应能力和职业素养在职业生涯发展中占据非常重要的地位。职前实习能锻炼大学生的职场能力，是许多大学生走进职场、融入社会前的一场热身活动。

2. 职前实习需要注意什么

(1)提前规划，聚焦目标

大学生在寻找一份职前实习时，应该思考这样几个问题：“我未来希望从事的职业是什么”“我的专业对口领域有哪些”“我想从事的工作岗位是什么”。基于这些问题再寻找一份与自己未来想要从事的职业相关的职前实习，这样才有助于探索职业世界、解决职业困惑。比如，一名机械专业的大学生未来想进入汽车制造行业工作，可以将职前实习目标锁定在学校当地的汽车企业。

(2)做好调查，搜集信息

大学生在确定职前实习目标后，要做好背景调查和信息搜集，通过网络搜集、生涯人物访谈等方法了解目标企业。比如，想进入某企业实习，首先要了解这家企业每年什么时间招聘实习生、通过怎样的方式招聘实习生、在实习生选拔上看中哪些能力。信息搜集全面后，就要提前做好各方面的准备，争取在应聘中脱颖而出。

(3)尝试完成角色转换

职前实习时，大学生要尝试把自己当成一个真正的职场人，以职场人的标准来要求自己。在职前实习过程中，不能早退、迟到，应遵守企业的工作纪律。在工作过程中，深入了解企业的用人要求，将理论与实际相结合，熟悉真实的工作环境，奠定良好的人际关系和人际交往基础，进而提升自己的适应能力和人际交往能力。此外，在从学生到职场人的转变过程中，大学生将会遇到很多在校园中从未遇到的问题。在应对和处理这些问题的过程中，大学生应逐渐克服盲目草率、犹豫任性等毛病，培养较强的心理素质，不断提升情绪管理能力。

(4)实实在在找一份“工作”

从校园内走向校园外，大学生可以结合专业和自身特点，像找工作一样实实在在找一份职前实习。职场环境不同于校园环境，大学生在职场中要遵循工作规则，按时按点上班，保质保量完成工作任务，这个过程有助于提升自己的时间管理能力。大学生虽然在校园里学习了很多理论知识，但在工作中会遇到很多书本上没有的问题，这就需要大学生不断加强自我学习、提升学习能力。

(5)做好总结，完善自我

在职前实习的过程中，大学生不断深入职业世界、了解工作的相关信息，需要经常性地对一段时间以来的收获和感悟加以总结归纳，将其进一步内化为自身的能力素质，不断提升自己各方面的能力，不断充实和完善自我。

拓展阅读

读懂大学生对完善实习实训的期待

关于更好地促进高校毕业生就业，网友期待全国两会关注哪些问题？近日，中国青年报社会调查中心联合问卷网，进行了全国两会期待调查。结果显示，53.1%的受访者期待完善在校生实习实训，增强求职择业能力。

大学生参加实习实训，能起到开阔视野、锤炼技能、丰富体验、提升职业竞争力、增进职业认同等作用。一般而言，求职者的实习实训经验越丰富，实习实训岗位的含金量越高，其就业竞争力也就越强。当前，实习实训经历成为大多数求职者简历中的“必填项”和用人单位眼里的“加分项”，不少用人单位甚至将其作为招聘的重要参考标准。

参加高质量的实习实训，是大学生提高就业能力的有效途径。实习实训为大学生实现理论与实践有机结合创造了机会，为大学生从校园迈入职场提供了过渡期。有了高质量的实习实训经历，大学生能做好就业准备，较快适应角色转换，在求职过程中少走弯路，取得较为理想的结果。正因如此，调查中，超过五成的大学生受访者期待完善在校生实习实训。

实习实训服务和管理不到位，也导致大学生期待质量更高的实习实训。有的高校“重教学、轻实习”，较少组织大学生参加实习实训，导致理论与实践联系不够紧密，大学生的就业能力不强。

实习实训作为大学生走上就业岗位前的“最后一公里”，应当走好、走稳。大学生关于完善在校生实习实训的诉求，应当引起高校重视。有调查显示，寻找实习实训单位时，大多数大学生希望学校推荐和统一组织；遇到困惑时，近半受访者表示，会向学校辅导员、就业指导中心教师等人寻求帮助。高校应为大学生实习实训提供良好条件，用好学校资源，为大学生创造更好的实习实训机会、开拓更多实习实训渠道。同时，根据大学生的不同诉求，提供更具针对性的实习服务和管理，提高实习实训质量。

大学生也要正确看待实习实训、珍惜实习实训机会、积极参加实习实训。从具体操作看，应当提前做好实习、就业规划和安排，避免参加实习与学校学习相冲突，避免实习内容与职业方向不匹配。

大学生实习实训效果与就业质量息息相关。读懂大学生完善实习实训的期待，关注实习实训薄弱环节，采取措施解决“实习实训难”“实习实训差”等问题，才能提高大学生的择业能力，帮助他们更好就业。

（资料来源：中国劳动保障报，2024.03.08）

任务二 培养实践能力

实践能力是衡量一个学生就业竞争力的重要指标之一。高职院校的大学生可以通过多种途径来提升自身的实践能力。首先，他们可以积极参加校内的实践活动，如实习、社会调研等。这样可以使他们更好地了解实际工作环境，并积累相关工作经验。其次，他们可以参加校外的实践活动，比如参加社会组织的实践项目、参加社会实践团队等。通过这些活动，他们可以接触到不同的行业和专业领域，扩宽自己的视野。此外，他们还可以利用网络平台，如在线实训、虚拟实践等，来提升自己的实践能力。总之，不断提升自己的实践能力，是提升就业竞争力的有效途径之一。

一、培养大学生实践能力的重要性

社会实践是一种学习方式。通过参与社会活动，大学生在实践中学习，增强自身的实践能力和职业素养。社会实践有以下几个方面的重要性：

第一，拓宽学生的视野，培养创新能力。社会实践可以让学生了解到不同的行业和职业，了解社会的发展和变化，拓宽学生的视野和思路，这有助于学生更好地适应社会的变化和发展。社会实践能够激发大学生的创新思维和创新能力，在社会实践中，大学生需要面对各种复杂的问题和挑战，需要灵活运用知识和技能，提出创新的解决方案。通过实践探索，大学生能够培养独立思考、创新意识和创造力，为他们将来的学习和工作打下坚实基础。

第二，提高学生的实践能力，拓宽就业渠道。社会实践对大学生的个人发展和职业规划具有重要影响。通过社会实践，大学生可以积累实际经验，提升自己的综合素质和能力，增加就业竞争力。同时，社会实践还能够帮助大学生建立广泛的社会人脉，拓宽就业渠道，为他们未来的就业和职业发展提供更多选择。

第三，增强学生的社会责任感。社会实践有助于培养大学生的社会责任感和公民意识。通过参与社会实践，大学生能够更加深入地了解社会问题和社会需求，认识到自己作为一名高校学生的责任和义务。社会实践可以让大学生更加关注社会发展，积极参与公益活动，为社会做出贡献。

第四，增强团队协作能力。社会实践通常需要大学生与他人合作完成任务，在团队社会实践活动的过程中，促使大学生意识到集体利益比个人利益更为重要，这增加了彼此之间的信任感，有助于培养他们的团队协作能力和沟通能力。

第五，提高学生的综合素质。社会实践是大学生综合素质的重要培养途径，大学生可以通过参与社会实践拓宽自己的知识面，积累实际经验，提高实际操作能力，培养吃苦耐劳的品质。社会实践可以让大学生接触到不同的社会环境和文化背景，提高大学生的综合素质和人际交往能力，有助于大学生的个人成长和职业发展。社会实践还能够锻炼大学生的观察能力、判断能力和解决问题的能力，从而全面提升综合素质。

二、通过实习开启职场生涯

（一）选择适合自己的实习机会

首先，大学生应该选择适合自己的实习机会。实习机会的选择应该基于自己的兴趣和职业发展目标。可以通过校内就业指导服务、互联网招聘平台等途径寻找合适的实习机会。选择一个好的实习机会，可以让大学生获得更多有用的技能和经验，为将来的职业发展奠定基础。

（二）积极学习和沟通

在实习期间，大学生应该积极学习和沟通。实习是大学生进入职场的关键一步，大学生需要努力学习新技能和知识，了解企业的文化和业务。与此同时，与同事和上司建立良好的沟通关系也非常重要。通过与他们交流，大学生可以更好地了解职场生活和工作方式。

（三）努力工作和表现

在实习期间，大学生应该努力工作和表现。实习不仅是一个获取经验的机会，也是一个展示自己能力的机会。大学生需要积极完成工作，为实习单位带来价值，并展示出职业素养和责任心。如果能表现出色，将有更多机会获得更好的职业发展。

（四）建立人脉和关系网

在实习期间，大学生应该积极建立人脉和关系网。职场中的人脉关系是非常重要的，可以帮助大学生更好地了解行业动态和发展方向。大学生应与同事和上司建立良好的关系，并积极参与职场社交活动，扩大人脉圈。

（五）反思和总结经验

在实习期间，大学生应该反思和总结经验。通过反思和总结，更好地了解自己的优点和不足，并不断提高自己的职业能力。大学生可以记录下经验和教训，为将来的职业发展提供有益的参考。同时，还可以向实习导师和同事寻求反馈和建议，以便更好地改进工作和表现。

总之，实习是大学生开启职场生涯的重要一步。选择适合自己的实习机会、积极学习和沟通、努力工作和表现、建立人脉和关系网以及反思和总结经验是成功实习的关键。通过实习，大学生可以获得更多的职场经验和认知，为将来的职业发展打下基础。因此，大学生应该充分利用实习机会，提高自己的职业素养和竞争力，开启自己的职场生涯。

三、为职业生涯迈出关键一步

（一）提前规划

大学生在开始实习之前，需要提前规划自己的职业发展。这包括确定自己的兴趣和专长，分析市场需求，以及选择具有发展前景的行业。同时，还要关注实习的时间安排，确保自己能够充分利用实习机会，积累宝贵的经验。

（二）寻找合适的实习机会

大学生应该充分利用学校的资源，通过学校的就业指导中心、专业辅导老师和校友资源，寻找适合自己的实习机会。此外，可以利用网络平台，了解不同公司的实习招聘信息，甄别出靠谱的实习岗位。在选择实习岗位时，要综合考虑岗位性质、公司规模和实习待遇等因素。

（三）准备充分的求职材料

在申请实习岗位时，大学生应该认真准备求职材料，包括简历、求职信和个人作品集等。这些材料要突出自己的特长和实力，让招聘者一眼就能看出自己的潜力。同时，要注意求职材料的格式和排版，保持整洁、简洁和专业。

（四）提高面试技巧

面试是求职过程中非常关键的一环。大学生应该提前了解面试的流程和常见问题，通过模拟面试来提高自己的应对能力。在面试中，要展现出自信、专业和热情的形象，让招聘者意识到面前是一个值得投资的人才。此外，面试结束后，可以向面试官表示感谢，并积极跟进面试结果。

（五）实习期间的表现

在实习期间，大学生应该尽快适应工作环境，主动学习新知识和技能，以便更好地完成工作任务。同时，要积极参与团队合作，与同事建立良好的人际关系，提高自己的沟通和协调能力。此外，对于实习过程中遇到的困难和问题，要勇于请教和寻求帮助，不断提升自己解决问题的能力。

（六）总结与反思

实习结束后，大学生应该认真总结和反思实习经历，包括自己在实习过程中的成长、收获和不足之处。这可以帮助大学生更好地规划自己的职业生涯，为未来的工作做好准备。同时，可以将实习经历写成实习报告或博客文章，与他人分享，从而提高自己的影响力。

（七）建立良好的职业形象

在实习期间，大学生应努力塑造一个良好的职业形象。这包括：

（1）遵守职业道德：尊重实习单位规章制度，保持诚实、诚信的工作态度，不参与不道德或违法的行为。

（2）保持专业：对待工作认真负责，主动学习业务知识和技能，努力提高自己的专业素养。

（3）礼貌待人：与同事、上司和客户保持良好的沟通和互动，尊重他人意见，友善相处。

（4）注重个人形象：着装得体，言谈举止端正，展现出自信和专业的形象。

微课

大学生职场认知与发展四忌

（5）良好的网络形象：在社交媒体和职业平台上展示自己的专业能力和成果，注重个人口碑的塑造。

通过以上建议，大学生可以顺利迈好实习这一步，为自己的职业生涯打下坚实的基础。实习不仅是大学生融入职场的重要途径，也是锻炼自己、提升能力的宝贵机会。因此，大学生应充分利用实习机会，为自己的未来发展做好准备。

拓展阅读

1. 大学一位很要好的学姐进入一家不错的公司实习，毕业后顺利转正。待到第二年大家都在忙着找实习的时候，学姐推荐我去她所在的公司实习。初试、复试顺利通过后，我就得到了实习机会。由于有熟人，我很快就和同事们打成一片，遇到工作上的问题也有人请教，实习之路可以说走得相当顺利了。

2. 我提前关注了心仪企业的公众号，然后到了招聘时间节点就参加网申，面试过程中凭着自己机智的表现有惊无险地拿到了实习 Offer。实习结束后，我因为表现出彩拿到了直通秋招面试的机会。

3. 我的实习应该是从大二就开始了，室友的推荐让我成为前程无忧的校园大使。在前程无忧一直实习到大四，然后参加校招宣讲会，拿到了一家浙江车企的 Offer，但因为不喜欢那里的工作氛围就只实习了两个月，最后还是回到了前程无忧。我从校园大使变成正式实习生，实习结束后拿到了转正 Offer。

4. 大三时，老师推荐我去一家上市企业做人事部的实习生。我刚进入职场，不太懂职场礼仪。有一次，我接到了一个领导的电话，因为不懂礼貌被这位领导点名批评。不过经过这件事，我收敛了自己的脾气，在原来同事的推荐下，很快入职另外一家互联网企业，并一路从人事部实习生做到专员、部门主管。

5. 我的第一份实习工作是大二暑假老师介绍的，我在对口行业内小有名气的一家公司实习。公司的艺术气息很浓，每个人的工位上都有自己的音响。但是在实习期间我们没有工资，并且公司在市中心最繁华的地段，租房费用和生活消费需要父母承担。实习结束之后，实习公司有意留下我，但是我了解薪资待遇之后发现根本无法在这里生存下去，只能非常惋惜地拒绝了。何况，即使我当时想留下来，学校也不允许学生放弃学业。

分析：实习对于在校大学生来说，是了解职业世界较有效的途径之一，也是从校园转向职场的重要渠道。但具体如何实习，需要大学生边实践、边探索，积累经验，总结教训，为将来实际就业打好基础。

实践活动

活动一：结合个人兴趣，了解职业

一、结合自己的兴趣、技能、职业价值观、教育背景和已掌握的职业知识找出未来最可能从事的职业，然后在该职业领域寻找一位在职人士作为访谈对象。生涯人物可以是自己的亲人、老师和朋友，可以是他们推荐的其他人，也可以借助行业协会、大型同学录或某个具体组织的网站来寻找。

具体访谈记录如下：

1. 您是如何找到这份工作的？

____

2. 您的职位是什么？您的主要职责是什么？

____

3. 从事此行业的人做些什么？

____

4. 工作地点一般在哪里？

____

5. 在行业内，先从什么样的工作岗位做起能学到最多的知识，最有益于发展？

____

6. 工作场所有哪些特征？

____

7. 在工作方面，您每天都做些什么？

____

8. 您在做这份工作时，日常面临的问题是什么？什么最有挑战性？

____

9. 就您的工作而言，您最喜欢什么？最不喜欢什么？

____

10. 个人的主要成就是什么？最成功的是什么？

____

11. 在这个职位上，如果想获得成功必须拥有并保持什么样的能力？

____

12. 目前还缺乏的必须改进的能力有哪些？如何改进？

____

13. 在您的组织中，能够把在同样一个岗位上成功和不成功区别开来的行为是什么？

____

14. 您认为做好这份工作应该具备哪些知识、技能和经验？

____

15. 目前，行业内要求从事这份工作的人应该具备什么样的教育和培训背景？

____

16. 您认为什么样的个人品质、性格和能力对做好这份工作来讲是重要的？

17. 这项工作需要的个人品质、性格和能力与别的工作要求有什么不同吗？

18. 学校中的哪些课程对这个行业比较有帮助？

19. 行业内，单位对刚进入该领域工作的员工一般会提供哪些培训？

20. 在您的工作领域里初级职位和略高级别职位的薪水一般是什么水平？

21. 这个行业是否有季节性或地理位置的限制？

22. 这个行业存在的困难及前景如何？

23. 据您所知，有什么职业杂志、行业网站或其他渠道能帮助我深入了解这个领域？

24. 您的熟人中有谁能够成为我下次采访的对象吗？可以说是您介绍的吗？

25. 通过访谈，自己有哪些收获？

活动二：职业体验日记

请主动利用课余时间寻找一个自己感兴趣的职业进行体验，然后撰写职业体验日记。日记内容参考如下：

1. 体验的职业、单位的名称及详细的体验时间、地点等。
2. 体验目的。
3. 具体体验过程及描述。
4. 心得体会，包括在此次体验中感到收获和不足的部分。

活动三：模拟面试

活动目的：使同学们对职业社会的招聘产生形象的体验感

场地材料：室内，打分表

活动时间：30 分钟

活动形式：个人参与，小组完成

活动规则：

1. 分组及分工。各组推选 3 名同学担任面试官，其他同学依次应聘。面试过程中，面试官须提问以下问题：

(1)谈谈你自己(请介绍下你自己)。

(2)你为什么应聘这个工作。

(3)请你用两分钟描述自己的优势和不足。

(4)说说你做过的最满意的一件事。

(5)你周围的人是如何评价你的?

(6)你希望得到的薪酬是多少?

2.结束后由面试官点评,其他同学也可以参与评议。

注意事项:

1.此活动需要同学们提前准备好自己的简历。

2.指导教师需要提前制作打分表。打分表的内容可分为仪态仪表、思路逻辑、语言表达3个方面。

3.应聘的岗位可以由指导教师拟定,也可以由各组同学自行商定。

项目十
通用能力训练营

知识目标

1. 了解通用能力包含的内容；
2. 了解未来从事职业应具备的通用能力。

能力目标

1. 具备构建通用能力体系的能力；
2. 掌握提升通用能力的方法。

素质目标

1. 掌握团队合作的构成要素和提升途径；
2. 掌握人际沟通能力的相关内容。

案例导入

“三无”工科男走进哥大

小王，就读于某高校，近日被哥伦比亚大学研究生院机械工程专业录取。非名校背景，他所就读的大学既没有被列入国家“985”工程，也不是“211”工程类院校。没有显赫的家庭背景，他的父亲只是山东某地一家机床厂的维修技师，家庭收入有限。没有骄人的英语成绩，托福和 GRE 的考试只能说是“中规中矩”。那么这样一个“三无”工科男究竟是凭借着什么让哥伦比亚大学如此“反常”地向他抛出橄榄枝的呢？

王妈妈说：“小王从小就喜欢摆弄一些机械的小玩具，对智能玩具或模型如机器人之类的更感兴趣。”一次小王跟爸爸一起制作了一个小玩具之后，就一直捧在手里，自豪地展示给妈妈看。上高三后，小王经常就报考大学专业问题与家人交流，当时他依然对机械工程专业有着浓厚的兴趣，希望以后能够成为一名工程师。

大学的几年是小王把职业理想从个人兴趣转变为专业基础的关键时期。他的想法很明确，就是把基础打牢。首先是掌握手工绘图能力，这还要得益于初高中阶段参加的素描、绘画兴趣班，绘图、制图的基本功底就是在那里打下的。大学期间，小王不仅学好必修课，掌握系统、全面的专业知识，还根据机械制造领域的发展趋势，选修了“绿色化”和“智能化”方面的相关课程，同时通过了相应的计算机等级考试。大二时，学校组织了一场课程设计大赛，小王和两个志同道合的同学的热情立刻被点燃，他们从查找资料，设计方案，到购买零件进行组装，前前后后忙了个把月，终于获得了校优秀设计奖。在大三暑期，小王终于获得了参加第一汽车制造厂和青岛市高校软控股份公司联合项目的实习机会。他负责一个具体项目，包括设计减速齿轮，从装配、调试到安全测试。这次实习，使小王的职业规划的方向、目标、步骤更加明确了。由此可见，小王选择机械工程专业，并不是一时头脑发热；而哥大研究生院对小王的“垂青”，也并非偶然。或许因为小王对机械工程专业的兴趣、见解和执着的努力，才能打动严谨、公正，甚至苛刻的哥大研究生院。

（资料来源：刘锐. 职业生涯发展与就业指导[M]. 北京：人民邮电出版社，2023）

任务一　人际沟通能力

人际沟通能力是指一个人与其他人有效地进行信息沟通的能力，既包含一个人所掌握的外在沟通技巧，又包含其所拥有的专业知识、专业能力、外表气质和个人魅力等内在个人特质。良好的人际沟通包含两个标准：一是沟通的行为要符合沟通情境和沟通者彼此相互关系的标准或期望，即在什么场合说什么话、跟什么人说什么话；二是沟通的行为要达到预期的目标，或者满足沟通者的需要，即人际沟通要有一定的目的性。沟通的内容包含信息、思想和情感，而沟通的目的是达到特定的目标和达成共识。

一、人际沟通的作用

马克思曾指出：“人的本质是一切社会关系的总和。”人们在处理社会关系时，要与其他人打交道，需要进行人际沟通。沟通能力是一个人生存与发展的必备能力。有效沟通就好比生活中的润滑剂，能够化解矛盾和冲突，使大家达成共识，从而提高效率。

（一）社会活动需要人际沟通能力

沟通既简单也困难，简单是因为每个人都建立了自己独特的人际沟通方式，具备人际沟通能力。困难是因为沟通往往是双方或多方互动的过程，要想将自己的想法表述清楚并取得别人的认可，需要做出努力，甚至需要克服自己性格方面的固有缺点。生活中经常发现这样的情况：要向他人表达或说明一件事情却因为不会表达而让人误解；本意是要为他人办一件好事，但因为沟通不好而最终弄巧成拙，被人误解；本来想与他人解除隔阂，但因为沟通不好而加深误会。所以，社会活动需要人际沟通能力。

（二）职场工作需要人际沟通能力

在职场工作中，人们除了与领导和同事打交道外，还必须和供应商、客户等进行沟通交流。虽然职业世界主要是在各类法律法规约束下，通过各种契约来完成分工合作，但是在职场中，人际沟通能力是非常重要的技能。在现实生活中，要想在工作单位内部获得领导的支持和同事的帮助，在对外合作时给对方留下良好的印象，解决分歧、促成更深更广更久的合作，都需要进行人际沟通。

（三）事业成功需要人际沟通能力

如果一个人拥有良好的人际沟通能力、能够正确处理人际关系、有良好的协作精神，就有助于发挥才能、积极工作，从而取得成功。哈佛大学曾对几千名被解雇的人员进行离职原因调研，发现其中因人际关系不好而离职的人数比因不称职而离职的人数高出两倍多，因人际关系不好无法施展其才华的占到90%以上。根据管理学家的估计，在工作中失败的人中，更多的人不是因为他们的专业能力或工作动机不够，而是他们无法与他人一起工作、无法与他人好好相处。可见，良好的人际沟通能力是一个人事业成功的重要条件。

（四）沟通是个人身心健康的保证

人们在生活、学习和工作中，难免会遇到各种挫折、委屈和误解等问题，如果在遇到这些问题时将自己封闭起来、不与他人沟通，一方面可能会使别人对自己的误解加深，另一方面可能会使自己无法跳出不利的境地。哲学家培根有句名言：如果你把快乐告诉朋友，你将获得两份快乐；如果你把忧愁向朋友倾吐，你将被分担一半忧愁。与家人沟通，可以获得精神的慰藉和启发；与恋人沟通，可以获得前进的力量；与朋友沟通，可以获得支持和心灵的安慰。总之，沟通可以让一个人的身心保持健康和积极向上的状态。

二、有效沟通的要素

（一）用心关注沟通对象

沟通是指沟通对象之间交换信息、思想和情感的过程。要达到良好的沟通效果，首先要做到的就是用心关注沟通对象，了解他们的个性特点、关注点和价值需求。只有了解和掌握了这些信息，站在对方的角度思考问题，结合自己的沟通目标，以对方能够接受的方式和语言沟通，才能达成共识、完成既定的目标。

（二）选择恰当的沟通方式

沟通方式不当会造成事与愿违的结果。沟通方式多种多样，包含面谈、演讲、写信、打电话、会议发言等。面对不同的沟通对象，应选择合适的方式。平时沟通时，要注意观察沟通对象的沟通风格，留心他们表达观点的方式，尽量采取他们习惯和认可的沟通方式。

（三）把握沟通时机

沟通时机的选择非常重要。在学习过程中沟通，有利于及时发现和解决问题，效率较高；在休息时沟通，思想往往比较放松，思维更加活跃，警惕心理和防备心理比较弱，更容易交流，在逆境中沟通，能够起到安慰、劝解和相互鼓励的作用，有利于深度沟通、化解矛盾。如果想要获得别人的支持，可以选择沟通对象心情好且比较悠闲的时候，营造舒适的沟通场景。自然地提出自己的想法和要求。如果选错了沟通时机，就有可能造成沟通失败，甚至会造成更糟糕的结果。因此，把握好沟通时机对确保沟通的效果起着不可忽视的重要作用。

（四）选择适宜的沟通环境

选择适宜的沟通环境，能够为沟通营造良好的氛围，促进双方信任关系的建立；沟通环境选择不当，可能会给原本顺畅的沟通带来障碍。选择沟通环境时应该选择沟通双方都比较熟悉的环境，这样不容易产生陌生感，便于沟通顺利进行；同时，尽量避免刻意确定沟通地点，以免显得过于正式和刻板，不利于沟通双方的放松。尽可能地把握住沟通机会，在随机的地点和环境下轻松自然地沟通，如边走边聊、在食堂边吃边聊等，往往会收到意想不到的效果。

三、有效沟通的实战技巧

良好沟通的秘诀是真诚和坦率，但沟通的技巧也必不可少，如在沟通中学会倾听、在沟通中有效表达。围绕有效沟通的要素，在沟通前明确目标、沟通时仔细思考、沟通后认真复盘，有助于养成良好的沟通习惯，提升沟通能力。

（一）沟通中学会倾听

沟通是双向的，沟通双方既要表达自己的观点，又要接收对方的讲话内容。心理学研究表明，人在内心深处，都有一种得到别人尊重的渴望。认真聆听别人的讲话，不仅是对讲话者的尊重，更是实现良好沟通的基础和前提。只有很好地倾听别人讲话，才能更好地说出自己的想法，实现自己的沟通目的。

有效倾听能增加沟通双方的信任感，是克服沟通障碍的重要条件。有效倾听是可以通过学习而获得的。要想掌握倾听技巧，不妨从以下几个方面努力。

1. 消除干扰，全心投入

沟通时，要营造良好的沟通环境，避免过多的外界干扰；沟通双方应全心投入，把注意力完全放在对方身上，不要以自我为中心，过多地谈论自己，不要总是试图占据沟通的主导地位，应深刻理解对方的语言与情感。

2. 尊重对方，保持耐心

沟通时，应与对方适当保持视线接触，向对方传达出自己正在认真倾听的信号。通常情况下，人们判断对方是否在认真聆听和接收讲话内容的依据是对方是否看着自己。另外，沟通时要耐心倾听，要让人把话说完，不随意打断和插话，不要去深究那些不重要或不相关的细节，不要急于评价对方的观点，不要急切地提出建议，不要试图理解对方还没有说出来的意思，不要把精力放在思考怎样反驳对方上。

3. 注意观察，善解人意

沟通时，要注意观察对方的肢体语言，以此来辅助理解对方的讲话内容。同时，要注意与对方保持适当的距离，尊重对方的隐私，给对方以舒适感。当对方没有直接表明自己的态度和观点，并使用一些较为含蓄的表达时，一方面要注意倾听对方话语中隐含的内容；另一方面，要借助一些引导性和试探性的语言，了解对方的真实意图。

4. 抓住重点，适时总结

要善于抓住对方话语中的主要意思，不要被细枝末节吸引。善于倾听的人总是注意分析哪些内容是主要的、哪些内容是次要的，以免造成误解。此外，要适时总结对方讲话的主要意思和诉求，以便能够达成共识。

（二）沟通中有效表达

沟通是双向的，我们认真倾听别人的内容后，需要做出适当的反馈。为了让自己的观点更易被别人接纳、让沟通效果更好，我们需要掌握一些有效表达的原则。

1. 投其所好

与不认识的人快速建立关系、打开谈话的局面是一项重要的能力。对大多数人来说，和不认识的人交谈会令人感到压力。要与对方开始并保持愉快的沟通，关键是找到合适的切入点。要避免吹嘘自己和直接询问对方的情况，这两种方式都会增强交谈的紧张气氛；而从对方感兴趣的话题谈起，容易使双方放松下来。

2. 求同存异

社会心理学研究表明，人们都乐于同与自己有相近之处的人交往、谈话。因为相似因素容易使人产生相同或相似的切身感受，使人容易相互理解，引起感情上的共鸣。在与他人沟通的过程中，“求同存异”是一个屡试不爽的方法。所谓“求同”，就是指与人谈话时要从相同的观点开始，这样有利于营造和谐的谈话氛围；而“存异”是指尽量先不提分歧很大的观点、事情，否则会破坏谈话的氛围。

3. 善于提问

沟通，首先要了解对方。想了解对方的真实想法，需要学会通过提问来获得自己想知道的信息。高明的提问使人乐于回答，而愚蠢的提问会引起对方反感。在交谈中，要适时使用开放式提问、封闭式提问来了解需要的信息。

4. 真诚赞美

美国作家马克·吐温曾说过：“只凭一句赞美的话，我就可以充实地活上两个月。”的确，赞美的力量是无穷的。真诚的赞美能改变一个人的自我评价，令人重拾信心、产生进取的力量；真诚的赞美能够赢得他人的好感与信任，增进彼此的友谊，促进人际关系的和谐。

5. 委婉批评

人非圣贤，孰能无过。我们的同学、朋友，甚至父母、老师都会出错，当他们出错时，你是一针见血地指出对方的过失，还是委婉地给出建议？显然，前者给人的感觉是盛气凌人，它不但会使对方因失误而低落的心情更加糟糕，还会使对方因批评太过直接而听不进去，甚至产生逆反和抗拒心理。学会以委婉的方式指出别人的失误，使别人易于接受，有助于提升沟通的效果。

6. 适度幽默

幽默在人际沟通中的作用是不可低估的。美国一位心理学家说过：“幽默是一种最有趣、最有感染力、最具有普遍意义的传递艺术。”幽默的语言，能使气氛轻松、融洽，利于交流。在人际沟通中，幽默的语言，能使气氛轻松、融洽，利于交流。在人际沟通中，幽默还具有化解尴尬、委婉批评且易为人所接受的作用。那么，我们应当怎样培养自己谈吐幽默的能力？首先，要有渊博的知识和宽阔的胸怀，对生活充满信心与热情。其次，要有高尚的情趣、丰富的想象力、开朗乐观的性格。

7. 学会拒绝

在生活中，我们经常会收到来自他人的请求或要求。事实上，我们无法满足他人的所有要求，因此我们经常需要拒绝他人。不失礼貌地拒绝他人，不仅是良好的沟通技巧的体现，还是一门艺术。真诚表达、巧妙转移话题、提出建议等都是可以借鉴的方法。

8. 善用肢体语言

肢体语言和语调等都是影响沟通效果的重要因素。据调查，沟通双方的相互理解程度＝语调(38%)＋表情(55%)＋语言(7%)。在实践中，温和友善的目光、轻松自然的脸部表情、自然得体的姿态与动作、悦耳动听的声音都是辅助表达和沟通的有效手段。

四、提升人际沟通能力的步骤

(一)构想沟通情境

在开展人际沟通前，我们首先要在脑海中想象一下沟通的具体情境，如在什么场景下、与什么人沟通，在沟通过程中可能会发生什么事情，可能会遇到哪些沟通问题等。如果情况较为复杂，我们可以尝试在纸上列出沟通清单，以便明确沟通范围和对象，全面提升沟通能力。

(二)评价沟通状况

对自己的过往沟通情况进行分析，我们可以总结分析自己喜欢或善于在哪些情境中与人沟通，在哪些情境中沟通会有心理压力，喜欢或不喜欢与什么样的人进行沟通，愿意或不愿意与什么样的人保持长期联系，是否经常与多数人保持愉快的沟通，沟通时是否能够正确、充分地表达自己的想法，是否经常误解别人或被别人误解，是否与朋友保持经常性联系等。认真、客观地回答上述问题，有助于了解我们在哪些情境中、与哪些人的沟通状况较为理想，在哪些情境中、与哪些人的沟通需要着力改善。当然，我们也可以请对我们比较熟悉的人帮忙对我们的沟通状况进行评价，缩小我们的沟通盲区。

(三)评价沟通方式

沟通方式对成功的人际沟通而言非常重要。我们评价自己的沟通方式可以从以下 3 个方面开展。

分析在通常情况下，我们是主动与别人沟通还是被动与别人沟通。主动沟通者与被动沟通者的沟通状况往往有明显差异。研究表明，主动沟通者更容易与别人建立并维持广泛的人际关系，更可能在人际交往中获得成功。

分析在与别人沟通时，我们的注意力是否集中。沟通时保持注意力集中，有助于了解对方的心理状态，并能够较好地根据反馈来调节自己的沟通过程。没有人喜欢自己的沟通对象总是左顾右盼、心不在焉。

分析在表达我们的意图时，信息是否充分。在表达自己的意图时，我们要注意使自己被人充分理解。沟通时的言语、动作等信息如果不充分，则不能明确地表达自己的意思；信息如果过多，又会让对方感觉疲劳。

(四)制订并执行沟通计划

经过前面的自我沟通状况分析，我们可以发现自己在人际沟通方面存在的问题。针对这些问题，我们可以确定需要重点改进的方面，并据此制订一个循序渐进的沟通计划。在日常生活中，在与别人的沟通交流中，我们可以按照事先制订的沟通计划，加强与别人的沟通和交流。比如，如果觉得自己的沟通范围狭窄、主动性不强，可以尝试每天主动与一个陌生人打招呼等。

在制订和执行计划时切勿心急，一开始的目标和标准不能定得太高，以免完成不了或完成得不好，挫伤积极性。

（五）监督和调整

监督可以帮助我们提升执行计划的力度和效果。我们可以采用写日记、写微博文章等方式，定期记录人际沟通能力提升的效果和感受，坚定信心。同时，人际沟通能力的提升是一个渐进的过程，要与时俱进，及时对沟通计划进行调整。

动画

张三和李四的故事

拓展阅读

人际交往技巧 做好六方面提高社交能力

人际交往能力是指妥善处理组织内外关系的能力。包括与周围环境建立广泛联系和对外界信息的吸收、转化能力，以及正确处理上下左右关系的能力。

人际交往能力由六方面构成

1.人际感受能力。指对他人的感情、动机、需要、思想等内心活动和心理状态的感知能力，以及对自己言行影响他人程度的感受能力。

2.人事记忆力。是记忆交往对象个体特征，以及交往情景、交往内容的能力。总之，是记忆与交往对象及其交往活动相关的一切信息的能力。

3.人际理解力。即理解他人的思想、感情与行为的能力。人际理解力是现代企业管理中重要的工作技巧，也是人力资源管理人员必须具备的关键素质之一。人际理解力暗示着一种去理解他人的愿望，能够帮助一个人体会他人的感受，通过他人的语言、语态、动作等理解并分享他人的观点，抓住他人未表达的疑惑与情感，把握他人的需求，并采取恰如其分的语言帮助自己与他人表达情感。

4.人际想象力。从对方的地位、处境、立场思考问题，评价对方行为的能力。也就是设身处地为他人着想的能力。

5.风度和表达力。这是人际交往的外在表现。指与人交际的举止、做派、谈吐、风度，以及真挚、友善、富于感染力的情感表达，是较高人际交往能力的表现。

6.合作能力与协调能力。这是人际交往能力的综合表现，是企业团队合作的必要能力。

如何提高社交能力呢？

首先，交际的前提是你要给自己准备一个好的形象，或者利于跟别人交际的形象。如果你是一个大美女，那么这本身就是一个录音机，所有的人都对你说话。所以，给自己准备一个大家可以接受的形象吧，至少不要看起来非常狡猾、危险。然后呢，或许你苦于在饭桌上没有话题可以说，或者完全不知道大家在谈论的具体内容。那么或许每天关注一下百度腾讯网易的新闻那就很好。你会发现每天的热点都在上面。这样，如果你还是不能开口，至少你知道大家在谈论什么。或许你准备开始你的交际之前你需要很多帮手。这些帮手就是所有你认识的人。这些人或许只有一面之缘，这不重要。重要的是每次见到他们你都要大声跟他们打招呼。时间久了你就会感觉自己跟他们很熟。在很多谈话的场合他们也愿意更多地支持你的意见。前面的几个步骤下来你已经是小有所成。至少走起路来少说也昂首阔步了吧。那么就开始积累一些素材吧。多看书多读报纸，我的意思是培养一些文学的情操，积累一些幽默感。这样你的话语就会自然喷涌而出,而且光彩夺目。最后就是去找你的舞台了。记住,任何时间任何地点都是你的舞台。不要介意先开口说话,只有经过不断地练习和实践你才能越来越好越来越谈笑风生!

(资料来源:人民网,2015.06.09)

任务二 创新能力

创新是采用有别于常规思路的思维模式,为满足个人理想或社会需求,利用现有的知识和物质,改进现有事物或创造新事物的行为。创新是一种变革,包括从产生新思想到产生新事物再到将新事物推向使社会受益的系列变革活动。这些新思想、新事物可以是对某些发明产生的商业化应用,也可以是根据社会实践产生的发明创造设想及其发明创造,以及进一步施行的商业化运作的活动。具备创新能力的人才越来越受到用人单位的欢迎,大学生应注重对自己创新能力的训练。

一、创新能力的内涵、重要性和特征

创新能力主要由后天的学习和教育获得,具有相对稳定的特性,其应用的过程常常是无意识的习惯性行为,即具备创新能力的人会经常性地在很多事物上表现出独特的创新性。

(一)创新能力的内涵

创新能力是以创造性思维为核心,能够针对特定需求创造新颖的、独特的、有意义的、有价值的产品的能力。从宏观角度看,创新能力是民族进步的灵魂、经济竞争的核心。科学技术是第一生产力,而科学技术的产生和发展是创新创造的结果。从微观角度看,创新能力是个人获取竞争优势。当今社会,创新能力是职业世界从业者必须具备的基本素质之一,无论是从事科学研究、技术服务、物质生产,还是从事企业管理、客户服务、市场营销,都要有一定的创新能力。创新能力是企业产品和服务创新的基础,也是个体自我潜能的催化剂。一个具有创新能力的人善于发现新事物,总结新经验,分析新情况,提出新思路,解决新问题,善于结合实际创造性地开展科研、设计、管理和服务等工作。

(二)创新能力的重要性

培养大学生的创新能力是高校人才培养的重要目标之一,大学生的创新能力的提升对个人和社会都有重要意义。

1. 适应当前社会的发展

随着科学技术的迅猛发展,人类文明的真正财富越来越表现为人的创造性,每个人都需要学习新的知识,并结合新知识、新要求进行工作创新。同时,在全球化的背景下,国家间、民族间的竞争越来越激烈,要实现国家的富强和民族的复兴,需要全体公民努力开拓创新。

2. 满足国家的战略需求

大学生作为国家未来的建设者和接班人,担负着满足国家战略需求的重要使命。实现中华民族伟大复兴,需要大学生具有创新精神。

3. 满足未来社会生产需要

在可见的未来，人工智能、大数据、自动化机器人等技术将获得飞速发展，很多传统的重复性工作将会被机器所替代，这是未来社会生产的特点。人和人工智能相比，在创新能力方面具备较大的优势。大学生不断提升创新能力，可以未雨绸缪，有效应对人工智能的冲击，满足未来社会生产的需要。

（三）创新能力的特征创新能力具有以下 3 个特征。

1. 综合性

创新能力是在创新活动的全过程中所体现出来的创新精神、创新思维、创新方法和技巧等各种要素的合成。由于在这些方面的发展上存在差异，每个人在不同领域内所体现出来的创业能力也不相同。也正因为如此，才有了各行各业的创造性人才。在所有这些要素中，创新思维是创新能力的核心。创新思维需要一个人具备自我创新、预测角色、随机应变、处理信息、组织协调和语言沟通表达等能力。

2. 可塑性

创新能力不是与生俱来的，可以通过教育、训练、实践等手段激发和培养，因此也不是固定不变的。人的主观能动性和环境对创新能力的形成有重大的影响。实际上，人人可创新，时时可创新，处处可创新。

3. 倍增性

创新能力是终身的能力，无论是对社会、单位和个人，创新能力所产生的价值都要比开发和提升创新能力所付出的成本高。

二、创新能力的基本构成

通常情况下，创新能力包括 6 种基本能力，即问题发现能力、流畅思维能力、联通应变能力、独立创新能力、方案规划能力和方案评价能力。

（一）问题发现能力

要创新，首先就要透过人们习以为常的现象发现那些让人难以觉察的、隐藏在现象背后的问题。问题发现能力的前提是保持好奇心和怀疑，好奇心会提高人们对外界信息的敏感度，发现问题并追根溯源，提出一连串问题；怀疑就是对权威的理论、既有的学说和传统的观念等，不是简单地接受与信奉，而是持怀疑和批判的态度。正是由于对自然界的真理具有强大的好奇心，且对亚里士多德关于物质下落的速度和它的质量成正比的结论存在怀疑，伽利略才创新性地开展了比萨斜塔上的试验，证明了铁球和铅弹的下落速度与它们的质量无关，从而纠正了影响人们两千多年的错误理论。

在工作中，针对某个具体的问题，一个人如果能够做到聚焦问题、理解问题的复杂性、进行长时间的集中努力，同时能够打破思维定式开展创新性工作，就具备了较强的问题发现能力。

（二）流畅思维能力

创新思维往往是一种发散的思维，即对某个特定的问题或情境，能够给出多种思考的角度和解决的办法或方案。流畅思维能力可以保障创新的这种需要。只有形成了大量的设想，才能增加产生创新想法的可能性。这些设想不一定每个都靠谱，但是，有创新的设想可能会在其中产生。思维流畅的人提出的设想就多，出现创新设想的概率也大。

思维流畅的基础是丰富的知识和较强的记忆力。只有知识丰富才能触类旁通，只有具有较强的记忆力才能随时调用所掌握的知识，并进行创造。

（三）联通应变能力

联通应变能力是指思维能够迅速地从一类对象转变到另一类对象的能力。具备联通应变能力的人可以很容易、很自然地从某种思想转换到另一种思想，或者从更多的维度来思考问题，能根据客观情况的变化采用不同的方式来研究和解决问题，在思维中灵活应变，不囿于条条框框，敢于提出新观点。

实践证明，思路开阔、联通应变能力较强的人往往是创新能力强的人。越是能带来重大突破的创新，越是需要借助于其他领域的知识，吸取外来的思想。流畅思维能力和联通应变能力需要紧密结合，流畅思维能力强调设想的数量，而联通应变能力强调设想的相互融合。

（四）独立创新能力

独立创新能力是一种运用已掌握的理论知识和已经积累的经验，独立地、创造性地分析和解决实际问题的能力，是创新能力的核心要素，反映了一个人创新能力水平的高低。独立创新能力是人们在创新活动的各个阶段或各个领域都需要具备的基本的能力。无论在技术产品开发上，还是在生产、管理和市场开拓上，甚至在日常学习和生活中，人们都需要运用独立创新能力。

具有独立创新能力的人往往能想出别人想不出来的观念、看到别人看不到的问题，独具卓识，能提出新的创见，有新的发现，实现新的突破，具有开拓性。而缺乏独立创新能力的人只会一味地模仿和一味地盲从，只知道遵从传统习惯，进行一些重复性的活动。如果只是运用吸收、模仿、学习等重复的方法，而不进行变革、突破，就不可能创新。

（五）方案规划能力

方案规划能力是指把一个创新的设想变成一个具体实施方案的能力。创新是一项探索性工作，没有现成方法和模式可以照搬，它不是对人类已有认识和实践的重复，而是在此基础上进行新的创造。因此，创新的设想转化为现实的可能性取决于方案的制定和实施。

从设想、构思、证明到具体的设计、修改、完善，需要做大量的创造性工作，过程不可能是一帆风顺的。在制定创新方案时，首先要明确创新的目标，因为后续的方案要围绕目标制定；其次要分析实现创新设想存在的问题，了解有利因素和不利因素；再其次要针对需要解决的问题，选择方法和途径，确定需要解决的重点和方向；最后是制定方案的实施步骤（可以制定多套方案以供选择）。

（六）方案评价能力

方案评价能力是指设定一定的评判标准，从众多方案中优选出一种方案的能力。在创新活动中，可能会产生大量的设想、构思和方案，这些方案不可避免地可能存在着在经济、技术、伦理等方面暂不可行的内容。因此，需要通过方案评价选出可行的、有希望获得成功的方案；如果不进行评价，往往会造成人力、物力和财力的浪费。

没有正确的评价、正确的筛选，就无法保证得到最优或较优的创新方案。在创新初期阶段要进行方案评价，以寻求最佳方案；在创新完成时要对创新结果进行评价，以确定创新的价值和水平。而且，在创新过程中，也要多次对活动进行评价，这样有助于我们寻找最佳创新方法和确定创新前进的方向。

创新能力是由上述基本能力组成的一个有机整体，只有在这几个基本能力协调时，创新能力才能得到充分发挥。要实现创新，我们不仅要具备这些能力，而且要懂得思考在什么时候、以何种方式来有效地使用这些能力。

三、创新能力的提升

创新能力十分重要，并且是可以通过训练提升的。

(一)创新的一般过程

一个人在某方面进行创新时，往往会经历以下 5 个阶段：

1. 产生最初观念的阶段

在此阶段，你有一个问题要解决或有一件事要做，如你想找一个更好的工作，你的房子需要重新装修，你想把公司里的废料做成有用的副产品等。

2. 准备阶段

你要列出实现最初的观念所能用到的方法，尽可能多地收集有关方面的资料，阅读有关书籍，记笔记，和别人交谈，提出问题，善于接受新的事物。

3. 酝酿阶段

在酝酿阶段，你应该让自己的潜意识活动起来。此时你可以找一些放松大脑的活动，在这些活动中充分激发潜意识。例如，散步、睡午觉、洗澡、做其他的工作。如作家埃德娜·弗伯所说："一个故事，要在它自己的汁液里慢慢炖上几个月甚至几年，才能成熟。"

4. 开窍阶段

开窍阶段是创新过程中令人兴奋和愉快的阶段。以达尔文为例，他一直在为进化理论收集材料，有一天，当他坐在马车里旅行时，这些材料突然一下子融为一体了。达尔文写道："当解决问题的思想令人愉快地跳进我脑子里时，我的马车驶过的那块地方我还记得清清楚楚。"

5. 核实阶段

你的预感或灵感要经过逻辑推理加以肯定或否定。你要回过头来尽可能客观地看待你的设想，然后征求别人的意见，对自己的设想加以修正，使之趋于完善。经过核实，你往往会得出更好的见解。

(二)提升创新能力的方法

创新促进了科技的进步和人类的发展。在科技日益发达的今天，采取切实可行的方法提升创新能力，成为每个人必须完成的任务之一。

1. 理解创新内涵

提到创新，很多人可能首先想到的是发明创造。其实，在日常工作中秉承开拓创新的精神，使用新的方法提高效率，就是创新。因此，要想提升自己的创新能力，就要增强自信心，树立人人都可创新、事事都可创新的理念。

2. 勇于质疑

很多人都习惯于相信既有的经验，对已有的定理或权威人物的观点不敢质疑。创新在某种程度上是对原有事物的破坏和重建，因此，要想创新，就要打破原有的秩序。而要想打破原有的秩序，就不能盲信，要有质疑的精神。如果没有质疑的精神，什么事情都按照原有的方法来做，就谈不上创新。

具体而言，勇于质疑的人会有以下表现：面对别人的观点时，他会考虑这个观点是不是最简单和最高效的方法，还有没有更好的方法；面对具体的工作或任务时，他会考虑有没有可能通过改进方法或使用新的工具简化一些流程，去掉冗余的内容，提高工作效率。

3. 不满足现状

不满足现状才会有所追求、有所创新。一般而言，很多经验性的做法都是经过实践的证明才得出的，所以对于满足现状的人来说，采用经验性的做法是省力、经济的方式。只有不满足现状，才有尝试新方法进行创新的动力。

4. 不怕犯错与失败

要想成功，要想提升自己的创新能力，就不能怕犯错。每天担心犯错，墨守成规，是无法实现创新的。只有失败过，在失败中总结经验，再将经验用于实践，才能提升创新能力。

5. 懂得集思广益

每个人的成长经历不同，所以在面临问题时的解决思路也不一样。遇到问题的时候，要懂得集思广益，多听听大家的意见，特别是要多向有经验的人学习。同时，也不能迷信和盲目崇拜，要有自己的主见。

拓展阅读

员工A和员工B差不多同时受雇于一家超级市场，都从基层干起。可员工A受到总经理的青睐，一再被提升，最后被提升至部门经理。员工B却像被人遗忘了一般，还在基层工作。终于有一天员工B忍无可忍，向总经理提出辞职，并痛斥总经理用人不公平。总经理耐心地听着，他了解这个小伙子，认为他工作肯吃苦但似乎缺少了点什么，缺什么呢？

他忽然有了个主意，说道："你马上到集市上，看看今天有什么卖的。"员工B很快从集市回来，说集市上只有一个农民拉了一车土豆在售卖。"一车大约有多少袋土豆？"总经理问。员工B又跑去，回来说有10袋。总经理问："1袋土豆的价格是多少？"员工B准备再次跑到集市上，总经理喊住了跑得气喘吁吁的员工B说："休息一会儿吧，你可以看看员工A是怎么做的。"

说完，总经理就叫来员工A并对他说："你马上到集市上，看看今天有什么卖的。"员工A很快从集市回来了，汇报说，现在为止只有一个农民在卖土豆，有10袋，价格适中，质量很好，这个农民过一会儿还将弄几筐西红柿来集市上卖，据他看价格还公道，可以进一些货。因为考虑到总经理可能对土豆和西红柿有兴趣，所以他不仅带回了几个土豆和西红柿，而且把那个农民也带来了。

总经理看了一眼红了脸的员工B，然后对员工A说："请他进来。"

1. 人与人的差距更多地体现在思想方法上，我们应该争取做一个积极思考的人。发现差距及时总结，方能迎头赶上。

2. 人要善于观察、学习、思考和总结，一味地苦干，埋头拉车而不抬头看路，结果常常是原地踏步。

3. 要取得成功，我们要有很强的悟性与洞察力。面对差距和挑战，我们应及时调整心态，增强自己独立思考、多谋善断、随机应变的能力。

（资料来源：大学生职业生涯与发展规划[M]. 南昌：江西人民出版社，2015）

任务三　团队合作能力

根据相关的调研，在《财富》杂志评选的世界500强企业中，有超过1/3的企业在自己的官方网站中将团队合作作为企业的核心价值观。针对各类企业开展的深度调研的结果表明，团队合作能力、沟通能力是从业人员必须具备的核心通用能力。

一、团队与团队合作

团队是指为了实现某一目标，相互协作的个体所组成的正式群体。对于企业来说，团队是由管理层和员工共同组成的组织，通过合理利用每一个成员的知识和技能协同工作、解决问题，达成组织目标。有共同的目标、成员之间相互协作配合、共同进取是团队的基本特征。

团队合作能力是指团队成员自觉地以团队的利益和目标为重，时刻维护团队的利益，并在各自的工作中尽职尽责，自愿并主动与其他成员积极协作、共同努力奋斗的能力。进入21世纪，随着经济、科技的迅速发展，工作的复杂性越来越强，仅靠个人的力量往往很难出色地完成工作任务，因此团队建设成为很多企业文化建设的重要组成部分。因此，用人单位在招聘大学生时，往往把是否具有团队合作能力作为重要的标准之一。在竞争激烈的就业市场，崇尚团队精神、具有较强的合作意识与协作能力的人将会脱颖而出。

团队合作精神可以调动团队成员的所有资源和才智，并且会自动地驱除不和谐和不公正的因素，同时会给予那些诚心、大公无私的团队成员适当的回报。如果团队合作是出于自觉自愿，它必将会产生一股强大而且持久的力量。如果团队成员具备团队合作精神，这个团队就是一个具有强大战斗力的团队。

团队合作能力是一个人在人际交往过程中形成的一种与周围的环境和社会相互影响、相互适应、相互促进、共同发展的能力。在市场经济条件下，一个组织要想保持强大的生命力和竞争力，除了要发挥核心员工的创新能力外，充分调动员工的团队合作能力、形成团队合作的良好氛围、将全体员工的能力汇集成合力，是取得成功的关键。因此，现代企业的竞争归根到底是团队间的竞争，是团队合作能力的竞争。在学校中，无论是学习还是课外素质体验活动，团队合作会给学生带来更高的效率和更好的效果。

二、团队合作的构成要素

一个和尚挑水吃，两个和尚抬水吃，三个和尚没水吃。这是没有团队合作能力的三个和尚的故事，也是团队合作失败的案例。要想形成有效的团队合作、发挥团队的力量，就要从多个方面开展工作。

（一）就目标达成共识

清晰的共同目标可以将团队成员的力量汇集于同一个方向。在进行团队建设时，团队管理层要确立一个明确的目标，并就这个目标与团队成员进行讨论，以达成共识，获得大家对目标的支持；要注意帮助全体团队成员深入理解目标的内涵，以免造成因理解错误而导致的目标不一致的情况。

一个好的团队需要团队成员共同努力建设。团队成员应付出时间和精力来讨论并制定共同的目标，在执行任务的时候，要相互配合、交换信息，以便每个团队成员都能深刻理解团队的目标。不论遇到什么困难，这一共同目标都会为团队成员指明方向。

同时，还要将团队共同的目标分解为具体的、可衡量的行动目标。这一行动目标既能使每个团队成员不断提升自己，又能促进整个团队的发展。确立具体的目标，有助于团队成员顺畅地沟通，并为实现最终目标而努力。

（二）相互信任

信任是合作的基础。团队成员之间只有相互信任，才能密切配合地完成工作。因此，要建设一个具有凝聚力且高效运转的团队，相互信任是非常重要的，即团队管理层之间、团队成员之间、团队管理层和团队成员之间要相互信任。信任是一种互动关系，需要每个人具备值得信任的能力和愿意相信别人的心态，相信对方是真诚的，相信对方能够做到；信任是一种强大的精神力量，它使人与人之间的了解更加全面、关系更加融洽，也使彼此的认可度大幅提升；信任是一种激励，更是一种力量，这种信任关系要靠团队成员共同建立。团队中的信任不是一种形式，而是互相鼓励、帮助，彼此共同进步，共同为达成统一目标而努力。

（三）建立团队规范

团队要建立相互的信任，一个很重要的方面就是要建立团队规范，避免人为的因素导致团队成员心态失衡，从而破坏团队的凝聚力。团队规范包括明文规范和隐含规范。明文规范是经过团队讨论、大家一致同意的，并以书面形式表现出来的全体成员需要遵守的规范。隐含规范是大家约定俗成的，每个人都清楚明白但没有写在文件和合同上面的规范。团队规范可以有效指导成员行为，从而营造积极氛围。

（四）成员协同合作

每个团队成员的个性、能力和特长各不相同，在团队中担当的角色和发挥的作用也各不相同。有人负责战略规划，有人负责战术执行，有人负责具体事务，有人负责监督协调，大家各司其职又相互协作，在协作中实现优势互补，发挥积极协同效应，才能产生“1＋1＞2”的效果。

要达到优势互补，团队成员首先要做到的就是对自己和团队其他成员有客观、清醒的认识，认识到自己的缺点，认识到团队其他成员的优点。同时，团队成员应以团队利益为思考出发点，不要过分计较个人得失。例如，团队中有成员因身体不适、技术难题、思路受阻等原因而跟不上工作进度，团队其他成员应主动帮助。这种补位的精神，不仅能增进团队成员之间的友谊，还能为团队任务的按时完成提供保障。

（五）崇尚尊重平等

对于保持良好的团队氛围和高效的工作状态来说，团队成员间的相互尊重和平等是非常重要的。无论团队成员的身份、职位以及自身的工作做得如何，大家都应该保持虚心的态度，从内心认同和尊重他人的工作。而这一点，恰恰是增强团队成员价值感、归属感和责任感的不二法宝。如果一个团队能够长期保持这样的氛围和工作作风，那么团队内部就会产生强大的凝聚力，从而大大提高团队的整体绩效和战斗力。

此外，崇尚尊重平等，还包含对团队成员保持友好、宽容的态度。每个人都可能犯错误，但是往往难以接受他人对自己进行攻击性批评。因此，如果团队成员在工作中犯了错，请记住，在发表意见时要注意说话的语气和方式。即使是批评，也要做到只对事、不对人，让犯错误的成员感觉到这些意见是出于对团队整体工作的考虑，是真诚和善意的。

（六）勇于承担责任

优秀团队的团队成员能够自觉地全力工作，因为他们很清楚需要做什么，也会彼此提醒拒绝那些对团队任务无益的行为和活动。

承担责任看似简单，但实施起来很困难。团队应努力构建一种环境，团队成员为团队的共同目标、绩效和团队行为勇于承担各自的责任。

三、团队合作能力的提升

（一）积极参与集体活动

团队合作能力的培养是一项长期的工作。因此，在日常的学习、生活和课外活动中，大学生有意识地培养合作意识非常重要。一方面，在学习过程中，大学生要多参加或组织小组讨论，通过组内的分工合作来完成老师布置的作业，逐步培养自己的团队合作意识，体会团队合作的效率和优势。另一方面，大学生通过参加学校社团活动、科技创新比赛、创业大赛、素质拓展活动等途径，创造和不同年级、不同专业的同学交流合作的机会。大学生还可以通过加强校际交流合作及与校外机构的合作，通过观察、体验的方式，逐步提升自身的团队合作意识和能力。

（二）注重日常生活的历练

大学生在日常生活中注意加强团队合作能力的培养，在集体生活中学会关心他人、与人合作，自觉承担公共劳动，学会在团队中找到自己的角色定位，在执行任务时学会分工协作、互相帮助，逐步培养团队精神，提升团队合作能力。在校园里面，大学生要积极参与校内的各项事务，主动承担自己应有的责任，以提升自身处理冲突的能力。

当然，大学生要意识到培养团队合作能力并不是要摒弃自己的观点随波逐流，而是要在团队中发挥自己独特的作用。当今社会分工高度明确，每个人都需要找到适合自己的位置，在积极参与社会分工的同时，实现自身特长、需求与社会需求的有机结合。

（三）主动学习团队成员的优点

团队中每个成员都有自己的优缺点。开展团队合作时，大学生在注意规避其他团队成员缺点的同时，要多关注其他团队成员的优点，并尝试将自身的优点和其他团队成员的优点相结合。

大学生要将注意力放在别人的优势上，这样才能够不断促使自己成长。如果团队的每位成员都主动去寻找其他成员的积极品质，那么团队的协作就会变得很顺畅，工作效率就会提高。

（四）时常检查自己的缺点

自我反思的意识和能力对于团队合作非常重要。如果团队成员在很多事情上固执己见，无法听取他人的意见，或无法和他人达成一致，团队合作就无法进行下去。团队的效率在于配合的默契，如果达不成默契，团队合作效果就不理想。

提升团队合作能力，团队成员必须转变思想观念，从多个角度开展思考，经常检查自己的缺点。如果意识到了自己的缺点，不妨将它坦诚地讲出来，在大家的帮助下改掉缺点，不断进步。

拓展阅读

培养学生创新能力应提升思维品质

关于提升学生创新思维能力的话题，学界已达成共识。譬如，要注重学生归纳、演绎、正向、逆向、发散、收敛、类比等逻辑方法的训练；要帮助学生树立多角度、多方位、全视域的问题观，等等，不一而足。不过，以笔者浅见，上述皆属“思维方法”的训练，固然重要，但似乎尚未触及根本问题：欲培养学生的创新能力，关键在于提升其思维品质。

那么，何为思维品质呢？思维品质是指人们运思的潜质或运思平台，它虽不能直接提供方法，但却是创新思维（包括思维方法）的母体和孵化器，它主要包括哲学思辨力、心智自由和好奇心的维持、兼综的视野、问题意识及思的韧性等品质。针对目前之现状，笔者以为应当从以下方面着力：

首先，鼓励学生学习哲学知识，培养辩证思维能力。恩格斯在《自然辩证法》中言道：“理论思维仅仅是一种天赋能力。这种能力必须加以发展和锻炼，而为了进行这种锻炼，除了学习以往的哲学，直到现在还没有别的手段。”现代大哲牟宗三先生亦有“智润思”的说法——用哲学智慧来提升思维能力，皆强调了哲学对思辨力的滋润作用。因为高妙的哲学智慧充满了理性的思辨精神、谨慎的怀疑精神、客观的实证精神、连续的追问精神，必要的哲学训练确实能“滋润”并提升人的创造性思维能力。当然，学习哲学不仅仅局限于马克思哲学，还要善于学习孔孟、老庄、佛陀乃至柏拉图、康德、黑格尔乃至现代大哲学家的经典著作，让学生在东方有机整体性思维与西方“对反性”思维的碰撞、交锋中，渐次提升自身的哲学思辨能力。

其次，营造轻松愉快的学术氛围，以保持学生心智自由，滋养其对世界充满好奇心的品质。自由与好奇是哲学产生的土壤，亦是思维提升的必要条件，因为内心的自由乃是对付“僵化思维”的有力武器。须知，想象力乃是创造之源，“是知识进化的源泉”（爱因斯坦语）。

同时，心智自由保证了好奇心的落地生根，好奇亦是人们认知的动力和提升思维能力的引擎。枯萎、闭锁的心灵是难以产生好奇心的，即使偶尔存在，也难以结出果实。保持自由心智及建基于其上的好奇心对提升思维能力非常重要。

再次，开阔学生的胸襟，拓宽其视野，培养其善于从学科间（交叉学科、边缘学科）捕捉灵感思维的潜质。提高思维能力要求学生在空间维度上，开阔胸襟，善于吸收不同的乃至相反的意见；在时间维度上，要兼综视野，既能用战略思维的“长镜头”看待问题，又善于用微观思维的“显微镜”触摸细节；在思维的整合维度上，要求学生尽可能地突破学科藩篱与专业界限，深入新领域，以便捕捉诸如想象、灵感等非理性思维，实现思维的创新。钱学森先生曾多次强调自然科学与艺术要加强“联姻”，意在表明不同学科间、理性与非理性间、逻辑与艺术间皆可通过相互启迪、相互杂交，最终形成“兼综视野”以达到提升思维能力之目的。

从次，培养学生的问题意识和批判性思维的能力。笔者认为，一流的学者在于提出有价值的问题。故而，院校要注重学生问题意识的培养。某种程度上，问题意识乃是鉴别学者创造力的重要指标。为达此目的，高校应加强学生批判性思维能力的培养，因为问题意识最终来自批判性思维。批判性思维意味着理性的怀疑精神，它不盲从权威，而应服从理性、逻辑和真理，一句话，它只对真理负责。客观地讲，传统“填鸭式”的教育不利于培养批判性思维，正如耶鲁大学校长理查德·莱文指出的那样：“大学教师的主要工作应该是教会学生如何独立思考，要让大学生具备批判性思维能力，这种能力是目前中国学生最为缺乏的。”如何改变我们的教学方式，变“填鸭式”为研讨式、对话式的教育，教育界尚有一段漫长的路要走，因为这不仅仅涉及观念的转变，同时亦对老师与学生皆提出了较高的要求。

最后，培养学生“思考的耐力”或“思的韧性”。思维能力提升的关键在于“恒如一”的思考实践，要践行“连续的思”。思维能力的提升绝非仅仅靠外在的思维知识就能解决的，娴熟的游泳技术须下水游泳方可获得，真正的创造性思维须在占有丰富材料的基础上，在具体问题的思考实践中实现。

要之，提升学生的思维能力，不仅仅有方法的训练，亦需思维品质的培养，尤其要重视长期的运思实践。人们唯有聚焦问题之“维”，以自由之心智发挥思之韧性（思之实践），综合运用各种“思”之能力，学生的创新思维能力方可得到切实的提升。

（资料来源：中国教育报，2019.05.27）

实践活动

活动一：能力小测验

下面是一项针对团队合作能力的小测验，请根据自己的实际情况做出选择，不要因考虑自己应该或者觉得这样做更好而选择某个答案。

（一）测试题目（单选题）

1. 和朋友聚餐时，你一般会选择（　　）。

A. 只点自己最喜欢吃的菜

B. 点大多数朋友都比较喜欢吃的菜

C. 点自己喜欢且大家也能吃的菜

2. 赴约时，你的表现更符合(　　)。
A. 总是提前几分钟到
B. 经常迟到
C. 有时候早到，有时候迟到
3. 班里来了一个新同学，你会选择(　　)。
A. 这跟我没关系
B. 主动打招呼，帮助他(她)尽快适应班级生活
C. 如果他(她)主动跟我打招呼，我就会帮助他(她)
4. 参加班级组织的体育活动时，你一般会选择(　　)。
A. 积极参与，即使自己体育不太好也会在旁边加油
B. 忙自己的事情更重要，能不参加就不参加
C. 如果有自己喜欢的项目就参加这个喜欢的项目，没有就不参加
5. 你们团队参加比赛失败了，你会选择(　　)。
A. 抱怨出现失误的同学
B. 鼓励大家不要气馁
C. 和大家一起找到失败的原因
6. 班里有同学生病的时候，你会选择(　　)。
A. 如果跟自己关系好就帮忙照顾，不好就算了
B. 不去帮忙，因为人人都应该学会照顾自己，不能指望别人
C. 仔细照顾他(她)，做一些自己力所能及的事情
7. 有一道数学题，同学不会做而你会做，你会选择(　　)。
A. 他(她)数学老是能考过我，我不能告诉他(她)
B. 给他(她)讲一遍，如果还是不懂就让他(她)去问别人
C. 耐心解答，直到他(她)听懂为止
8. 午休时，班级里静悄悄的，此时你一般会选择(　　)。
A. 上午的功课已经完成，安静休息
B. 忙一些自己的事情，不时发出声响
C. 忙一些自己的事情，但尽量轻手轻脚
9. 对于那些学习成绩很差的同学，你一般会选择(　　)。
A. 不想和他们打交道，因为他们太笨了或者太懒了
B. 他们可能是不够勤奋，再努力点就好了
C. 虽然学习成绩不好，但他们在某些方面仍然有值得我学习的优点
10. 你在参与一项活动时，发现你的小组成员能力都不如你时，你会选择(　　)。
A. 自己一个人干算了，免得他们做不好还得让我重做
B. 自己干最重要的部分，分给他们做其他的
C. 按照每个人的情况，合理分工，共同完成任务
11. 执行某项任务时，某个同学临时有事来不了，你会选择(　　)。
A. 主动分担他的工作
B. 不是分内的事情，自己才不理会

C. 这次替他干，下次让他帮自己干

12. 你的好朋友这次考试的成绩比你的成绩好时，你会选择(　　)。

A. 衷心地向他(她)表示祝贺，并向他(她)请教

B. 表面表示祝贺，心里不太舒服

C. 心里很不舒服，暂时先不理他(她)

(二)测试分析

将你的答案填到表 10-1 中，再根据表格中各个选项所对应的分数，计算出总分数。

表 10-1　　测试分值表

选项	题目 1	题目 2	题目 3	题目 4	题目 5	题目 6
选择						
对应分数						
A	0	2	0	2	0	1
B	2	0	2	0	2	0
C	1	1	1	1	1	2
选项	题目 7	题目 8	题目 9	题目 10	题目 11	题目 12
选择						
对应分数						
A	0	2	0	0	2	2
B	1	0	1	1	0	1
C	2	1	2	2	1	0

17～24 分：你是一个很有合作精神的人。你遇到事情时能够考虑到他人，因此大家都愿意和你共事，你会有很不错的发展。

10～16 分：你的团队合作精神中等。你能够注意他人的感受，但是需要加强对合作重要性的认识，以使自己更受欢迎。

10 分以下：你的团队合作精神很差，需要有意识地去培养。当今社会，学会和他人合作能让你取得更大的成就。

活动二：打造个人品牌

1：个人品牌＝我是谁＋我的愿景

我是谁：________________________________

我的愿景：________________________________

2. 个人品牌＝个人市场卖点

个人市场卖点：________________________________

3. 个人品牌＝特色定位

用八个字说出你的特色：________________________________

4. 个人品牌＝形象包装

你最吸引人的形象或符号设计是：________________________________

5. 个人品牌的媒体渠道

你的个人网站构想(微博或 QQ)：________________________________

你的个人光盘构想(宣传页或手册)：________________________________

6. 自我公关与推广

关于你的新闻报道设计：________________________

关于你的光辉故事设计：________________________

关于你的社会交往规划：________________________

活动三：解手链

形式：10人一组为最佳

时间：20分钟

活动目的：体会在解决团队问题方面都有什么步骤，认识聆听在沟通中的重要性，领会团队合作精神的作用。

操作程序：

1. 教师让每组站成一个向心圈。

2. 教师说：先举起你的右手，握住对面那个人的手；再举起你的左手，握住另外一个人的手；现在你们面对一个错综复杂的问题，在不松开的情况下，想办法把这张乱网解开。

3. 告诉大家一定可以解开，但答案会有两种。一种是一个大圈，另外一种是两个套着的环。

4. 如果过程中实在解不开，教师可允许学员决定相邻两只手断开一次，但再次进行时必须马上封闭。

有关讨论：

(1)你在开始时感觉怎样，是否思路很混乱？________________

(2)当解开了一点以后，你的想法是否发生了变化？________________

(3)最后问题得到了解决，你是不是很开心？________________

(4)在这个过程中，你学到了什么？________________

项目十一 职业素养提升站

知识目标

1. 了解职业素养的含义；
2. 掌握优秀员工必备的职业素养。

能力目标

1. 树立积极向上的职业态度；
2. 熟悉职业道德的基本要求。

素质目标

1. 强化职业意识，自觉锤炼职业精神；
2. 根据职业道德的基本要求，自觉提升职业素质。

案例导入

春秋战国时期的大思想家、教育家孟子在个人成才和事业发展的问题上有两句传颂千古的精辟论述："天将降大任于是人也，必先苦其心志，劳其筋骨，饿其体肤，空乏其身，行拂乱其所为，所以动心忍性，曾益其所不能"；"富贵不能淫，贫贱不能移，威武不能屈"。前一段讲的是成功与奋斗的关系，是心理素养磨炼问题，尤其是意志、毅力、坚定性、心理承受力等心理品质；后一段是讲成功与个人修养的关系，核心是思想道德素养，是思想品德修养问题。这两段话之所以流传千古，千百年来被人们反复引用，就在于它回答了人人都关心和追求的"如何才能成功""成功了如何才能进一步发展"等问题。作为高职院校学生，我们必须考虑如何才能较为顺利地进入职场，如何在职场上站稳脚跟，继而在事业上取得成就，也必须考虑个人的职业生涯如何发展、个人的事业如何发展。应对这些问题的核心就在于我们要客观地认识自己、不断地提升自己，在于训练和提高自己的职业素养，从而为将来走进职场、立足职场、成就事业打下坚实的基础。

任务一 职业素养

一、职业素养的含义

现代社会，由于就业压力和人们的思想观念的不同，很多人把职业定义为谋生的工具，利用职业求生存而忽略了专业素质的培养和职业道德的树立。而这些被忽略的方面恰恰就是职场当中最为需要的职业素养。

很多企业界人士认为，职业素养至少包含两个重要因素：敬业精神和态度。敬业精神就是在工作中要将自己作为公司的一部分，不管做什么工作一定要做到最好，发挥出实力，对于一些细小的错误一定要及时地更正，敬业不仅仅是吃苦耐劳，更重要的是“用心”去做好公司分配的每一份工作。态度是职业素养的核心，好的态度，比如负责的、积极的、自信的、建设性的、欣赏的、乐于助人的等，是决定成败的关键因素。

职业素养是个很大的概念，专业是第一位的，但是除了专业，敬业和道德是必备的，体现到职场上的就是职业素养；体现在生活中的就是个人素质或者道德修养。

职业素养是指职业内在的规范和要求，是在职业过程中表现出来的综合品质。

职业素养是人类在社会活动中需要遵守的行为规范。个体行为的总和构成了自身的职业素养，职业素养是内涵，个体行为是外在表象。

所以，职业素养是一个人职业生涯成败的关键因素。职业素养量化而成“职商”，英文 Career Quotient，简称 CQ。也可以说一生成败看职商。

二、职业素养的内容

职业素养概括地说包含职业道德、职业思想（意识）、职业行为习惯和职业技能。

前三项是职业素养中最根基的部分。而职业技能是支撑职业人生的表象内容。

前三项属世界观、价值观、人生观范畴的产物。从出生到退休或至死亡逐步形成，逐渐完善。而后一项，是通过学习、培训比较容易获得的。例如，计算机、英语、建筑等属职业技能范畴的技能，可以通过三年左右的时间令我们掌握入门技术，在实践运用中日渐成熟而成专家。可企业更认同的道理是，如果一个人基本的职业素养不够，比如说忠诚度不够，那么技能越高的人，其隐含的危险越大。

做好自己最本职的工作，也就是具备了最好的职业素养，所以用“大树”理论来描述两者的关系比较直接。

每个人都是一棵树，原本都可以成为大树，而根系就是一个人的职业素养。枝、干、叶、型就是其显现出来的职业素养的表象。要想枝繁叶茂，首先必须根系发达。

近几年，大学毕业生的就业已经成为比较重要的社会问题，也可以说是一个难题。对于很多毕业生来说，先不说找到好工作，即便是找到一份工作就已经比较困难了。高校把毕业生的就业率作为考察学校教育效果的一大指标，毕业生就业率直接影响学校声誉，同时也会影响学校的招生及培养计划。而从社会的角度来看，很多企业又在叹息“招不到合适的人选”。很多事实表明，这种现象的存在与学生的职业素养难以满足企业的要求有关，“满足社会需要”是高等教育的目的之一，而现代的高校教育也把培养大学生的职业素养作为其重要目标之一。一个人，能力和专业知识固然重要，但是，在职场要成功，最关键的并不在于他的能力与专业知识，而在于他所具有的职业素养。一个人在职场中能否成功取决于其“职商”。工作中需要知识，但更需要智慧，而最终起到关键作用的就是素养。缺少这些关键的素养，一个人将一生庸庸碌碌，与成功无缘。拥有这些素养，会少走很多弯路，以最快的速度通向成功。很多企业之所以招不到满意人选是由于找不到具备良好职业素养的毕业生，可见，企业已经把职业素养作为对人才进行评价的重要指标。如成都大翰咨询公司在招聘新人时，要综合考察毕业生的5个方面：专业素质、职业素养、协作能力、心理素质和身体素质。其中，身体素质是最基本的，好身体是工作的物质基础；职业素养、协作能力和心理素质是最重要和必需的，而专业素质则是锦上添花的。职业素养可以通过个体在工作中的行为来表现，而这些行为以个体的知识、技能、价值观、态度、意志等为基础。良好的职业素养是企业必需的，是个人事业成功的基础，是大学生进入企业的“金钥匙”。

三、大学生职业素养的构成

“素质冰山”理论认为，个体的素质就像水中漂浮的一座冰山，水上部分的知识、技能仅仅代表表层的特征，不能区分绩效优劣；水下部分的动机、特质、态度、责任心才是决定人的行为的关键因素，能鉴别绩效优秀者和一般者。大学生的职业素养也可以看成一座冰山(图 11-1)：冰山浮在水面以上的只有30%，它代表大学生的形象、资质、知识、职业行为和职业技能等方面，是人们看得见的、显性的职业素养，这些可以通过各种学历证书、职业证书来证明，或者通过专业考试来验证。而冰山隐藏在水面以下的部分占整体的70%，它代表大学生的职业意识、职业道德、职业作风和职业态度等方面，是人们看不见的、隐性的职业素养。显性职业素养和隐性职业素养共同构成了大学生所应具备的全部职业素养。由此可见，大部分的职业素养是人们看不见的，但正是这70%的隐性职业素养决定、支撑着外在的显性职业素养，显性职业素养是隐性职业素养的外在表现。因此，大学生职业素养的培养应该着眼于整座“冰山”，并以培养显性职业素养为基础，重点培养隐性职业素养。

四、大学生职业素养的自我培养

作为职业素养培养主体的大学生，在大学期间应该学会自我培养。

首先，要培养职业意识。雷恩·吉尔森说：“一个人花在影响自己未来命运的工作选择上的精力，竟比花在购买穿了一年就会扔掉的衣服上的心思要少得多，这是一件多么奇怪的事情，尤其是当他未来的幸福和富足要全部依赖于这份工作时。”很多高中毕业生在跨进大学校门之时就认为已经完成了学习任务，可以在大学里尽情地“享受”了。这正是他们在就业时感到压力的根源。清华大学的樊富珉教授认为，中国有69%～80%的大学生对未来职业没有规划、就业时容易感到压力。中国社会调查所最近完成的一项在校大学生心理健康状况调查显示，75%的大学生认为压力主要来源于社会就业；50%的大学生对于自己毕业后的发展前途感到迷茫，没有目标；41.7%的大学生表示目前没考虑太多；只有8.3%的大学生对自己的未来有明确的目标并且充满信心。培养职业意识就是要对自己的未来有规划。

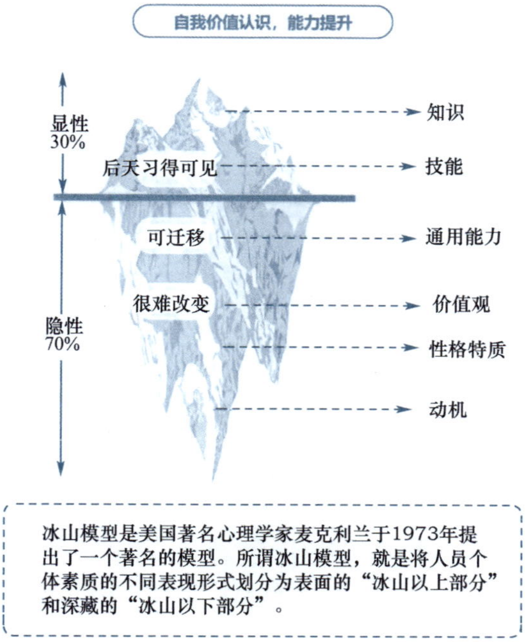

图 11-1 冰山模型

因此，大学期间，每个大学生应明确：我是一个什么样的人？我将来想做什么？我能做什么？环境能支持我做什么？着重解决一个问题，就是认识自己的个性特征，包括自己的气质、性格和能力，以及自己的个性倾向，包括兴趣、动机、需要、价值观等。据此来确定自己的个性是否与理想的职业相符，对自己的优势和不足有一个比较客观的认识，结合环境如市场需要、社会资源等确定自己的发展方向和行业选择范围，明确职业发展目标。

其次，配合学校的培养任务，完成知识、技能等显性职业素养的培养。职业行为和职业技能等显性职业素养比较容易通过教育和培训获得。学校的教学及各专业的培养方案是针对社会需要和专业需要所制定的，旨在使学生获得系统化的基础知识及专业知识，加强学生对专业的认知和对知识的运用，并使学生获得学习能力、培养学习习惯。因此，大学生应该积极配合学校的培养计划，认真完成学习任务，尽可能利用学校的教育资源，包括教师、图书馆等获得知识和技能，作为将来职业需要的储备。

最后，有意识地培养职业道德、职业态度、职业作风等方面的隐性素养。隐性职业素养是大学生职业素养的核心内容。核心职业素养体现在很多方面，如独立性、责任心、敬业精神、团队意识、职业操守等。事实表明，很多大学生在这些方面存在不足。有记者调查发现，缺乏独立性、会抢风头、不愿下基层吃苦等表现容易断送大学生的前程。而喜欢抢风头的人被认为没有团队合作精神，用人单位也不喜欢。如今，很多大学生生长在“6＋1”的独生子女家庭，因此在独立性、承担责任、与人分享等方面都不够好，相反他们爱出风头、容易受伤。因此，大学生应该有意识地在学校的学习和生活中主动培养独立性、学会分享、感恩、勇于承担责任，不要把错误和责任都归咎于他人。自己摔倒了不能怪路不好，要先检讨自己，承认自己的错误和不足。

大学生职业素养的自我培养应该加强自我修养，在思想、情操、意志、体魄等方面进行自我锻炼。同时,还要培养良好的心理素质,增强应对压力和挫折的能力,善于从逆境中寻找转机。

在当今时代,大学毕业生仅仅拥有扎实的专业知识是很难在工作上有所突破的。事业上的成功常常取决于专业以外的知识和能力。

五、优秀员工必备的职业素养

(一)树立远大的职业理想

树立职业理想和选择职业目标是职业生涯发展的重要环节,需要综合考虑自身条件、兴趣爱好、市场和职业发展趋势等多方面因素。通过深入了解自己和市场,制定明确的职业目标和计划,调整心态并勇于尝试,可以更好地实现职业理想和发展目标。

(二)适应职场

在就业形势越来越严峻、竞争越来越激烈的当今社会,不能够迅速适应环境已经成了个人素质中的一块短板,也是无法顺利工作的一种表现。相反,善于适应环境却是一种能力,具备这种能力的人,手中也握有了一个可以纵横职场的筹码。不适应者将被淘汰出局。适应也是一场严峻的考验。压力,是工作中的一种常态,对待压力,不可回避,要以积极的态度去疏导、去化解,并将压力转化为自己前进的动力。人们最出色的工作往往是在高压的情况下做出的,思想上的压力、身体上的疲劳都可能成为取得巨大成就的兴奋剂。

在职场中,默默无闻是一种缺乏竞争力的表现,而那些善于表现自己的员工,却能够获得更多的自我展示机会,展示自己的竞争力,并迅速脱颖而出。

(三)低调做人,高调做事

善于表现并不是指刻意表现,要做到低调做人,高调做事。工作中,学会低调做人,你将一次比一次稳健;善于高调做事,你将一次比一次优秀。在"低调做人"中修炼自己,在"高调做事"中展示自己,这种恰到好处的低调与高调,可以说是一种进可攻、退可守,看似平淡、实则高深的处世谋略。

低调做人,赢得好人缘。做事要适当高调,将军必起于卒伍。

(四)设立工作目标,按计划执行

在工作中,首先应该明确自己想要什么,然后再去致力追求。一个人如果没有明确的目标,就像船没有罗盘一样。每一份富有成效的工作,都需要明确的目标去指引。缺乏明确目标的人,其工作必将庸庸碌碌。坚定而明确的目标是专注工作的一个重要原则。

(五)善于管理时间,适时把握机会

时间对每一个职场人士都是公平的,每个人都拥有相同的时间,但是在同样的时间内,有人表现平平,有人则取得了卓著的工作业绩,造成这种反差的根源在于每个人对时间的管理与使用效率上是存在着巨大差别的。因此,要想在职场中具备不凡的竞争能力,应该先将自己培养成一个时间管理高手。

谁善于管理时间,谁就能赢得一切。学会统筹安排,把你的手表调快 10 分钟,自动自发,主动就是提高效率。自动自发的员工,善于随时准备去把握机会,永远保持率先主动的精神,并展现超乎他人要求的工作表现,他们头脑中时刻灌输着"主动就是效率,主动、主动、

再主动”的工作理念，同时他们也拥有“为了完成任务，能够打破一切常规”的魄力与判断力。显然，这类员工才能在职场中笑到最后。

不要只做老板交代的事，工作中没有“分外事”，不是“要我做”而是“我要做”，想做“毛遂”就得自荐。

总之，一个大学生想要成为企业的优秀员工，需要社会、企业、学校多方面的配合和培养，当然最为重要的是大学生自身的探索学习和锻炼。

拓展阅读

加冕“种粮大王”，“黑土地大学”36 年耕读不辍

中国人，每 9 碗饭就有 1 碗来自黑龙江。黑土地，是耕地中的“大熊猫”，也是国家粮食安全的“压舱石”。党的十八大以来，习近平总书记始终牵挂黑土地，两次赴黑龙江考察调研，他指出：“中国人要把饭碗端在自己手里，而且要装自己的粮食。”刘彩华牢记总书记嘱托，在黑土地上耕耘不辍，用劳动和心血加冕享誉全国乃至世界的“种粮大王”。

耕读“黑土地大学”

2022 年，我国粮食总产量达 13731 亿斤，比上年增加 74 亿斤。刘彩华深感欣慰，她知道，其中也有她的一份贡献。

“横看成排顺成行，大豆出土苗齐壮，近日禾苗有点渴，天公作美及时雨。”这是刘彩华 2022 年 5 月发的一条微信朋友圈。

回望刚刚过去的 2022 年，刘彩华说，她做的最有意义的事，就是响应“减玉米、增大豆”号召，种植了 10 000 亩大豆，助力稳粮增产。“作为一个编外学生，我还与合作了 36 年的东北农业大学继续合作，繁育优质高蛋白、无腥大豆 3 000 亩，与哈尔滨工业大学合作开发糯玉米种植加工……”

在刘彩华看来，2022 年，面对新冠疫情、极端天气、农资涨价等困难，全国粮食产量实现逆势夺丰收、高位再增产，实属不易。

而 36 年前，她的起点只是一个高考落榜的高中生，家中姊妹七个，日子过得紧巴巴，她毅然决定走进“黑土地大学”，“在黑土地上种出自己的一片天！是金子在哪都会发光”。

看到农民年复一年“汗滴禾下土”却挣不了几个钱，刘彩华一心要找到问题根源。“我喜欢静，打小爱好就是读书、写字。”于是，爱钻研的她从《黑龙江农村报》上汲取了大量农业知识和资讯，她隐约觉得，屯里的现状是“种子和技术出了问题”。

凭借报纸上的地址，刘彩华上岗下坡骑了 20 多公里自行车，又换乘公交车赶到东北农业大学。三步并作两步跑到二层，而刘彩华敲开的不只是 222 办公室淡蓝色的门，也是技术兴农的科学之门。

“房间里，正在跟学生讨论问题的沈菖蒲先生，是我国著名的耕作学专家。当他看到我这么一个又瘦又小的农家女，主动找上门求教，非常高兴。”沈菖蒲给刘彩华介绍了最新的农业技术、发展前景和国际动态，让她大开眼界，从此，她找到了这一生的奋斗目标。

次年春天，刘彩华就按沈先生的推介，买了新品种玉米种子进行播种，秋天，地里结出了穗大饱满的玉米，当年亩产增产两三百斤，在屯里引起了不小的轰动。

“彩华，帮我也买点种子呗！”就这样，刘彩华毫无保留，把自己学到的新技术、新理念传给大伙儿，还带乡亲们一起去买种子。谁家的西瓜生了病，她就带上秧子跑几十里路找专家诊断。谁家的母牛难产，她也带着乡亲去兽医院给家畜看病。年纪轻轻，她便成了村里的主心骨、领头雁。1998年，刘彩华开始与东北农业大学合作，为大豆研究所繁育“东农298”大豆良种，繁育面积200亩，回收价格比市场价格每斤高出0.15元。此后，刘彩华买下200亩耕地，率领农户繁育大豆种子，到现在已繁育大豆良种90多万斤，成为双城市带领村民靠繁育种子挣钱的第一人。“别人说知识就是力量，要我说知识就是产量！”刘彩华铿锵有力地说。

地里长出的农科专家

2000年夏，刘彩华在家中见到来自美国俄亥俄州农业研究和发展中心的安妮博士，当得知美国农场主约1/4是大学毕业生，有的农场甚至由大学教授兼营，她感觉到自己与现代化农民的巨大差距，便暗下决心要继续深造。

几年后，恰逢黑龙江全省实施“村村大学生计划”，刘彩华边种地边苦读，考取了黑龙江农业经济职业学院绿色食品生产与管理专业。“2004年，阔别高考18年后，我又带着泥土、带着芬芳坐回了教室里。”

学成归来，刘彩华家就成了“农业义务咨询点”。她每天耐心解答乡亲们的各种技术难题，无偿提供技术指导、解读农业政策法规，通过网络帮助村民查找信息、打印资料……“我们屯86个电话我都记得清清楚楚。人家问了什么、我怎么回答的、问题解决没有，每一笔我都有详细记录。”

一人富不算富，借助科技的翅膀带领村民一起腾飞，彻底改变现状才是刘彩华最迫切的愿望。2009年，刘彩华成立双城市良农谷物种植专业合作社，带领农民种植绿色玉米、有机水稻，繁育大豆种子、鲜食黏玉米等优良品种，探索出一条绿色可持续发展的农业创新之路。

两年后，合作社的种植面积就达到了5 000亩，产粮720万斤，总产值超过千万元，辐射带动2 000多户农民共同致富。刘彩华因此被评为全国种粮售粮大户。

2012年，刘彩华又与双城市政府签署协议，自主承包和经营双城市高产高效农业示范园区的1.03万亩土地，她从基层农民变身为国家现代农业园区的CEO。2013年，她获得全国妇联授予的全国十大农民女状元、全国三八红旗手标兵、全国妇女创先争优先进个人等三项殊荣。

“我带了三个司机，从黑龙江一路开车到北京，就为了把黑龙江的优质农产品带进北京饭店的金色大厅展示给全国人民。”至今刘彩华都记得，那天，她两进人民大会堂，一是接受表彰，二是参加中外妇女招待会。

36年来，刘彩华累计生产粮食约2亿斤，她的农业示范园区种植面积达3万多亩，拥有大大小小农业机械60多台套。“我自己开的车才10万元，但园区的一套农用机械却价值百万元，种七八万亩地不成问题！”如今，刘彩华的示范园区已发展成为现代化高效农业的集约化经营新平台，带领乡村姐妹们共同发展的致富社，更成为国家保障菜篮子、米袋子的压舱石、稳定器。

为女农民代言发声

多年来，刘彩华始终认为，是醇厚的黑土地养育了她，凡遇到与农民切身利益相关的问题，她都会挺身而出、奔走疾呼。

2008 年，刘彩华代表黑龙江省农民进京，参加农业部召开的座谈会，她提出的“加强农田水利设施建设、规范生产资料市场、增加农业保险种类、出台粮食最低保护价、延长农业贷款期限”五点建议都被中央采纳，其中两点体现在 2009 年的中央一号文件中。

2013 年，刘彩华的建议《赋予农民更多的财产权利》被写进十八届三中全会公报中。同年，她当选全国妇联常委，她是那一届 40 位常委中唯一的农民。

2014 年，在北京 APEC“亚太经济合作组织妇女与经济论坛”上，刘彩华做了题为《女性与粮食安全》的精彩发言，“外交部和中方执行主席都说我为国争光了”。不久后，她又参加了 2014 亚太经合组织 APEC 粮食安全政策伙伴关系(PPFS)高级别对话会。“APEC 会议是部长级会议，自 1989 年成立以来，从来没有农民参加，我觉得这是中国女农民政治地位提升的最好体现！”

2016 年，受黑龙江省妇联委托，刘彩华牵头成立黑龙江省女经纪人协会，将全省各地从事农业生产的女能人凝聚起来，搭建农村妇女的学习、交流、合作、互动平台，提高农产品附加值，推动千家万户参与产业化经营。

2021 年，她又被农业农村部聘为全国共享乡村振兴实践指导师，她的合作社被五大部委共同授予“全国粮食安全宣传教育基地”。她打算在园区内融入更多科技、教育、观光元素，“把黑土地变成田间课堂，让父老乡亲在田间观摩，现场学技术、学管理，实实在在看到科技兴农、富农的最新成果和场景。”她还要让更多的中小学生走近农业、亲近土地，把课本中学到的抽象知识搬进田间地头……

转过年，刘彩华带着乡亲们开始为春播做准备。等到农民丰收节，她希望大家都能到黑土地上走一走，感受沃野千里的震撼，体会粮食的芳香和收获的喜悦。

（资料来源：中国妇女，2023.03.21）

任务二　恪守职业道德

一、职业道德基本要求

职业道德是指在职业领域中，对自己和他人负责任、诚实守信、尊重他人、遵守规则和道德准则的行为准则和规范。职业道德是职业人士必须遵守的基本规则，是职业伦理和职业精神的具体表现。在职场中，遵守职业道德不仅能够提升个人形象和职业素养，还能够建立良好的人际关系和信誉度，为职业发展打下坚实的基础。

（一）爱岗敬业

爱岗就是热爱自己的工作岗位，热爱本职工作。敬业就是用一种严肃的态度对待自己的工作，勤勤恳恳、兢兢业业、忠于职守。爱岗敬业的基本要求是：干一行爱一行，爱一行钻一行；精益求精，尽职尽责；以辛勤劳动为荣，以好逸恶劳为耻。爱岗敬业不仅是社会对每个从业者的要求，更应当是每个从业者的自我约束。

（二）诚实守信

所谓诚实，就是忠诚老实、不讲假话。所谓守信，就是信守诺言、说话算数、讲信誉、重信用、履行自己应承担的义务。诚实守信就是要以真心真意的态度来待人接物,坚守信诺、表里如一、言行一致。

(三)办事公道

公道就是公平、正义。办事公道是指从业人员在职业活动中要做到公平、公正,不谋私利,不徇私情,不以权害公,不以私害民,不假公济私,恰如其分地对待人和事。在办理事情、解决问题时,要客观地判断事实,重视证据,公正地对待所有当事人,不偏袒某一方,更不能作为某一方的代表去介入。

(四)服务群众

所谓服务群众,就是在职业活动中一切从群众的利益出发,为群众着想,为群众办事,为群众提供高质量的服务。服务群众是为人民服务在职业活动中的最直接的体现。

(五)奉献社会

奉献社会,就是要求从业人员在自己的工作岗位上树立起奉献社会的职业理想,兢兢业业地工作,自觉为社会和他人做贡献,尽到力所能及的责任。这是社会主义职业道德中最高层次的要求,体现了社会主义职业道德的最高目标指向。

二、做高素质的职业人

(一)培养责任意识

责任意识,是指一个人在生活或工作中对待他人、家庭、组织和社会是否负责,以及负责的程度,是不同社会角色的权利、责任、义务在人脑中的主观映像。它包含两方面的内容:一个人既要对自己的行为后果承担责任,又要对他人和社会负责。

一个具有良好的责任意识的员工,至少应做到以下几个方面:

1. 认真做好本职工作

一个职业人责任感的主要表现就是要做好本职工作。为了所在单位的发展,也为了自己的职业前程,我们必须踏踏实实地做好本职工作。事实上,那些在事业中卓有成效的人,无论从事的是平凡普通的工作还是所谓高大上的工作,无不用高度的责任心和严格的标准来对待自己的工作,与其说是努力和天分造就了他们的成功,倒不如说是强烈的责任心促成了他们的成功。

2. 时刻维护组织的利益和形象

时刻维护组织的利益和形象,是一个员工最基本的责任。用人单位主要是各种社会组织,如企事业单位、国家机关、民办企业等。良好形象和声誉是组织宝贵的无形资产,这笔无形资产使得它比同类其他组织具有更高的声誉、更强的竞争力和更辉煌的发展前景。组织的发展可以产生经济利益和社会效益,为社会做了贡献,也为员工的经济待遇和职业发展奠定了基础。因此,每个员工都应该确立组织利益高于个人利益的观念。

3. 严格遵守组织的规章制度

俗话说:没有规矩,不成方圆。任何组织的科学管理都离不开规章制度。规章制度使员工明白自己应该担负的责任和义务,对员工的言行起导向作用,也是组织能够有效运行的最基本法则。因此，作为一个有责任感的员工，恪守组织的规章制度是基本责任。

4. 正视工作中的失误，勇于承担责任

“人非圣贤，孰能无过”，尤其是初入职场的年轻人，更是难免会有工作失误。从一个人对待失误的态度就可以清楚地看出他的责任感。一个缺乏责任感的人，总爱把工作成绩归于自己，而把工作失误推给别人或客观条件。这种做法必然损害组织利益，也有损自身形象。在任何组织中，上司或同事都不会认同这种人。相反，一个有责任感、能够正视自己的失误并及时改正、设法补救的人，很容易得到上司的信赖和同事的认可。

（二）强化敬业意识

在当今社会，是否具备敬业精神，是衡量员工能否胜任一份工作的首要标准，因为它不仅关系到企业的生存与发展，也关系到员工的切身利益。

1. 以主人翁的精神对待职业活动

企业兴亡，员工有责。企业的命运和每个员工的工作质量、工作态度息息相关。因此，每个人都须认清自己的位置，以主人翁的精神来对待职业活动，树立“企兴我荣，企衰我耻”的意识。主人翁精神是敬业意识的重要因素，这种精神可以从两个方面体现出来：一是要把自己当成组织的主人；二是要把组织的事当成自己的事。如果我们每个人每时每刻在职场上、在每件事情上都能保持这种精神，那么我们就能慢慢地将此养成一种习惯，拥有敬业意识。

2. 谨防和克服工作中出现不敬业的陋习

职场中，有人养成了良好的敬业习惯，也有人缺乏对岗位的认同和敬畏之心，进而做出了一系列不敬业的行为。根据相关的调查研究，员工不敬业的表现主要有：三心二意、敷衍了事，不求有功、但求无过，明哲保身、逃避责任，怨天尤人、不思进取等。实践证明，养成不敬业的陋习的人，长此以往，很可能会陷入一个恶性怪圈，思想狭隘守旧、工作绩效不佳、难以晋级加薪及不敬业程度进一步加深。此外，由于不敬业者浪费资源、贻误工作、影响绩效，也必然给组织带来损害，这些人自然也会成为组织裁员的对象。

3. 在工作中努力实践敬业三境界

敬业的第一境界是乐业。首先要培养对自己职业的兴趣，要乐于从事自己的职业，即热爱这个职业，这是敬业最重要的一个前提。如果热爱工作，那么再苦再累都会乐在其中，即所谓“痛并快乐着”。

敬业的第二境界是勤业。勤业并不是机械地重复自己每天的工作，而是要有意识地锻炼自己，不断总结经验教训，以提高工作效率、创造更大价值。

敬业的第三境界是精业。它要求员工对本职工作精益求精，胜不骄、败不馁，戒骄戒躁，练就一流的业务能力，力争成为行业领域的行家里手、业务骨干。同时，随着社会的发展和科技的进步，精业还要求员工动态地维持其一流的业务水平，即不断学习新知识和新技术，与时俱进，使自己的业务能力更上一层楼，真正做到精于此业。

（三）加强诚信意识

诚信是一个人的立身之本，也是一个职业人不可缺少的职业素养。

1. 忠诚于企业

作为员工，只有忠诚于企业，才能通过企业为自己提供的职业发展平台实现自己的职业理想和人生价值。员工要关心企业发展，自觉维护企业信誉，在企业中安心工作，自觉将企业的兴衰和自我的发展联系在一起，用自己的能力和才华为企业的发展贡献自己的力量。

2. 取信于同事

在职场中，良好的人际关系是我们顺利开展工作的保障。抛弃虚伪、以诚相待、以信为荣的人际关系，才是最和谐、最美好的。没有和团队的精诚合作，孤军奋战，在现代职场中会让我们举步维艰，很难成功。在企业中，无论是与人相处，还是开展工作，都要实事求是、坚持原则、信守承诺，与同事平等竞争，不弄虚作假，不营私舞弊。

3. 正确看待利益

在对待利益的问题上，我们要善于处理自我利益与他人利益、眼前利益与长远利益的关系，要坚持诚信的品质，不受眼前利益的诱惑，坚持自己的原则。如果我们把个人利益看得高于一切，就会迷失自我，变成一个自私自利、目光短浅的人；如果我们将个人利益与企业、社会的利益统一起来，不仅能取得个人事业的成功，也能为企业的发展和社会的进步做出更大的贡献。

（四）树立竞争意识

竞争无时不在、无处不有。只有树立竞争意识，时刻拥有进取心、追求更高的目标、不断提升自己的价值和竞争能力，才能不被日益进步的社会和不断更新的工作所淘汰。

1. 培养危机意识

当今社会的就业形势是“能者上，平者让，庸者下”，竞聘上岗，优胜劣汰，在职人员稍有懈怠，随时都有失业的可能。职场员工如果缺乏这种忧患意识和危机感，不好好珍惜所拥有的一切，对工作敷衍了事、安于现状、不思进取，那么不但不可能加薪升职、有更好的发展和机会，而且连工作都可能无法保住。

2. 提高职业素养

竞争不是单纯的争强好胜，它既要求个人有旺盛的竞争意识，更要有良好的职业能力。激烈的职场竞争主要是职业能力的竞争。因此，大学生在校期间就要确定职业目标，学好专业理论知识和技能，强化职业能力。此外，还要重视职业道德、职业意识、心理素质、沟通能力和团队精神等的提升。

3. 正确处理竞争与合作的关系

竞争与合作是相伴而行的。竞争离不开合作，竞争获得的胜利，通常是某一群体内部或多个群体之间通力合作的结果；合作也离不开竞争，竞争促进合作的广度和深度，合作又反过来增强竞争的实力。正是这种竞争中的合作和合作中的竞争，推动着人类社会不断发展和进步。因此，步入职场的大学生一定要协调好竞争与合作的关系，既要有竞争意识，还要有团队合作精神。

（五）学习劳模精神

“劳动模范”简称劳模，是指在社会主义建设事业中成绩卓著的劳动者，经职工民主评选、有关部门审核和政府审批后被授予的荣誉称号。在我们党团结带领人民进行革命、建设、改革的各个历史时期，广大劳动模范以高度的主人翁责任感、卓越的劳动创造、忘我的拼搏奉献，谱写出一曲曲可歌可泣的动人赞歌，为全国各族人民树立了光辉的学习榜样。每一个时代的劳模都有其特点，但无论时代如何变迁，永远不变的是劳模精神的本质。

"爱岗敬业、争创一流，艰苦奋斗、勇于创新，淡泊名利、甘于奉献"的劳模精神，是工人阶级伟大品格的具体体现，生动诠释了社会主义核心价值观，丰富了民族精神和时代精神的内涵，是激励全国各族人民团结奋斗、勇往直前实现中国梦的强大精神力量。

大学生要以劳模为榜样，向劳模学习，在工作中践行劳模精神。

第一，勤问好学，带着"问题"去学。学习劳模是如何在本职岗位上做好本职工作的。要带着自己的思考，带着自己的问题去学，有学习才有进步，有问题才有进步。

第二，取长补短，带着"镜子"去学。劳模就是一面镜子，通过这面镜子，找到差距、发现不足，并认真地分析自己存在差距的原因，不断努力缩小差距，逐步向劳模靠拢看齐。此外，还常照照"劳模"这面镜子，做到持之以恒向劳模学习，不断克服"小胜即满"的肤浅认识。

第三，尊师重教，带着"感情"去学。劳模的闪光点就在于他们把工作当事业，把付出当追求，在平凡的岗位上发光发热，值得尊敬。学习劳模精神，首先就要尊敬、尊重劳模，带着一种深厚的感情去学，带着真诚的心去学，学习劳模如何在平凡的岗位上做出不平凡的业绩。

（六）培育工匠精神

工匠精神是劳模精神当代品格的核心要素。从本质上讲，工匠精神是一种基于技能导向的职业精神，它源于劳动者对劳动对象品质的极致追求，它具有精益求精、专注执着、严谨慎独、创新创造、爱岗敬业以及情感浸透、自我融入的基本内涵，既表现了极致之美的品质追求，又体现了敬业之美的精神原色，更展现了创造之美的价值升华。工匠精神的核心是对品质的追求，工匠精神的目标是打造本行业的精品。

当前，我国经济发展正处于转型升级的关键时期，培育和弘扬工匠精神对于提升我国产品质量、建设质量强国和制造强国具有特殊重要的意义。

对于个人而言，工匠精神体现了对自己所从事的职业的尊重、热爱和坚守，也体现了对消费者、对社会高度负责的态度。大学生要以各行业各领域的技能大师为榜样，自觉培育工匠精神。首先，应强化责任意识和职业操守。无论是在原材料选取、产品设计环节，还是在生产加工、售后服务环节，都应保持认真负责的态度，坚持高标准、严要求，努力生产出社会需要的产品。其次，应树立职业理想。"三百六十行，行行出状元。"每个人，无论身处何种岗位，都应该有追求卓越的理念。对于一线员工和专业技术人员来说，就应树立成为"中国工匠"的职业理想。在工作中应有终身学习的态度和刻苦钻研的精神，不断提升自身的专业技能，在打造更多享誉世界的"中国品牌"中成就自己的出彩人生。

拓展阅读

我们需要什么样的幸福观（摘选）

幸福的真实含义：人的自由而全面发展

如果我们不能将幸福理解为社会资源的占有或物质欲望的满足，那么，我们应当如何理解幸福呢？或者说，幸福的真实含义是什么？就是人的自由而全面发展。按照马克思的设想，社会主义社会是一种社会成员普遍获得自由而全面发展的社会。在这种社会条件下，自由而全面发展意味着潜能得到尽可能充分的开发和发挥，生存需要、发展需要（特别是精神需要）和享受需要得到尽可能好的满足。自由而全面发展的人能通过努力奋斗逐步使其人性闪耀善和美的光辉，人格完善而高尚，个性获得健康而丰富的发展，生活充满乐趣、充满创意和充满魅力。显然，人的自由而全面发展状态就是人的幸福状态。这是一种好生活或美好生活，而这里所说的"生活"是作为一个整体的生活，包括家庭生活、职业生活、个性生活、网络生活等生活的各个方面。

把幸福理解为作为整体的生活美好，是人类长期以来得到普遍认同的一种幸福观。中国古代的《尚书・洪范》中谈到人的幸福时，认为幸福就是享有"五福"，包括长寿、健康安宁、敬修德行、老而善终等方面。这是把幸福理解为一种各方面都好的生活。古希腊的"幸福"一词是 eudaimonia，其意思与英文对应词 happiness 意指欲望的满足不同，它是指作为整体的生活的兴旺或繁荣。亚里士多德在肯定幸福在于"生活优裕和行为良好"的基础上提出，幸福在于外在的善、身体的善和灵魂的善的统一。不过，他强调作为灵魂善的德行是其中最重要的因素，认为幸福是"德行最完满的运用和实现活动"。当代新西兰伦理学家克里斯丁・斯万顿等人认为好生活的概念主要有三种：令人满足的生活；值得赞赏的（道德的）生活；既令人满足又值得赞赏的生活。他们认为，第三种观点是自古以来为更多学者接受的观点。根据这种观点，把幸福理解为道德的生活或理解为令人满足的生活都是片面的，真正的幸福是在这两者之间达到了"平衡"的生活。

人的自由而全面发展，是马克思在继承人类优秀思想成果的基础上针对资本主义制度下人片面、畸形地生存提出的一种社会理想。它反对现代文明使人单向度、低层次地生存，反对人的生活过分物欲化、功利化、世俗化、市场化，反对人性的扭曲和异化，强调潜能的全面实现，个性的自由发挥，强调社会要把其成员的普遍幸福作为价值追求目标，并为这一目标的实现创造一切可能的条件。在当代，人民普遍幸福最重要、最基本的社会条件是国家富强和民族振兴。因此，将国家富强、民族振兴作为我国社会的价值追求目标，是人民普遍幸福的客观需要，也是社会主义的本质要求，体现了马克思主义中国化、时代化的突出特点。

把幸福理解为自由而全面发展或整体生活的美好，归根到底是人性和人的本性使然。人们对人性的看法见仁见智，但都会承认人性是多层次、多向度的潜在可能性有机统一的整体，而人的本性则是人性所共有的谋求生活得更好的要求。通过反思和回味，一个人会由对自己自由而全面发展的状态感到满意产生愉悦感。这种愉悦感就是我们经常说的幸福感，它是由成就感、获得感、和谐感等形成的整体美好感受。在主观感受上，幸福和快乐都是愉悦感，但幸福是由人的根本的总体的需要得到满足、对人的作为整体的生活美好感到满意产生的愉悦感，而快乐则是人的各种具体的、个别的欲望获得满足产生的愉悦感。幸福不同于快乐。无论在人类思想史上还是在现实生活中，不少人将幸福与快乐搞混，以为快乐就是幸福，这也是当前我国物质享受幸福观流行的观念原因。快乐对于人的生活十分重要，但人要活得快乐，也要"活得高尚、活得正当"（苏格拉底语）。

追求自由而全面发展

既然幸福在于人的自由而全面发展，我们每一个想获得幸福的人就要努力追求自己的自由而全面发展。

首先，把自由而全面发展作为人生的终极目的，而不迷恋于那点可怜的感性欲望满足。当代英国伦理学家朱丽娅·阿那斯指出："幸福是生活中最好的东西，是我们的善中的最善。"要获得自己生活整体上的美好，必须将这种作为至善的幸福作为终极目的追求。这种目的是目的本身，其他一切目的都是实现它的手段，而不是相反。人生来就会追求欲望的满足，而且满足欲望的多寡决定着人生丰富与否，因而幸福不排斥对欲望满足或快乐的追求，相反以快乐的获得丰富其内容。但是，要将对快乐的追求作为整体生活繁荣的部分或有益补充，而不能取而代之成了目的本身。

其次，使资源的占有服从于、服务于幸福，而不让自己成为外物及其占有欲的奴隶。幸福需要一定的客观条件，包括占有适度的社会资源，但这绝不意味着占有得越多越幸福。这就是亚里士多德所强调的："应该为了灵魂而借助外物，不要为了外物竟然使自己的灵魂处于屈从的地位。"在物质需要得到适度满足的情况下，要追求精神需要的满足，使人性的潜能得到尽可能充分的发展，切忌将人生的目光始终聚集于占有，任由贪欲恶性膨胀，否则人生必然发生异化。

再其次，凭借自己的努力、通过贡献他者（包括他人和社群）实现自我和获得幸福，而不是通过对他者的索取甚至损害获得幸福。不断努力奋斗才会获得自我实现，从而获得幸福。人是政治动物，社会性是人的本质属性。人需要他者，既要有父母妻儿，也要有朋友路人，还得有单位、社区、国家乃至人类。幸福包含了这一切，也体现在对他们的贡献之中。这就是《周易》所倡导的"君子以自强不息""君子以厚德载物"。由此看来，那些"啃老""傍大款"的人不可能获得真正的幸福，而那些唯利是图、不择手段的人则不仅不能获得幸福，相反会给幸福造成损害，以至丧失幸福。

最后，不断通过伦理反思和人格修养提升人生境界，而不满足于现状、停滞不前。苏格拉底说："未经省察的人生是没有价值的。"一个人要真正获得幸福，需要反思和审视自己的人生，思考"我应该过什么样的生活""我应该成为什么样的人"的问题（"苏格拉底之问"）。这种对人生的伦理反思是获得幸福的入口。在这种反思的基础上，还要不断加强自己的品德和人格修养，努力提升人生境界，从而使自己的人生和幸福层次更高、格调更美、丰度和深度不断扩展，达到真善美的完满一体。《大学》要求"自天子以至于庶人，壹是皆以修身为本"，其真义也许就在于此。

（资料来源：光明日报，2017.01.23）

任务三　态度决定一切

一个人的工作态度折射着人生态度，而人生态度决定一个人一生的成就。一个心态非常积极的人，无论从事什么工作，都会把工作当成是一项神圣的天职，并怀着浓厚的兴趣把它做好。可以说，当我们在工作中没有更多更明显的优势时，积极的工作态度就是我们最大的资本。

有人问三个正在砌砖的工人：你们在做什么呢？第一个工人没好气地嘀咕："你没看见吗？我正在砌墙。"第二个工人有气无力地说："嗨，我正在做一项每小时 2 美元的工作。"第三个工人哼着小调，欢快地说："朋友，我不妨坦白告诉你，我正在建造这世界上最伟大的教堂!”不管工作是怎样的卑微,只要我们能树立正确的工作态度,以一种积极的状态,全力以赴地去做,那么再难完成的工作也能出色地完成,就像希尔顿说的:“世界上没有卑微的工作,只有卑微的工作态度。”我们每个人都面临着风雨起伏的坎坷人生和复杂多变的职场路程,其实,大自然从本质上赋予每个人的最初能力是一样的。然而,人与人之间存在的差异归根结底就是因为每个人在态度上的差异性。如果说,出身和学历是走向成功的阶梯,那么正确的工作态度就是使你更快迈向成功的助推器。很明显,出身和学历一旦成型,就很难改变,而态度则不同,一个人的工作态度完全可以自己把握。能不能登上成功的巅峰主要取决于你对待这座山峰的态度。所以,身在职场,每一个员工都要以认真、负责的工作态度走好职业生涯中的每一步,只有这样才能拥有一个与众不同的人生。当你以对待生命的态度对待工作时,工作就会给你同样珍贵的回报。

态度决定一切。良好的工作态度是获得成功的前提,也是让自己以轻松愉快的心情投入工作、积极主动完成任务的先导。的确,很多事情我们无法选择也无法改变,但是我们却可以选择态度、改变态度。正如一位哲人所说的:“就算我们到最后什么都失去了,但至少我们还能以踏踏实实的态度去工作。”

一、没有卑微的工作,只有卑微的工作态度

无论你从事的工作多么琐碎,都不要轻视它。所有正当合法的工作都是值得尊敬的。只要你诚实地劳动,没有人能够贬低你的价值,关键在于你如何看待自己的工作。

在这个世界上,没有卑微的工作,只有卑微的工作态度。的确,有这样一些工作,它们看上去并不高雅,工作环境也很差劲,人们似乎也不太关注它。但是,我们千万别因此而轻视这样一份工作,我们要用这样的尺度去衡量它:只要它是有用的,就值得你去做。当一名制鞋工人并不是什么不光彩的事,但如果制出的鞋都是次品那才是不光彩的事。

人生的目标贯穿于整个生命,你在工作中所持的态度,使你与周围的人区别开来。日出日落、朝朝暮暮,它们或者使你的思想变得更加开阔,或者使你的思想变得更加狭隘;或者使你的工作变得更加高尚,或者使你的工作变得更加低俗。

波士顿的一位名叫比利·格雷的商业巨子,曾在责备一位机械师工作不够认真时,遭到了机械师的反击。这位机械师叫嚷道:“我告诉你,比利·格雷,你说的这些话让我无法容忍,我很清楚你的底细。你曾经不过是乐团里的一个无名的鼓手罢了。”格雷回答道:“你说得不错,我当时确实是一名鼓手,但我击鼓不是击得很好吗?”

《福布斯》杂志的创始人福布斯曾这样说:“做一个一流的卡车司机比做一个不入流的经理更为光荣,更有满足感。”没有不重要的工作,只有看不起工作的人。只要树立了积极的工作态度,就能够在平凡的岗位上干出一番事业来。

人的很多决定和行为决定于人的工作态度。工作中,你的工作态度就决定了你的前景。

人们看待问题的方式是有局限性的,我们必须从内部去观察才能看到事物真正的本质。有些工作从表象看也许索然无味,但只有深入其中,才可能认识到其意义所在。因此,无论幸运与否,每个人都必须从工作本身去理解工作,将它看作人生的权利和荣耀,只有这样,才能保持良好的工作态度。

在每个人的生活当中有大部分时间都是和工作联系在一起的。不是工作需要人,而是

任何一个人都需要工作。

你难道从未感觉到满足感所带来的狂喜吗？你难道还没找到目标，没有获取成长的力量吗？你难道还没有自我实现的推动力吗？那你还没有培养起高贵的工作态度，还没有自我实现的强烈愿望吗？要知道，对人生真正意义的追求，能够使我们热血沸腾，使我们的灵魂燃亮。这种追求并不仅仅局限于一般意义上的维持生计，它在更高层次上与我们的社会息息相关，并且能够满足我们精神上的最终需求。

努力去做好你的工作吧，并时刻记住：世界上没有卑微的工作，只有卑微的工作态度。

二、态度就是竞争力

每个人都有不同的职业轨迹，有的人成为公司里的核心员工，受到老板的器重；有的人一直碌碌无为，无人知晓；有些人牢骚满腹，总认为自己与众不同，而到头来仍一无是处……众所周知，除了少数天才，大多数人的禀赋相差无几。那么，是什么在造就我们、改变我们呢？答案是“态度”！

态度是内心的一种潜在意志，是个人的能力、意愿、想法、价值观等在工作中所体现出来的外在表现。

在企业之中，我们可以看到形形色色的人。每个人都有自己的工作态度。有的勤勉进取，有的悠闲自在，有的得过且过。工作态度决定工作成绩。我们不能保证你具有了某种态度就一定能成功，但是成功的人们都有着一些相同的态度。

企业里普遍存在着三种人。

第一种人：牢骚满腹。

这种人永远悲观失望，他们似乎总是在抱怨他人与环境，认为自己所有的不如意都是由环境造成的。他们常常自我设限，使自己的无限潜能无法发挥。其实每个人都有着优秀的潜质，然而，整天生活在负面情绪当中，让他们完全享受不到工作的乐趣。他们总是牢骚满腹，这种消极情绪会不知不觉地传染给其他人。

第二种人：得过且过。

这种人的口头禅永远是：“那么拼命干什么？大家不是拿着同样的薪水吗？”

他们从来都是按时上下班，按部就班，职责之外的事情一概不理，分外之事更不会主动去做，不求有功，但求无过。

一遇挫折，他们最擅长的就是自我安慰：“反正晋升是少数人的事，大多数人还不是像我一样原地踏步，这样有什么不好。”

第三种人：积极进取。

在企业里，人们经常可以看到他们忙碌的身影，他们热情地和同事们打着招呼，精神抖擞、积极乐观、勇争第一。他们总是积极地寻求解决问题的办法，同事们都喜欢和他们接触，他们虽然整天忙忙碌碌，但始终保持乐观的态度，时刻享受着工作的乐趣。

下面让我们来看看这三种人的结局：

一年后，由于公司在经营上遇到了困难，加上经济不景气，公司决定裁员，部门经理首先就想到了第一种人。因为经济环境不好，公司需要积极向上、团结一致。所以那些每天在公司除了发牢骚还是发牢骚的人就接到了解聘信……

第二种人呢？他们仍然做着相同的工作，上司对他们的评价始终不好不坏，升职对他们来说遥遥无期。一年一度的大学生招聘工作又开始了，上司开始关注起相关的简历来，也许，新鲜的血液很快就会补充进来，这种人的处境似乎有些不妙。

第三种人还是那么积极进取，忙碌的身影依然随处可见，因为公司发展的需要，他们被提升到了更重要的工作岗位上。

在公司里，员工与员工之间在竞争智慧与能力的同时，也在竞争态度。一个人的态度直接决定了他的行为，决定了对待工作他是尽心尽力还是敷衍了事，是安于现状还是积极进取。态度越积极，决心越大，对工作投入的心血越多，从工作中所获得的回报也就相应地更多。

前面三种人，一种已经被解聘，一种面临失业的危险，一种得到晋升。这并不是说得到晋升的人在智力上更突出，而是他们不同的工作态度导致的。尤其是在一些技术含量不高的职位上，大多数人都可以胜任，而能为自己的工作表现增加砝码的也就只有态度了。

那些慵懒怠惰的人、那些态度上不具备竞争力的人只注重事物的表象，无法看透事物的本质。他们只相信运气、机缘、天命之类的东西。看到他人工作出色，他们就说："那是天分！"看到人家屡次加薪，他们就说："那是幸运。"发现有人被老板重用，他们就说："那是机缘。"

一开始，你会觉得保持积极的态度很不容易，但最终你会发现这种态度成了你个人价值的一部分。而当你体验到他人的肯定给你的工作和生活带来帮助时，你就会一如既往地秉持这种态度做事。

态度就是竞争力，积极的工作态度始终是你脱颖而出的重要砝码，拥有正确的工作态度，你将在竞争激烈的职场上走得更远。

三、态度比能力更重要

一位哲人说："人生所有的能力都必须排在态度之后。"的确，在态度这一内在力量的驱动下，我们常常会产生一种使命感和自驱力，而这种感觉的产生所带来的收获远远超出我们最美好的构想。

北京一家著名人力资源公司的老总这样说："现在很多企业用人其实不太看重学历，而是取决于个人展示出来的能力和水平，许多人在职业生涯中进步缓慢，并不是他们没有能力，主要是因为他们心态不够好，没有正确的工作态度。"

来自哈佛大学的一个研究发现：一个人的成功85%取决于他积极主动的态度，而只有15%取决于他的智力和所知道的事实与数字。在工作中，当我们没有更多更明显的优势时，正确的工作态度就是我们最大的资本。

当然，我们说态度胜于能力，并不是对能力的否定。一个只有态度而无任何能力的人，是没有用武之地的。因为态度是要用业绩来证明的，而不只是口头上的响亮口号。

有本书叫《不可阻挡》，书中记述了一个"推销英雄"比尔·波特的故事，这个故事曾经感动过无数人。比尔·波特是美国成千上万的推销员中的一个。对他来说，工作就是他的一切，他以此为生，同时以此体现生命的价值。然而，他的工作却比一般人要艰难得多。他出生于1932年，母亲生他时，大夫用产钳助产，却不慎夹碎了他大脑的一部分，导致他患上了大脑神经系统瘫痪，以至于影响他说话、行走和对肢体的控制。比尔长大后，州福利机关将他定为“不适于被雇用的人”，专家也认为他永远不能工作。

然而，比尔的母亲却没有对自己的儿子完全失望，她总是鼓励比尔去做一些力所能及的事情，她一次又一次对他说：“你能行，你能够工作，能够自立！”比尔受到母亲的鼓励后，开始从事推销工作。他从来没有将自己视为残疾人。最初，他向福勒刷子公司申请工作，这家公司拒绝了他，并说他根本不适合工作。其他几家公司也以同样的态度拒绝了他。但比尔没有放弃，最后，怀特金斯公司很不情愿地接受了他，但也提出了一个条件——比尔必须接受没有人愿意承担的波特兰、奥根地区的业务。虽然条件苛刻至极，但毕竟有了第一份工作，比尔当即就答应了。

1959年，比尔第一次上门推销，犹豫了4次，他才鼓起勇气按响门铃。第一家人没有买他的商品，第二家、第三家也一样……但他坚持着，即使人们对他的产品丝毫不感兴趣，甚至嘲笑他，他也不灰心丧气。终于，他取得了成绩，由小成绩到大成绩。

他每天工作及路上的时间大约有14个小时，当他晚上回到家时，已经是筋疲力尽，他的关节会痛，偏头痛也时常折磨着他。每隔几个星期，他都要打印一份顾客订货清单。由于他只有一只手是管用的，这项别人做起来非常简单的工作，他却要花去10个小时。他辛苦吗？当然辛苦，但心中对公司、对工作、对顾客的热爱支撑着他，他什么苦都能够吃。慢慢地，在比尔负责的地区，有越来越多的门被他敲开，有越来越多的人购买了他的商品，他的业绩不断增长。在做到第24年时，他已经成为销售技巧最好的推销员。

进入20世纪90年代时，比尔已经60多岁了，怀特金斯公司已经有了6万多名推销员，并且在全国建立了连锁机构，比尔再也没有必要上门推销了。但此时，比尔已成为怀特金斯公司的“产品”，他是怀特金斯公司历史上最出色的推销员，公司以比尔的形象和事迹向人们展示公司的实力，并把公司的第一份最高荣誉“杰出贡献奖”给了比尔。可以说，比尔·波特能够成为推销英雄，完全在于他的积极的、永不言弃的工作态度。他的这种态度弥补了他自身因生理缺陷造成的不足，奇迹般地让他成为推销技巧最好的推销员。可以说，比尔的故事说明了态度比能力更重要。对一个公司来说，员工良好的工作态度是公司顺利发展的保证。如果接线员不接电话、销售员为难客户，那么公司即使有最优秀的生产能力，又有什么用呢？如果售货员对客户爱理不理，那么商店即使装潢得再富丽堂皇，又有什么用呢？

相反，如果所有员工都能树立正确的工作态度，都能全身心地投入到工作中去，那么企业将会一往无前。

四、态度决定成败

可以说态度是衡量一个人能否获得成功的重要标准。如果一个人连最基本的热爱本职工作、积极主动、有责任心、干事不拖拉的工作态度都不具备的话，那他们又怎么可能把工作做好呢？当然也就更加不用说去取得多大的成功了。

有一个成功女企业家曾这样说：“现在的员工比我们以前差多了！首先是他们的工作态度，那时我们不管做什么工作，不管是不是公司的事，都会乐意地、积极主动地去做，并且尽力去把它做到最好。”

也许她的这些话多少有些偏激，毕竟随着时代的发展，对员工的要求可能不一样，然而这些话却在一定程度上反映了他们对工作的态度。可以说良好的工作态度是每个行业道德的基本要求，同时也是个人取得成功的基本要求。

现在有很多员工（特别是年轻的）总是抱着一种“净赚薪水”的心态去工作，他们觉得“你给几分钱，我就出几分力”是理所当然的。其实，产生这种心态主要是因为他们涉世未深，没能看到自己和公司的长远未来。一些人花费很多精力来逃避工作，却不愿花相同的精力来努力完成工作。他们以为自己骗得过老板，其实，他们愚弄的只是自己。可以肯定的是，升迁和奖励是不会落在那些玩世不恭、不努力工作的人身上的。

工作中，只有态度改变了，我们才能改变事情。不同的态度成就不同的人生。你种下什么因，收获的就是什么果。如果你永远保持努力的工作态度，你就会得到他人的称许和赞扬，就会赢得老板的器重，从而走向辉煌的人生舞台。

五、拥有改变现在的心态

2005年2月，沈阳鼓风机（集团）有限公司的“五朵金花”攻关组在北京人民大会堂被中华全国总工会授予全国五一巾帼奖和全国五一劳动奖状。五位年轻女工程师王英杰、王广兰、张玉珠、葛丽玲、严鸿，她们主导设计了我国首台4万立方米流量空气压缩分离装置，这一项目填补了我国大型空气压缩机组国产化空白，打破了长期以来美、德、日等国对此类大型机组的市场垄断。

而实际上，她们自身的条件在完成这样一个大项目前并不优越。“五朵金花”中，王英杰和张玉珠只是中专、技校的底子。在机械设计领域，女同志要做出比男同志更突出的成绩，没有强烈的进取心是不可能的。机械设计人员要下车间、试车等，无论是脑力还是体力上都属于高强度。以前她们设计室重大的任务一般是男同志担纲，室里的女员工很不服气，她们敢于挑重担，积极进取，王英杰进入沈鼓第二年就报考了东北大学专科升本科，两年后，取得了工学学士学位；而后又进入了沈鼓与东北大学联办的MBA进修班学习。

“我们的共同点就是要强，不服输，不断地进取。”“五朵金花”在总结自己成功的原因时，都谈及了此点。杰出的、有追求的人从来不满足于现状。随着晋升和眼界的开阔，他们会不断对自己提出更高的要求，然后用毕生的精力去追求这个目标，从而一步步到达光辉的顶点。

一位哲学家说过：“人是唯一一种有多种发展可能性的动物。”也许你现在是一个平凡的人，做着一份普通的工作，又或许你现在所处的位置非常显赫，拥有的薪水也很可观。现任的管理者对你非常器重。但是这些都不过代表“现在”，你应该打起精神为更好的“将来”而努力。就像球王贝利一样，最好的永远在下一个。

不光如此，未雨绸缪也是你需要改变现状的原因。现在越来越多的人感到自己所处的职位有点像鸡肋，食之无味，弃之可惜。在这个职位上虽然已经做得很熟了，但跟别人比起来不具备竞争优势，这个工作的技术含量又不高。这时候，你就该自动自发地想办法改变自己，给自己充电，学习些相关知识；或者往其他的部门转移，给自己寻找一个发展的空间，不要得过且过，明知道头上悬着一把达摩克利斯之剑，还被动地等着被通知走人。

任何时候，竞争淘汰的只是低劣的人。成就的则是那些具备锐意进取意志的人。挑战工作，其实是先挑战自我。拥有改变现状的心态，一分狂野加上一分适当的执着，常常就能出现令人咋舌的奇迹。

懂得积极进取是一个人取得成功的重要条件，是时代的要求。进取心将决定你是否自信和刻苦、是否愿意充分发挥自己的技能和才干。除去等级、职位和专长领域等因素外，企业在寻找新员工时，希望他们能把自己的工作当成对企业最重要的贡献，在这里发挥才能，创造最大的价值。那么企业给他们的回报，则是提供一个成就他们梦想的舞台，给他们提升自己的机会。对大部分人来说，其实他们已经具备了得到比现在更好的职位和报酬的能力，只是他们并没有这么想过，也没有为之努力过。所以，不妨让自己对自己多些要求，多些梦想。能够做到出色，为什么自甘平庸呢？能够做到称职，为什么得过且过呢？做一天和尚撞一天钟的员工，终会有一天连钟都没得撞。

人不能改变过去，但可以改变现在；

人不能改变别人，但可以改变自己；

人不能改变环境，但可以改变态度；

人不能样样顺利，但可以事事尽心。

作为一个将要毕业的大学生，应该具备什么样的职业素养？

你怎样理解“态度决定一切”这句话？

动画

四只毛毛虫的故事

拓展阅读

幸福都是奋斗出来的

一般而言，幸福是一个人对自己生活状态持续感觉满意的心理感受，既与资源占有、物欲满足相关，也与主观感知、心理体验相关。心理学研究表明，拥有积极向上的生活目标并为之奋斗前进是体验和感知幸福的先决条件。幸福观是关于幸福的根本看法和态度，是个人对何为美好人生的情感体验、心理感受、认知评价，包含与此相关的信念目标、价值取向、行为意向、人生追求。党的十八大以来，习近平总书记多次论述“幸福不会从天而降”“新时代是奋斗者的时代”“奋斗本身就是一种幸福”等重要观点，强调“幸福都是奋斗出来的”，深刻指出了幸福的来源和真谛。

幸福都是奋斗出来的，既有历史的逻辑，也是现实的必然。中国人民自古就明白，世界上没有坐享其成的好事，要幸福就要奋斗。回望历史，无论是“愚公移山”“精卫填海”“囊萤映雪”“悬梁刺股”等寓言故事，还是“自古雄才多磨难”“梅花香自苦寒来”“君子以自强不息”等古训格言，其中蕴含的艰苦奋斗和自强不息的精神一直是支撑中华民族绵延至今的文化基因、精神密码。中国共产党成立以来，领导中国人民在战乱频仍、山河破碎中奋斗，在百废待兴、一穷二白中奋斗，在阻力和压力、困难和挑战中奋斗，才使得我们比历史上任何时期都更接近、更有信心和能力实现中华民族伟大复兴的目标。一部中华民族史，实际上就是一部中华民族艰苦奋斗、自强不息的奋斗史。在新时代，决胜全面建成小康社会，开启全面建设社会主义现代化国家新征程，实现中华民族伟大复兴的中国梦，需要我们以永不懈怠的精神状态和一往无前的奋斗姿态奋勇前进。

幸福都是奋斗出来的，实现中华民族伟大复兴，创造中国人民美好生活，更需要长期奋斗、艰辛奋斗、共同奋斗。长期奋斗。世界上没有随随便便就成功到达的彼岸，要成功就要不懈奋斗、接续奋斗。习近平总书记指出："奋斗是长期的，前人栽树、后人乘凉，伟大事业需要几代人、十几代人、几十代人持续奋斗。"艰辛奋斗。纵观中华民族漫长的奋斗史，锦衣玉食、坐享其成必然败家败国；只有牢记"艰难困苦，玉汝于成"，"不驰于空想、不骛于虚声"，才能真正实现幸福。全面建成小康社会、全面建设社会主义现代化国家，任务极为艰巨，绝不是"轻轻松松、敲锣打鼓就能实现的"。全党和全国各族人民必须准备付出更为艰巨、更为艰苦的努力。共同奋斗。民族的伟大复兴，不是一个人、少数人能完成的，需要千千万万普通人凝心聚力、齐心协力，共同努力、共同奋斗，每个平凡个体在参与创造伟大时代的同时，也在创造自己的美好人生，也在实现奋斗而来的幸福。

青年是国家和民族的希望。对于广大青年而言，做新时代的奋斗者，为国家富强、人民幸福而奋斗，就要切实做到以下几个方面。

确立为人民谋幸福的价值取向。马克思指出："历史承认那些为共同目标劳动因而自己变得高尚的人是伟大人物；经验赞美那些为大多数人带来幸福的人是最幸福的人。"新时代的奋斗者，要将个人幸福与社会幸福紧密结合，为社会、为他人幸福而努力奋斗。人民性是马克思主义最鲜明的品格，是中国共产党的核心特质。马克思在《共产党宣言》中指出："过去的一切运动都是少数人的或者为少数人谋利益的运动。无产阶级的运动是绝大多数人的、为绝大多数人谋利益的独立的运动。"在改革开放初期，我们面临的是"发展的问题"，而今，我们面临的是"发展起来以后的问题"。党的十八大以来，以习近平同志为核心的党中央坚持以人民为中心的发展思想，始终以实现好、维护好、发展好最广大人民根本利益为党的一切工作的出发点和落脚点，旗帜鲜明地提出"人民对美好生活的向往就是我们的奋斗目标"，体现了合目的性与合规律性的有机统一，实现了奋斗的实践路径和幸福的价值评价标准有机耦合。

永葆昂扬向上的奋斗精神。党的十九大明确回答了我们党在新时代举什么旗、走什么路、以什么样的精神状态、担负什么样的历史使命、实现什么样的奋斗目标的重大问题。在实现中华民族伟大复兴的征途中，我们还面临诸多困难和挑战，迫切需要以时不我待的精神投入到以习近平同志为核心的党中央确定的各项工作中去，激荡新气象、激发新作为，矢志不渝、接续奋斗。习近平总书记强调："行百里者半九十。距离实现中华民族伟大复兴的目标越近，我们越不能懈怠，越要加倍努力，越要动员广大青年为之奋斗。"新时代青年必须永葆昂扬向上、积极进取的奋斗精神，为理想信仰奋斗，为崇高使命奋斗，为美好生活奋斗。要切实做好青年一代的思想引导，在培养奋斗精神上下功夫，引导青年树立高远志向，历练敢于担当、不懈奋斗的精神，具有勇于奋斗的精神状态、乐观向上的人生态度，做到刚健有为、自强不息。

投身脚踏实地的奋斗实践。奋斗是通往幸福生活的阶梯，但奋斗的过程极为艰辛。历史总是抛弃那些前进路上的懒惰者、懈怠者、无为者，而将那些奋进者、搏击者、有为者镌刻在丰碑上。我国仍处于并将长期处于社会主义初级阶段，我们还处在艰苦的创业时期，广大青年要切实践行习近平总书记对青年提出的希望和要求，忠于祖国、忠于人民，立鸿鹄志、做奋斗者，求真学问、练真本领，知行合一、做实干家，扑下身子埋头苦干，脚踏实地投身到中国特色社会主义事业伟大实践中去，勇做新时代的弄潮儿，在实现中国梦的生动实践中放飞青春梦想，在为人民利益的不懈奋斗中书写人生华章。

（资料来源：光明日报，2018.12.24）

实践活动

活动一：我是谁

首先按下面的格式写出10句“我是怎样的人”，要求尽量选择一些反映个人风格的语句，避免出现类似“我是一个男生”这样的句子。

我是一个________________________的人。

我是一个________________________的人。

我是一个________________________的人。

我是一个________________________的人。

我是一个________________________的人。

我是一个________________________的人。

我是一个________________________的人。

我是一个________________________的人。

我是一个________________________的人。

我是一个________________________的人。

请将陈述的10项内容做下列归属：

身体状况(属于你的体貌特征)编号：____________________；

情绪状况(你常持有的情绪情感)编号：____________________；

才智状况(你的智力、能力情况)编号：____________________；

社会关系状况(与他人的关系等)编号：____________________；

其他方面编号：____________________。

假如我是一种动物，我希望是________，因为________，假如我是一位演员，我希望是________，因为________，如果举行假面舞会，我愿意扮作________，因为________。

评估一下对自己的陈述是积极的还是消极的。在列出的每句话的后面写上“+”或“—”。加号“表达了对自己肯定、满意的态度”，减号则相反，表示“对自己不满意、否定的态度”。看看减号与加号的数量是多少。如果加号多于减号说明自我接纳状况良好。相反，则表示不能很好地接纳自己，自尊程度较低，这时需要内省一番，寻找问题的根源。

活动二：看看你的责任心

员工有没有责任心是任何一个企业都非常看重的，因为实践证明，只有具备强烈的责任心的人才会全心投入工作。一份工作刚做几天就觉得没兴趣或是嫌待遇不好而跳槽的人，是任何一个企业都不喜欢的。做做下面这个测试，看看你的责任心。

1. 与人约会，你通常准时赴约吗？

2. 你认为自己可靠吗？

3. 你会未雨绸缪，进行储蓄吗？

4. 发现朋友犯法，你会通知警察吗？

5. 外出旅行，找不到垃圾桶时，你会把垃圾带回家吗？

6. 你经常运动以保持健康吗？

7. 你忌吃垃圾食物、脂肪含量过高的食物或其他有害健康的食物吗？

8. 你永远将正事列为优先，再进行其他休闲活动吗？

9. 你从来没有放弃过任何选举权利吗？

10. 收到别人的信，你总会在一两天内就回信吗？

11. “既然决定做一件事情，就要把它做好。”你相信这句话吗？

12. 向别人借钱时，你会跟人约定还款日期吗？

13. 你曾经犯过法吗？

14. 在求学时代，你经常拖延完成作业吗？

15. 小时候，你经常帮忙做家务吗？

评分标准：回答“是”计 1 分，回答“否”计 0 分。

累计 15 道题的总分：

10～15 分：你是个非常有责任感的人。你行事谨慎、懂礼貌，为人可靠，并且相当诚实。

3～9 分：大多数情况下，你都很有责任心，只是偶尔有些率性而为，没有考虑得很周到。

2 分以下：你是个完全不负责任的人。有些朋友的父母可能会对你有成见，力劝子女少跟你来往。你一次又一次地逃避责任，以致每份工作都干不长，手上的钱也总是不够用。

活动三：二十一天养成一个好习惯

美国心理学家研究发现，养成一个习惯需要 21 天。

为了支持你养成优秀的习惯，建议你使用 21 天养成行为习惯的方法，每天训练自己的行为。

具体操作：

晚上上床休息前给自己留出十分钟时间，用来总结今天的计划执行情况及制订明天的计划。

(1)今天的任务我完成得怎样？

____

(2)我对哪些地方满意？为什么？

____

(3)我对哪些地方不满意？为什么？

____

(4)在明天的计划中我将如何进行调整？

____

(5)我明天一天的计划是怎样的？

____

坚持下去！养成优秀的习惯！你将会有令人惊喜的收获！

活动四：天生我才——学会欣赏自己

活动说明：

同学们认真思考，写下最欣赏自己的7个方面，分别是：

(1)我最欣赏自己的外表是________________________________

(2)我最欣赏自己对朋友的态度是____________________________

(3)我最欣赏自己对学习的态度是____________________________

(4)我最欣赏自己的一次成功是______________________________

(5)我最欣赏自己的性格是________________________________

(6)我最欣赏自己对家人的态度是____________________________

(7)我最欣赏自己做事的态度是______________________________

项目十二 破茧成蝶，完美蜕变

知识目标

1. 了解学校与职场、学生与职业人的区别；
2. 掌握学生角色向职业角色转换的方法。

能力目标

1. 能够尽快完成职业角色转换；
2. 能够适应职场，找准定位。

素质目标

1. 提高学生职业适应能力，培养职业精神；
2. 培养适应职业角色的意识。

案例导入

小张毕业走上工作岗位一年多了，却还未进入状态。在别人眼里，他似乎还是实习期间的“小张”，没有什么长进。在同事和领导的眼里，他讲话、做事包括穿着还是像学生一样，对待工作的主动性不高，缺乏独立承担工作任务和解决实际问题的能力。后来，他给一位在校就读时的老师打电话求助。老师告诉他，要转变角色、主动适应，而不是过多地体现自我。经过一段时间的调整和努力，小张的工作效率大有改观，也逐渐被领导和同事认可。那么，要如何转换并且适应职业角色呢？

（资料来源：孟繁兴，郭禹辰，许诺．大学生职业生涯规划[M]．4版．大连：大连理工大学出版社，2023）

任务一　适应职业角色

人的一生经历着多次不同社会角色的转换。大学毕业走向社会，就是一种典型的社会角色转换，这个转换在其一生中十分重要。大学毕业生能够顺利地实现角色转换，可以促进大学生尽快地适应新的环境，缩短磨合期。

一、学校与职场的区别

学校与职场的区别，主要体现在以下几个方面：

第一，目的不同。学校的目标是培养人，学生在学校是学知识、练技能的，而职场是使用知识和技能的，企业的目标首先是谋利润、谋发展，然后才是培养人。因此，所有的企业都希望招到有工作经验的员工，都希望新员工能够“招之能来，来之能战”，能够为企业创造财富。

第二，在学校里学生可以“单兵作战”，独自完成各类作业。但在职场上，几乎所有的任务都需要通过团队协作来完成，而且，个人任务的完成情况会受到上一个环节的制约，也会影响下一个环节，甚至影响整个企业。因此，在职场上，如果不善于与人交流和沟通，不能与人合作，是不能“毕业”的。

第三，学校和职场都看重成绩，但学校看重的是学习成绩，而职场看重的是工作业绩。

第四，学校鼓励学生大胆探索学习方法，提高学习效率。职场则有种种规则和惯例，需要员工用特定的方式去工作。工作后，要养成随时向领导和同事请教的习惯，以便较好地完成工作任务，减少工作中的纰漏。

第五，在学校犯错，后果一般不会危及学校的生死存亡。而在职场，一个小小的失误，不仅会影响个人的发展，还可能会给企业造成重大的损失。

第六，学校的管理相对来说比较松散，学生有较大的自由度。而企业却有着严格的制度，更多地要求服从、遵从，按规章办事，违规即罚。

二、学生与职业人的区别

（一）活动方式不同

学生以学习知识、提升技术技能为主要活动。长期以来，学生角色使大学生处在一种接收外界给予的位置；而职业角色则要求运用自己的知识和能力向外界提供自己的劳动。这种从接收到运用、从输入到输出的转换是一种重大活动方式的改变。接收和输入主要是要记忆和理解，运用和输出则要求结合实际创造性地发挥，因此，有些毕业生，甚至是学习成绩优秀的佼佼者也会感到一时难以适应。

（二）社会责任不同

学生的主要社会责任通常体现在学习过程中的责任心上，而职业人的社会责任体现在对工作对象的责任中，他们的不负责将直接给社会造成损害。学生走上工作岗位后，社会将以一个职业人的评价标准来对其提出要求，要求其能够独当一面，并与同事亲密合作，充分履行职业责任。

（三）所处环境不同

学生在校园里面对的通常是寝室、教室（实验实训室）、图书馆、食堂四点一线的简单而单纯的校园环境。而职业人在紧张的职场上，要面临快速的生活节奏、紧张的工作和加班，还要承受不同地域的生活环境和习惯差异；由于缺乏实际工作经验，开始工作时往往不能得心应手,工作压力大,甚至可能有较大的心理负担。

(四)人际关系复杂程度不同

在强调团队和协作精神的今天,和谐的人际关系对职业发展举足轻重。有些毕业生虽然能力很强,但因为与领导、同事相处不好而陷于困境。相对于学校中的师生关系、同学关系,职场中的人际关系更为复杂,行业之间有竞争,单位中的同事、上下级之间有利益冲突,牵扯到业绩好坏、薪水增减、职务升降等具体问题,往往表现得纷繁复杂,此时学会处理各种关系显得尤为重要。

三、角色转换过程中的不适应

(一)理想与现实的冲突

大学校园里的生活相对来说是比较单纯和清静的。习惯了这种环境的大学生们,在刚刚参加工作之初,由于自身的阅历、素质、知识水平和适应能力的限制,加上社会对大学生的期望要高于一般的人,因此,难免会产生一些矛盾和不适应的现象,使得许多毕业生在工作上遇到种种困难和挑战。

大学生在学校所接受的几乎全是正面的、健康的教育,所以其世界观、人生观和价值观的形成和发展都是比较顺利的。但是,由于他们的社会阅历比较浅,所以对社会、对人生价值的认识往往表现出较理想化的倾向。因此,在现实社会中,尤其是面对社会不良现象,他们既看不惯,却又无能为力,经常感到困惑和迷茫,很难使自己理想化的观念与现实社会达成一致,因而表现出理想与现实的冲突,以及理想化的行为习惯与职业角色要求之间的矛盾。

所有的大学毕业生都希望在自己的第一份职业岗位上有所作为,立志以满腔的热情换取优异的工作成绩。但对毕业生的跟踪调查表明,大学生工作后大多对现实不满意,有的毕业生表示"特别失望"。面对一些工作单位的实际情况,诸如生活环境艰苦、人际关系复杂、经济收入微薄、工作程序单调、管理方式落后和生产试验设备陈旧等因素产生的消极负面影响,不少毕业生由满腔热血转而大失所望,工作的积极性踪影皆无,原本美好的愿望也化为泡影。

(二)自身素质难以应对社会职业的需要

我国经济步入全球化的战略格局,对高素质综合型人才的需求就更为迫切。因此,大学毕业生不仅要有扎实的专业知识、较强的实际操作和一定的组织管理能力,更要具有勇于开拓、锐意进取的创新精神。然而,一些大学生毕业面对社会职业的实际需要,深感自己的综合素质远远不能胜任所从事的工作,现有的知识智能结构不够丰富和合理,书本知识和实际问题相差太远,而且很难有机地结合起来。

四、初入职场的常见问题及解决方式

(一)角色转换问题

角色是指与人们的某种社会地位、身份相一致的一整套权利、义务的规范与行为模式。大学生在校园里的主要任务是学习,其主要角色为学生角色。步入职场后,毕业生面对的是崭新的工作条件、现实化的专业内容，其所扮演的角色也发生了变化，谁能尽快实现角色转换，谁就能掌握主动权。

1. 正确认识新的角色

转换角色首先要了解新的职业角色的性质、社会意义、工作要求、劳动条件、行业规范，包括技术规范、职业道德、纪律等，从思想感情上重视它、接受它、热爱它。

2. 安心本职，脚踏实地

刚走上工作岗位的大学生应尽快从大学的学习生活模式中解脱出来，全身心地投入到新的工作中去。许多大学生工作几个月后，还不能静下心来安心于本职工作，这对角色转换的实现是十分不利的。

3. 甘于吃苦，乐于奉献

甘于吃苦是角色转换的重要条件，只有甘于吃苦，才能面对现实，克服在角色转换过程中遇到的种种困难，及时进入角色。乐于奉献是完成角色转换的重要标志。大学生走上工作岗位后，应当从一开始就严格要求自己，树立主人翁意识，增强社会责任感，培养积极奉献的精神，不计较个人得失，勤勤恳恳，任劳任怨，努力承担岗位责任，促使自己更好、更快地完成角色转换。

（二）自身能力问题

事实表明，一个人在学校学到的东西是有限的，大部分知识和能力仍需在工作实践中学习、锻炼和提高。尽管大学生在校期间已经学到了一定的知识，但其能力与岗位要求还存在着一定的差距。因此，大学生要根据岗位工作的实际需要，通过向有经验的领导、同事请教和自学，掌握一些相关知识和技能，尽快地熟悉有关业务，早日胜任本职工作。

（三）人际关系问题

人际关系是各种社会关系得以实现的基础，是人与人直接联系的媒介，大学生必须学会处理职场中的人际关系。

1. 尊重他人

尊重是每个人都有的心理需要。尊重包括尊重自己和尊重他人。尊重自己就是在各种场合自重自爱，维护自己的人格。尊重他人就是尊重他人的人格、习惯与价值，承认人际交往双方的平等地位。尊重是相互的，只有尊重他人的人，才能得到他人的尊重，也才谈得上自尊。毕业生到了新单位，尽管每个人秉性各异，爱好不同，但每个人都是自己的老师，因为他们有丰富的工作经验和娴熟的业务技能。因此，要像尊重老师那样尊重他们，尊重他们的劳动和劳动成果，尊重他们的人格和感情，尊重他们的习惯和价值。对人的尊重，不以财富的多少、年龄的大小、分工的不同而有所区别。不嘲笑歧视他人，不以己之长比他人之短，谦虚待人。如果自满自大，轻视他人，就会损伤他人的自信，造成人际关系的疏远。尊重他人，同时也尊重自己，才容易建立和谐的人际关系。

2. 平等待人

人们在职务、能力、才学、气质、性格诸方面的差别是客观存在的，但人们在人格地位上是平等的。在工作单位，应当以平等的态度对待每一个同事。不要以职务的高低、权力的大小来决定对待他人的态度；不要亲近一部分人，故意疏远另一部分人；不要认为某人对自己有用就打得火热，某人暂时无用就避而远之；不要见了领导就低三下四，满脸堆笑，见了群众就置之不理，冷若冰霜；不要卷入是非，拉帮结派搞小团体，而应该注意对领导和同事一视同仁，尽力与所有同事发展平等互助的友好关系。

3. 诚实守信

诚实就是真心实意，实事求是，表里如一，不三心二意，口是心非，不当面一套背后一套。诚实是做人的基本要求，也是建立良好的人际关系的重要条件。守信，就是恪守信用，言行一致，说到做到，不做语言上的巨人、行动上的侏儒。在人际交往中，只有诚实守信，才能相互理解、接纳、信任，在感情上引起共鸣，使交往得到巩固和发展。即使发生了一些误会和矛盾，只要诚实守信，彼此真诚善意，误解也会烟消云散，矛盾也能冰雪消融，最终互相谅解，和好如初。

4. 律己宽人

律己，就是要严格要求自己，以各种道德规范和行为准则严格约束自己。宽人，就是宽以待人，宽厚包容。在现实交往中，确立了平等友好的人际关系，但仍然存在着矛盾和许多不和谐的地方。“金无足赤，人无完人”，我们正确地对待自己和他人，坚持以严格的规范要求自己，以宽容的态度对待别人，就一定能建立和谐的人际关系。不利于团结的话不说，不利于团结的事不做，不挑拨是非，不猜疑嫉妒，堂堂正正做人，踏踏实实干事。当自己受到委屈或误解时，要胸怀宽广，克制自己的情绪，冷静处理。当工作出现失误或过错时，更要勇于剖析自己，承担责任。别人做错了事或产生一些失误，要善意地指出，多给些帮助、关心，少一些指责。

5. 处理好与上级的关系

领导对下属的职业发展和职位升迁有裁决权、评判权，处理好与领导的关系是十分重要的。

(1)尊重上级。单位的领导一般具有较高的威望、资历和能力，有很强的自尊心。作为下级要经常肯定上级的领导水平，保持其主角地位，适应其工作方法，以维护领导的威望和自尊。

在工作交往中，对上级的尊重可以通过以下的行为方式得以体现：①遇到上级主动称呼问候或让路；②上下汽车、进出大门和电梯时应让上级先行；③经常向领导请示、汇报工作情况，听取上级对工作的意见和指导；④与上级交谈时认真倾听，不能顶撞上级，特别是公开场合尤其要注意。即使与上级的意见相左，也应在私下与其说明。

(2)服从安排。领导对下属有工作方面的指挥权，对领导在工作方面的安排和指挥，下级必须服从。上级布置的工作任务要坚决完成，其正确的意见和指示要坚决执行。这不仅是工作顺利开展的重要保证，也是作为下级最基本的礼节礼貌。

(3)学会体谅。上级在工作中由于受到主观、客观条件的影响，难免会遇到各种困难，下属应该体谅上级的难处，不能轻易因为某些要求未得到满足而对领导产生不满。当领导遇到困难时，下属应该主动为其排忧解难。这样既可以避免与上级产生矛盾，又能拉近与上级之间的关系。

(4)注意沟通。工作中要经常与上级进行沟通，不失时机地与上级交换意见，让上级了解你的想法。只有经常与上级沟通，上级才会更深一步地了解你、重用你。

(5)虚心接受批评。在上级批评自己时，一定要虚心接受、坦率认错、及时道歉。哪怕错误不在自己，也要心平气和地向上级说明情况。

五、努力提高和锻炼自己

(一)要善于运用自己的知识

在大学期间学到的理论知识，关键在用，要善于发现、创造知识应用的机会，这样才能在实践当中不断提高自己。

例如，可以利用工作机会，特别是当同事在工作中遇到麻烦时，以谦虚诚恳的态度从理论上提出自己的见解，共同商讨，共同解决问题。也可以利用业余娱乐机会，发挥自己的知识优势。在交流中让同事了解你的为人和性格，表明自己的世界观、人生观和价值观，缩短与同事间的距离，成为大家的朋友。

(二)要树立责任意识

多数人在走上工作岗位之初，一般不会被委以重任，而是先从最简单的辅助性工作做起，这也符合人才成长的基本规律。但是，有不少人凭着对工作的新鲜感和学识上的优越感，认为自己被大材小用了，对一些工作不愿意干，甚至开始闹情绪。其实，这是缺乏责任意识的表现，干任何一项工作，都要有足够的热情，更要有丰富的经验和随机应变的能力。这种经验和能力的获得并非一朝一夕之功，它需要在平时的工作中积累和训练。显然，凭借热情和情绪工作是对工作的不负责任。因此，不管工作的大小、分工的高低，大学生都要以满腔的热情、高度的事业心和责任感认真对待，圆满完成。

(三)要培养严谨务实的工作作风

大学毕业生具有较强的自尊心和自立意识，在工作上总想独当一面，取得成就。尽管很多人对待工作的态度是认真谨慎的，但在很多时候，工作中还是难免出现失误。工作失误并不可怕，可怕的是不能正确地认识失误，不能实事求是地去承认失误。如果工作中一旦出现了失误，就要认真地分析原因，总结经验教训，找准失误点；同时要敢于向领导和同事承认，开展批评和自我批评，并勇于承担责任，以获得领导和同事的理解；另外，要虚心学习、请教，总结经验教训，避免类似失误再次发生。

拓展阅读

追求成功，其实是为了追求幸福。如果得到了别人眼里的成功，却因为不喜欢自己的工作，体验不到工作的快乐，这样的成功算不上幸福。只要喜欢自己的工作，就会全身心地投入，就会脱颖而出，想不成功、不幸福都难。

婚姻也好，工作也罢，适合的才是最好的。一对相亲相爱的平民百姓要比一对同床异梦的达官贵人幸福。从事一份自己热爱的普通的工作，要比从事一份令人讨厌的显赫的工作幸福而成功。

每个人一般都要经历成长、发展和成熟三个阶段。如果在成长阶段就及早确定人生目标，培养兴趣，并利用一切可能的机会为之奋斗，使自身能力不断提升，心灵得到净化，就会成为他人学习的榜样，进而成为事业和思想上的领导者，享受快乐、幸福的人生。

（资料来源：由建勋.大学生职业发展与就业指导[M].北京：高等教育出版社，2020）

任务二　找准发展途径

一、适应职场，找准定位

大学生习惯了相对单纯的校园生活，走上工作岗位后，常常会感觉到自身与同事之间存在着一些矛盾，工作当中有许多的困难。这些矛盾和困难导致了大学生对职场的不适应，以致无法很好地完成工作任务，影响职业发展。所以，大学生踏上工作岗位后首先应该尽快适应职场，找准自身定位。

（一）尽快融入团队

大学生走出校门，踏入职场的时候，面对的是一个几乎完全陌生的环境。这时，如果能尽快完成从大学生到职业人的角色转换，得心应手地展开工作当然最好。但如果无法适应新的工作环境，就要根据自己的具体情况分析其中的原因，找到解决方法，以尽快融入团队。因为只有尽快融入团队，才能找准自己在集体中的定位。

(1)如果是身体上觉得疲惫不堪，就要学会有张有弛、忙而不乱、有条不紊地工作，这样自然能消除忙乱，适应工作。

(2)如果不适应复杂的人际关系，也不必过于烦恼，只要做到以诚待人、热情得体、不卑不亢，就一定能处理好职场中的各种人际关系。

(3)如果是因为一时不能胜任工作而感到不适应，就应该正视问题，踏实地锻炼自己的业务能力，尽快熟悉业务工作。

（二）理智面对冷遇

大学生走上工作岗位后，由于经验不足等原因，工作中遇到挫折和冷遇是在所难免的。对此，要学会理智分析，正确对待。

(1)谦虚好学。大学生在校学习时，实践的机会较少，实践经验不足。所以，在工作中要虚心地向别人学习，绝不能自以为是。

(2)踏实肯干。在工作中，除了虚心学习以外，还要有实干精神。只要能苦干、实干，脚踏实地地干出一番成绩来，领导、同事一定会投以赞许的目光，冷遇自然会消失得无影无踪。

(3)豁达大度。在工作中受到冷遇，有时不一定是自己的原因造成的，但无论如何，对待冷遇一定要沉着冷静、豁达大度，多从自身找原因，认真总结经验教训，这样才有利于问题的解决，否则只能使问题复杂化。

（三）正确看待挫折

挫折是个人从事有目的的活动时，由于受到障碍和干扰，其需要不能得到满足时的一种消极的情绪状态。初入职场，大学生怀着满腔憧憬和美好设想，想在工作中有所作为，但现实往往与理想有较大差距，难免遭受挫折。如果不能及时调整心态，正视挫折，便容易产生失落、消极情绪，影响正常的工作和生活。

(1)进行积极的心理自我防卫，谋求心理平衡。例如，将内心愤懑的消极情绪转化为发奋图强、力争上进的积极情绪。

(2)勇于面对问题。遭受挫折并不可怕，怕的是不敢面对问题。在遭受挫折后，要反问自己四个问题：问题到底是什么？问题的原因是什么？可能的解决方案有哪些？什么是最佳解决方案？坚持以上四问，并努力去解决它，就能真正“笑到最后”。

(四)虚心接受批评

以什么样的态度对待批评，反映出一个人的修养和思想道德水平，也会对其人际关系和工作绩效产生一定的影响。对待批评，不同的人有着截然不同的态度：有的人勇于承认自己的错误，并诚恳地接受批评，总结教训并及时加以改正；有的人受到批评就丧失信心，萎靡不振，甚至自暴自弃；还有人一听到批评便怒火中烧，使领导和同事“敬而远之”。无疑，后两种态度是不可取的。

对刚刚参加工作的毕业生来说，“有则改之，无则加勉”“只要你说得对，我就照你说的办”，这才是对待批评的基本态度。而笑纳批评则是对初涉职场的大学生的更高要求。

(五)积极消除隔阂

每个人在与人交往的过程中都可能同他人产生隔阂。积极消除隔阂，促进人际关系的不断发展，是每个毕业生都要注意的问题。只有处理好职场中的人际关系，才能尽快融入团队。

人与人之间产生隔阂的原因是多种多样的，隔阂产生的原因不同，消除隔阂的方法也有所不同。

(1)交往双方不愿或很少展示真实的自我，从而引起双方对彼此交往的诚意产生怀疑而造成隔阂。如果出现这种隔阂，就应该坦诚相处，以心换心。

(2)交往双方因某件事的误会而造成隔阂。每个人的性格脾气、文化修养、价值观念等存在一定的差异，观察问题、认识问题、处理问题的方法也各不相同。因此，在交际过程中出现一些误会是难免的。对此，应该进行善意的解释，消除误会。

(六)努力钻研业务

对于涉世不深、经验不足的毕业生来说，工作中出现某些差错和失误是难免的，但这并不意味着就可以理所当然地出现差错或失误。在实际工作中，还是应该尽可能地避免差错，或将其减少到最低限度。

首先，要在现任职业岗位上钻研业务，履行职责，很好地完成任务。学历、知识不等于能力，只有把知识应用于实践，它才可能转化为能力。

其次，要正视薄弱环节并加以改进。每个人都有自己的缺点和不足，而缺点和不足往往是造成工作失误的主要根源。因此，在具体的工作中要注意弥补自己的缺点和不足。

最后，要培养良好的职业品德，树立正确的职业理想和职业价值观。这不仅是做好工作、开拓未来道路的需要，而且是处理好各种人际关系的必要条件，是取得同事认可和领导赏识的基本依据。

二、持续努力，实现发展

（一）树立在自己岗位上成才的志向

实践证明，只有立志，人生才有崇高志向和追求，才有精神动力和奋斗意志，才能到达胜利的彼岸。如果胸无大志，没有目标，没有追求，丧失精神动力和奋斗意志，消磨时光，实现成才之路就是一句空话。确立远大志向，不仅使人有了生活目标，而且能激发一个人的奋斗精神和创造热情，从而实现自身最大价值。也正如高尔基所说："一个人追求的目标越高，他的才能就发展得越快。"在国家快速发展的今天，人才竞争更加激烈，如果我们没有一个明确的奋斗方向，不能立足岗位，实现成才梦想就只能是空虚的幻想。

在企业中，每个人都有一个属于自己的岗位，这个岗位就是我们成才的最佳阵地，因为每个人对本职工作最熟悉，对岗位特点最清楚，因而就对钻研什么心中有数。立足本职岗位成才，具有现实可能的基础，干出成绩，获得成功的机会也最大。例如，生产一线的员工，如果没有一定的专业技术知识，不懂得基本的操作技术，就不可能成为一线的技术能手。因此，我们必须立足岗位，干一行、爱一行、专一行，在平凡的岗位上创造出不平凡的业绩来。

（二）在锲而不舍的刻苦学习中成才

"万丈高楼，起于累土。千里之行，始于足下。"成才需要日积月累，刻苦勤奋，长期坚持，不畏艰难；贪图安逸是无缘成才的。在日常生活中，我们的工作任务重，属于自己支配的时间比较少，在这种情况下，要想实现成才的夙愿，必须有锲而不舍、勤奋刻苦的精神。每个年轻人都要发扬这种精神，珍惜宝贵时光，宁可牺牲一些娱乐和休息时间，也不能荒废学习，即使遇到挫折和困难，也要坚持下去，决不能半途而废。

拓展阅读

一位培训师出了一道题：总经理想在次日上午九点开一个会议，要求秘书通知到所有的参会人员，秘书自己也要参加会议。下面是1～9段秘书的不同做法。

一段秘书的做法：在小黑板上写一个开会的通知，写完后，她开始准备相关会议用品，并参加会议。

二段秘书的做法：发出通知后，再次确认，确保每个人都被及时通知到。

三段秘书的做法：发出通知，落实到人后，第二天在会前30分钟再次提醒大家，对临时有急事不能参加会议的人，立即向总经理汇报，保证总经理在会前知悉缺席情况。

四段秘书的做法：发通知，落实到人，会前通知后，去试一试开会要用的设备是否正常，并在会议室门上贴上小条：此会议室明天几点到几点有会议，以防别人占用。

五段秘书的做法：发通知，落实到人，会前通知，也测试了设备。做完这些后，她还去了解了会议的内容，之后她准备了相关资料，打印后发给与会成员。

六段秘书的做法：发通知，落实到人，会前通知，测试了设备，也提供相关会议资料，还在会议过程中详细做好会议记录（在得到允许的情况下，做一个录音备份）。

七段秘书的做法：前面的工作都做好后，她在会后整理好会议记录交给总经理，并把整理好的资料发给与会人员，目的是督促大家把会议的内容落实下去。

八段秘书的做法：额外做的工作是“定责任”，即将会议上确定的各项任务一对一地落实到相关责任人，然后经当事人确认后，形成书面备忘录，交给总经理与当事人一人一份，并定期跟踪各项任务的完成情况，并及时汇报总经理。

九段秘书的做法：把八段秘书的工作编写成流程，让其他秘书及之后的秘书都能达到八段秘书的水平。

（资料来源：孟繁兴，郭禹辰，许诺. 大学生职业生涯规划[M]. 4 版. 大连：大连理工大学出版社，2023）

实践活动

活动一：升级打怪，画出个人职业生涯坐标图

活动目的：明确目标，准确定位。

活动时间：10 分钟。

活动要求：职业生涯坐标图不是拘泥于二维的，你可以发挥自己的想象设计属于自己的职业生涯坐标图。

活动过程与方法：

在一张白纸上画出你现在的位置、目标位置（可以是短、中期的）、实现目标的各种不同路径、路径中需要经过各个阶段的节点、路径中需要逾越的障碍等。与同桌分享，小组讨论汇报。

活动二：职业探索

职业世界信息涉及的范围很广，从不同的角度看有不同的划分方式。例如，从空间角度来讲，可分为国际环境、国内环境。国内环境又包括国内市场的大环境和所在区域的小环境；从时间角度来讲，可分为历史环境、现状和未来的发展趋势；从内容角度来讲，可分为社会环境、行业环境、职业环境、学校环境和家庭环境等。

1. 你能说出一个其他同学都不知道的新兴职业吗？

步骤 1：你是通过什么途径知道这个信息的呢？

步骤 2：探索工作世界的方法有哪些？

2. 其他探索工作世界的方法

步骤 1：请学生分组讨论：从小到大，你是用什么方法去了解令你好奇的事物的？至少举出一个事例。这些方法对了解工作信息有什么样的帮助？

步骤 2：每个小组根据刚才的讨论再进行头脑风暴：探索工作世界有哪些好方法？

步骤 3：小组间以竞争的方式轮流讲述讨论出的方法，每次讲一种，不能重复，直至某个小组讲不出来为止。将大家所说的方法记录在本子上。

参考文献

[1] 邵洪侠.大学生职业规划与就业指导[M].成都:电子科技大学出版社,2023.
[2] 郜葆清.大学生职业规划与就业指导[M].北京:中国铁道出版社有限公司,2023.
[3] 史梅.赢在规划:大学生职业生涯规划与职业素质拓展[M].北京:科学出版社,2020.
[4] 徐俊祥,兰华.幸福密码:大学生学业与职涯发展导航[M].北京:现代教育出版社,2001.
[5] 罗陈娟.职业生涯规划团体活动教程[M].北京:清华大学出版社,2023.
[6] 王琴. 大学生职业生涯规划与指导[M].大连:大连理工大学出版社,2019.
[7] 职业生涯与发展规划课题组.大学生职业生涯与发展规划教程[M].北京:中国传媒大学出版社,2010.
[8] 朱玉华.高职院校大学生职业生涯与发展规划[M].北京:现代教育出版社,2018.
[9] 张健.新时代大学生劳动教育与职业素养教程[M].北京:北京理工大学出版社,2023.
[10] 郜葆清.大学生就业与创业指导自助式成长手册[M].3版.北京:高等教育出版社,2022.
[11] 金环.职业生涯规划[M].北京:清华大学出版社,2013.
[12] 郜葆清.大学生就业与创业指导自助式成长手册[M].4版.北京:高等教育出版社,2024.
[13] 张硕秋.大学生职业生涯指导[M].北京:北京大学出版社,2013.
[14] 于乐."畅游大学"之职业生涯规划攻略[M].北京:科学出版社,2019.
[15] 李冬梅.职业生涯规划与就业指导[M].大连:大连理工大学出版社,2023.
[16] 王琴.大学生职业生涯规划与指导[M].2版.大连:大连理工大学出版社,2024.
[17] 曹鸣崎.职业生涯规划[M].3版.北京:高等教育出版社,2023.
[18] 李枢.生涯咨询99个关键点与技巧[M].北京:机械工业出版社,2023.
[19] 张义俊.大学生职业发展与就业指导[M].北京:人民邮电出版社,2024.
[20] 戴裕崴.高职职业生涯规划与就业创业指导[M].5版.北京:高等教育出版社,2022.
[21] 吴鹰.高职学生职业发展与就业指导[M].北京:北京理工大学出版社,2022.
[22] 郭天平.职业发展与就业指导:配行动手册[M].北京:高等教育出版社,2023.
[23] 杜学森.职业发展与就业指导[M].2版.北京:北京理工大学出版社,2024.
[24] 曲秀琴.职业发展与就业指导:配行动手册[M].北京:高等教育出版社,2023.
[25] 周纯江,朱蕾,郁君平.梦想树:大学生职业生涯规划[M].大连:大连理工大学出

版社,2019.
[26] 王瑛.职业发展与就业指导[M].大连:大连理工大学出版社,2022.
[27] 许栋.大学生职业发展与就业指导[M].北京:科学出版社,2020.
[28] 由建勋.大学生职业发展与就业指导[M].北京:高等教育出版社,2020.
[29] 孟繁兴,郭禹辰,许诺.大学生职业生涯规划[M].4版.大连:大连理工大学出版社,2023.
[30] 张建军.职业发展与就业指导[M].北京:北京理工大学出版社,2023.
[31] 大学生职业生涯与发展规划编写组.大学生职业生涯与发展规划[M].南昌:江西人民出版社,2015.
[31] 王旭.大学生职业生涯规划与发展规划[M].北京:高等教育出版社,2023.
[32] 盛立军.大学生职业发展与就业指导[M].北京:北京理工大学出版社,2023.
[33] 刘锐.职业生涯发展与就业指导:慕课版[M].北京:人民邮电出版社,2023.